Power Structures
and
Cultural Identities in Imperial China

Civil and Military Power from
Late Tang to Early Song Dynasties
(A.D. 875-1063)

# 权力结构
# 与
# 文化认同
——
## 唐宋之际的
## 文武关系
### [ 875~1063 ]

方震华　著

社会科学文献出版社
SOCIAL SCIENCES ACADEMIC PRESS (CHINA)

# 中文版序言

　　中国历史上文武关系的演变是我长期关注的课题，进入布朗大学（Brown University）历史系就读后，在指导教授戴仁柱（Richard L. Davis）老师的鼓励下，我决定以探讨从晚唐至北宋前期文武关系为博士论文的主题，至 2001 年完成论文 *Power Structures and Cultural Identities in Imperial China：Civil and Military Power from Late Tang to Early Song Dynasties*（A. D. 875 – 1063），取得博士学位。此一论文讨论的时间跨越晚唐、五代、北宋，在当时仍属少见，可能因此而得到一些前辈学者的注意，建议我着手翻译成中文，以便学界利用此成果。不过，我在毕业后随即返回台湾担任教职，而台湾高教机构的升等规范，明确规定升等著作不得为博士论文的一部分，也就是要求助理教授开拓博士论文之外的研究课题。在此情况下，对博士论文进行改写或翻译，就成为难以实现的奢望。直到 2016 年年底，因社会科学文献出版社郑庆寰博士的提议，又得到研究助理黄庭硕同学的帮助，我才开始着手进行中文版的翻译与修订。

　　修订过程是由黄庭硕同学先将英文原稿翻译成中文，我再根据译文进行改写。撰写博士论文时为便于英文读者阅读，刻意尽少提及人名、官名，对于直接引文也力求简洁。改成中文书写后，即无此顾忌，可以引用更多的史料，进行较细致的论证。因此，在修订过程中，增添了许多引文与史实，也改正了原英文版存在的各种错误。在注释的部分，为配合中文撰稿格式的规范，重新调整了格式与内容，所有引用的史料皆经过重新核对。近年来，许多唐、宋文献已由专家点校，或有更好的版本影印出版，在修订时皆予以采用。注释查对的工作，担任研究助理的林枫珏同学与黄庭硕同学皆出力甚多。

由于我仍有其他的教学与研究工作，中文版的改写只能断断续续地进行，至 2017 年年底才告结束，距博士论文的完成已有十六年之久。回顾过去这一段时间，我的研究重心虽几经转变，但文武关系始终是关怀的主题之一。几篇发表的论文，如宋代的武举、南宋的统兵文臣家族等，皆与此相关。其中，2012 年发表于《台大历史学报》第 50 期的《才兼文武的追求——唐代后期士人的军事参与》，对于安史之乱后唐代文武势力的消长，以及文士对军队、战争的态度，有更为清楚的分析。乃借此修订的机会，以附录的形式附于本书之末，以补足原论文对唐代历史讨论的不足。希望此次的修订能为读者提供对于该主题更为完整的分析与诠释，也期待得到批评和指教。

2017 年 12 月于台湾大学历史系

# 博士论文致谢辞

在我看来，文武关系是中华文化有异于世界其他文明的重要特征之一，但这个议题尚未受到现代学者足够的重视。自 1989 年我进入硕士班就读以来，文武关系就是我探讨的核心议题。正如我的指导教授戴仁柱老师所提示，本论文的完成只是研究工作的第一步，从唐至宋文武官的互动仍存有极大研究空间。尽管如此，该成果仍得到许多人的支持和协助，才得以完成。

戴仁柱老师为本论文提供了最大帮助，他仔细阅读文稿多达三遍，修订各种错误，连标点符号也不放过。我也要感谢包弼德（Peter K. Bol）教授与贾祖麟（Jerome Grieder）教授对于本论文提出的诸多建议，尽管我目前仍未能完整回应他们所提出的问题，但期待日后能持续努力。黄宽重老师自 1990 年担任我硕士班的指导教授以来，一直鼓励和帮助我研究中国历史上的文武关系，他的建议对于本论文的完成有直接的贡献。黄清连研究员指导我探讨唐代的历史，丰富了我对这个领域的认识。Amy Rememsnyder 教授在我就读布朗大学的六年间，给予我诸多支持和鼓励，也引领我体会欧洲中古史的精彩内涵，这是我进入布朗大学之前所不能想象的。

许多重要的帮助来自我的几位朋友，他们的盛情令我难忘。从 1999 年我开始撰写论文起，Harry Rotheschild 先生就长期帮我修改英文，并提供重要的意见。本论文参考的几篇日文论文，有赖刘馨珺小姐于北海道大学工作时帮忙搜集。李卓颖先生则帮助我查阅哈佛大学（Harvard University）的图书资料，使我的研究顺利进行。他们三位目前正忙于博士论文的撰写，谨在此预祝他们一切顺利。

整个论文的研究与撰写工作历时三年，其中一半的时间是在台湾中研院历史语言研究所度过的，该所丰富的藏书与学术资源使我获益良多。我也要感谢蒋经国国际学术交流基金会、沈刚伯文教基金会、世华银行文教基金提供的奖学金。上述机构的支持，使我得以专注于研究工作，并能如期完成论文。

最后，我要感谢父母和兄嫂对我的支持，尽管任何言语都难以表达我的谢意。他们总是在我需要时提供各种帮助，使我能专心于研究与写作。本论文的完成，也代表我与家人之间的长期分离即将告终。

2001 年 4 月 24 日于布朗大学历史系

# 目　录

# 绪　论

国之大事，在祀与戎。

这句出自《左传》的文字指出，国家的主要政务可分为与礼仪相关的"文"，以及与战争相关的"武"。不过，尽管这两个领域的发展，对于一个理想政府具有同等的重要性；但要同时在"文""武"两方面取得均衡的成就，并非易事。帝制中国的各个王朝，有时会倾向在其中一方扮演较为重要的角色。比方说，宋朝（960～1276）以其高度发展的士人文化而被称颂，然却因其在战场上的拙劣表现而备受批评。这让宋朝政府与先前的五个短命王朝形成鲜明对比，因为五代时期的政府多受军人掌控。即使将宋朝与汉、唐相比，此特征依旧鲜明。尽管汉、唐政府在绝大多数的时候，都是由文臣官僚来管理，不过这两个王朝在文治与军事上的成就都受到后世史家的颂扬。宋代政治精英对于文治的推崇胜过军事，显示了对国家治理抱有异于前代的理念。这一发展不仅是研究宋代历史的核心主题，同时也与如何理解帝制中国息息相关。

宋代政府的文治倾向源于从唐至宋的政治结构转变。从政治演进的角度来看，唐宋之际的历史可以被划分为几个时段。从公元618年到755年，在一个强大中央政府的领导下，唐帝国在文、武两方面都取得了可观的成就。发生于 755 年至 763 年间的安史之乱终结唐朝的黄金时代，此后的一个多世纪中，唐中央政府努力与跋扈的藩镇将领以及强大的游牧族群斗争，以求维系其权威和政权。尽管受制于内、外两方的压力，唐廷仍维系着大部分统治区域的稳定与文化发展，直到 875 年。从 875 年至 950 年，唐朝因为缺乏一个强有力的中央政府而陷入分裂。在公元 9 世纪的最后二十五年，一连串的叛乱给予唐廷致命一击，各地军阀建立独立政权，并为了扩张领地而相互激战。接续在唐代之后的四个政权，仅能统治北部中国，且一直处于跋扈的藩镇，以及强大的契丹带来的严峻威胁之下。这些政权无力维持和平，也无法在疆域内进行有效统治。然而，自 951 年开始，强大的中央政府重新在北部中国出现，有效改善了政治上的失序问题。从 951 年到 1004 年，重新统一中国的努力由后周发动，并为北宋所接续，再次将中国整合为一统帝国。在统一的过程中，宋廷也与契丹发生战争。1004 年缔结宋辽澶渊之盟，终止了宋廷与少数民族政权的战事，也使宋廷放弃恢复汉、唐疆域的努力。因此，从 1004 年到 1063 年，在真宗与仁宗的领导下，宋朝政府将其主要注意力转移到学术与经济发展上。武臣因为缺乏展现才能的舞台，失去了影响力。在仁宗朝之后，政治进入了一个崭新的阶段，随着改革运动于 1069 年的展开，整个政府陷入严重的党争，直到"靖康之难"发生。

文、武两股力量的交互作用，从 875 年到 1063 年的这段时间特别重要。当 875 年以降唐中央权威被地方军阀摧毁后，武官逐步掌控绝大部分的政治权力，造成文官的失势。政治的失序导致了统治阶层重武的倾向。在中国北方，武人政治一直延续到 951 年后周王朝建立。为改善数十年来武官对于政权的控制，后周皇帝开始扶植文官的权势。文人权力与地位的恢复在 960 年宋朝建立之后取得了迅速的进展，且在仁宗统治的 1022 年至 1063 年间达到最高峰。从中央朝廷到地方政府，具备儒学背景的文官几乎全面取代职业军人，出掌各个重要的职位。在行政与军事领域，文官的权力与声望都压过了武人同僚。因此，从 875 年至 1063 年，武人的权力经历了一场快速扩张，随后又猛然紧缩的过程，这在帝制中国的历史上极为少见。此一过程以及隐身其后的因素，鲜少被深入探讨。这是因为研究者习惯聚焦于单一朝代的政治史传统，因而倾向过度简化整个过程，狭隘地聚焦在宋代创建者——宋太祖的政策作为上，而不把宋代的政治体制视为建立在先前朝代的基础之上。

在从唐至宋文武权力剧烈演变的过程里，文武官员的分途是一个决定性的因素。现代史家如陈寅恪业已指出文武关系在唐代经历了重大变化。[①] 在唐代前期，政治精英倾向于将文武关系视为互补而非对立，因此尝试兼备文武之才。在唐廷内部，文武官员的区分相对模糊，一个官员的职位经常在文职与武职之间来回更替。但在唐代的后半期，文武之间的区隔逐步扩大。职业武将取代了短期统兵的文臣，掌控了绝大部分的军队。相对地，读书人主要致力于科举或文学，并以之为获取政治权力的方式。文武两端之间的转换逐渐减少，因此官员的仕宦生涯通常只会待在文官或武官体系。在此情况下，文官与武官很容易形成不同的阵营。文武的分途在唐代以后持续进行。政治倾向上从"重武"到"重文"的转变，正反映了两个阵营对政治权力的竞逐。

文武官员的分途，也影响到他们与皇帝的关系。由于统兵工作的职业化，在 8 世纪之后，被长期赋予军事指挥权的将领，很容易与士兵发展出更紧密的关系。在士兵的支持下，有野心的将

---

① 　陈寅恪：《唐代政治史述论稿》，里仁书局，1981，第 48~49 页。

领足以挑战君主的权威。如何有效控制军队，遂成为唐代及其后各王朝皇帝维系其政权的关键。相对地，自唐代后半期开始，文臣拥有更多机会在朝廷供职，他们和皇帝变得更为亲近，其仕宦生涯与权力地位也与中央权威的消长息息相关。因此，文官大多倾向于拥护皇帝，支持中央集权，压制跋扈的藩镇。在政治因素之外，10世纪的皇帝有着多元的文化背景，改变了君臣的互动关系。在文武分途的趋势下，皇帝、文官与武臣之间的三角关系，构成了从唐至宋政治上主要的变化动力。

由于8世纪中期以后的文官与武官关注并从事不同的事务，因而发展出截然有别的工作风格与价值体系。因此，文武官不仅拥有不同的头衔或职位，也对国家发展、道德行为与政治结构有相异的看法。举例来说，文官着重道德领导在治国上的功能，并质疑军事行动的必要性；而武官则坚持军事力量对国家发展的重要性，对礼乐仪式的实质功能感到怀疑。基于不同的价值体系，文武官员开始形成相互区隔的文化认同，这反映在他们相互的批评中。文官认为将领们既残忍又粗鲁，武官则批评文官胆小且无能。文武官员之间的文化差异，也随着政治权力的重新配置而有所改变。当政治情势改变时，文武官员会进行自我角色的调整，借以保持在政府中的特权和地位。角色的改变进而影响他们的价值系统，因为新的政治角色会使官员面临过去所不熟悉的课题，迫使他们学习新的知识技能以应付变局。当文官、武将试图获得新的能力时，其文化倾向也就跟着改变。例如，当武官们在10世纪将其影响力扩展到军事之外时，他们开始研读经史，以求驾驭行政管理，因而产生"文儒化"的现象。出于同样的理由，当文官得以统率军队或参与军事决策时，他们也重新考虑兵学研读及学习武艺的价值。职是之故，跟随着政治发展的进程，文武官员身上也产生显著的文化转变。

　　文武官员的不同价值体系，导致他们在仕宦发展上渐趋分化。向往政治权力的人往往要先在文职与武职二者中择一作为生涯目标，而其选择将会决定他们所要具有的能力与知识。由于训练与能力的不同，文士与武人在社会上也分化成两个相区隔的团体。在承平时期，武人缺乏展示其才能的舞台，文职因而吸引了绝大多数社会精英的注意力。在此情况下，武官与军人的地位就下降了。相对地，在战乱动荡的时代，武职就会变得更有吸引力，即便是文士也可能想要去从事军事工作。文武权力的演进，决定了文士与武人阶层的组成。另外，文士以及武人的背景，则传达出文臣或武将的文化倾向与道德形象。

　　帝制中国文武官员的区分，先由政治因素形成，再因文化因素而强化，使其繁杂而难以理解；而官僚体系与制度的演变又使得问题更加复杂。到了唐代，中国官僚业已发展成一个庞大且复杂的组织。一个官员总是拥有数个头衔，分别表示他的职务、位阶、薪资及特权。由于部分官员只是拥有虚衔而不是拥有实际行政职务，用来表示官员在官僚体制中位置的头衔，往往与他们的实际职务毫无关系。在宋代，这样的头衔被称作"官"。通过"官"的称号，官员被分为两个阶序系统，一个提供给文臣，另一个给武臣。[①] 实际从事政府日常运作的官员，拥有另外一个表示其职掌与责任的头衔，一般称作"差遣"。拥有"文官"的官员通常会承担与文事相关的"差遣"，就如同拥有"武官"的官员去承担与军事相关的"差遣"。不过，有些职掌无论是带"文官"还是"武官"头衔的官员都可以承担。一个官员的"官"也可以由武转文，即便他依旧承担的是相同的差遣。因此文官与武

---

①　关于宋代文武官阶序系统的更进一步讨论，参见 Winston W. Lo, *An Introduction to the Civil Service of Sung China*：*With Emphasis on Its Personnel Administration* (Honolulu：University of Hawaii Press, 1987), pp. 27 - 30。

官的区别，并不完全与他们或文或武的职权一致。当代学者对这个复杂的官僚组织已有讨论，也分析了其特质。① 然而，他们没能解释文武官员源自"官位"而分离现象背后的政治与文化因素，此乃理解宋代文武分途的关键。显然，官僚机构的新发展与文武势力的分流趋势密切相关，而区分文武官员的明确制度规范则进一步加强了双方隔离的程度，最终使得文武的分离难以扭转。

自875年至1063年，政治、文化与制度的纠结，造成文武官的分途，且在两个阵营之间制造紧张，甚至是敌对的情绪。唐代前期将文武视为互补元素的精神已一去不复返。尽管如此，部分文士还是反复提起"才兼文武"的传统，且以此为理想。由于双方的分离，文武官员开始竞逐权力，进而导致政府的政策方针在文武两端之间游移，鲜少能维持其平衡。从政治结构、文化认同，以及制度发展的角度着手，本书尝试分析这个复杂的议题。为了追索这个问题的源头，我的研究将始于文武分途的发端——唐代前期的历史。

---

① 关于宋代官僚体系的重要二手学术著作包括：梅原郁的《宋代官僚制度研究》，同朋舍，1985；赵雨乐的《唐宋变革期之军政制度——官僚机构与等级之编成》，文史哲出版社，1994；白钢主编的《中国政治制度通史》卷六，人民出版社，1996；以及前注提及的 Winston W. Lo 专著。

# 第一章

# 文武分途的序曲

## 唐代前期的"文武合一"

中国的官僚体制历史悠久，但直到唐代之前的数个世纪，专业化的程度才明显提高。从制度与管理的角度来看，唐代的文武官僚间有一道清楚的区隔。所有的官员都拥有"散官"头衔，代表他们在官僚体系中的位阶、薪俸与各种特权。文官与武官在散官体系中拥有各自的阶序。参与政府行政的官员则被归类为"职事官"，这是一个文武类别分化得更为显著的群体。[①] 朝廷中由不同的部门来管理这两个群体。兵部处理武官事务，比如他们的铨选、迁转与惩处；与之相对的，文官的人事业务则归在吏部的权限之内。[②] 因此，只要根据他们的官衔以及职掌，要想区别唐代的文官与武官并不会太困难。

---

① 散官制度在唐代以前业已存在，不过文武散官分立是从唐代前期才开始的。见黄清连《唐代散官试论》，《中央研究院历史语言研究所集刊》58 本 1 分，1987，第 134 ~ 151 页。对于唐代政治制度中文武官员之区别的更进一步讨论，参见高明士《唐朝的文和武》，《台大文史哲学报》1998 年第 1 期（总第 48 期），第 3 ~ 10 页。

② （后晋）刘昫等：《旧唐书》卷四三《职官二》，中华书局，1981，第 1818、1832 页。

　　然而，这样的制度分化，不必然表示文武官僚间有着系统性的隔绝。有些官员可能同时持有文武官衔；许多唐代前期的高级官僚同时参与文武事务，其官衔、职位也随着他们在两个领域间的移动而改变。比如，协助唐高祖（566 ~ 635，618 ~ 626 年在位）建国，并删修刑律的刘文静（567 ~ 619），也在好几场军事行动中指挥作战。他的官职一开始是军司马，接着升迁为光禄大夫，担任民部尚书。① 另一个有趣的例子是屈突通（557 ~ 628），他在隋代以正直与战技闻名，后于大业十三年（617）投降唐高祖，仍继续统率唐兵作战。为奖赏其军事功绩，高祖曾任命屈突通担任刑部尚书，但屈突通因自己不熟习文法知识，而加以婉拒。高祖转而指派他担任工部尚书，显示高祖仍然认为屈突通堪任高阶文职。②

　　一方面，在太宗（598 ~ 649，626 ~ 649 年在位）及高宗（628 ~ 683，649 ~ 683 年在位）时代，出现了更多"才兼文武，出将入相"的杰出政治家，这也成为对政治怀抱热忱者的典范。太宗朝的名臣李靖（571 ~ 649）出身世族家庭，在他还未涉入文事行政及军事行动的青年时代，便已遍读儒家经典及诸如《孙子》之类的兵书。③ 王珪（571 ~ 640）曾向唐太宗推崇李靖是足以作为"才兼文武，出将入相"的表率。④ 至于武官因军功晋升至高层的文官职位更是常见，部分武官甚至缺乏文学背景。例如，大将侯君集（643 年逝世）是李世民的旧部，素以勇武著称，经常伴随太宗征战沙场。李世民即位之后，侯君集先被拔擢为兵部尚书，后又迁为吏部尚书。据说他一直到出任这些重

---

① 《旧唐书》卷五七《刘文静传》，第 2292 ~ 2293 页。
② 《旧唐书》卷五九《屈突通传》，第 2319 ~ 2322 页。
③ 《旧唐书》卷六七《李靖传》，第 2475 ~ 2482 页；（宋）欧阳修等：《新唐书》卷九三《李靖传》，中华书局，1975，第 3811 ~ 3816 页。
④ 《旧唐书》卷七〇《王珪传》，第 2529 页。

要职位后，才开始读书习文。①

　　另一方面，某些没有战争经验的文人，也可能会积极参与军事决策，甚至统军作战。例如，李世民的文人幕僚房玄龄（579～648），便在李世民即位之前，因提供各种军事建言而备受倚重。②效法其父太宗，高宗也让文官插手军务，指派毫无统帅经验的文臣统率大军出征。比如，明经科出身，以擅长书法闻名的裴行俭（619～682），在担任吏部尚书十余年后，奉命率领军队对抗吐蕃；随后凭借优异的战功，成为高宗朝最为著名的将领之一。为了表扬他的文武全才，高宗特别同时授予他文武两个散官头衔。③

　　至于地方职任，武人和文人也享受相同的待遇，可以成为各州刺史，出掌方面之权。众多刺史出身武人的事实，曾刺激一位文臣向太宗上书抗议。④这些事例证实了唐朝皇帝与上层官僚在考虑职务任命时，会广泛地在文武官中思考有能力的候选人。因此，一位胜任文官事务的人，被认为可以成为一个好的军事将领，反之亦然。

　　有些历史学家将这种在官职任用上只问能力，不问身份背景的倾向，归因于唐代前期统治集团的"文武合一"特质。陈寅恪分析唐代前期统治阶级的种族背景，指出他们主要都是北周、隋代"关陇集团"的后裔，属于汉人与草原民族的混血。此种混合的文化传统，造成他们同等重视文学知识和军事才能。因此，这个跨种族且多文化的统治群体，并没有对文武官员进行截然的区别。⑤史念海研究唐代前期政治精英中另一个重要群体——山东士族，指出他们尽管较少受到草原族群的影响，但同样重视文武之学的结合。① 正由于唐代前期精英倾向将文武视为互补而非对立，他们也不会将官员的职涯发展框限在单一的领域之中。

然而，陈寅恪与史念海提及的文武官员的重叠现象并非绝对。唐代前期君臣还是承认文武官员的职能有所区别。例如，在武德二年（619），亦即唐朝成立的第二年，高祖告诉他的臣子："平乱任武臣，守成委文吏，庶得各展器能，以匡不逮。"② 他的继承者太宗，也在即位后发表了一个类似的声明。③ 尽管官员们可能会在文武角色之间变动，但他们绝大多数还是会专注在一条道路上。因此，要发现证明长期服务军旅的官员无法胜任文职事务的事例并不困难，反之亦然。④ 其理由不难理解：同时精通文学与武事绝非易事，只有极少数才能出众的官员能够真正做到。在初唐，文武官员之间或许没有十分清楚的界限，不过两个群体的地位、角色与作用仍实际历经了微妙的变化。

唐高祖出身武官世家，其才能与经验都局限在军事方面。⑤尽管他在理论上承认必须通过文治以稳定国家，然而他与文士却没有太紧密的个人关系。太祖曾对次子李世民的行为感到不满，向他的臣子抱怨："此儿典兵既久，在外专制，为读书汉所教，非复我昔日子也。"⑥ 高祖显然对拥有文学素养者颇有恶感，谴责他们教坏了自己的孩子。与此同时，由于身处战乱的大环境，高祖始终没有显现出对文治的欣赏。为追求国家统一，他赋予军事

---

① 史念海：《唐代前期关东地区尚武风气的溯源》，收于中国唐史研究会编《唐史研究会论文集》，陕西人民出版社，1983，第 141~169 页。

② 《旧唐书》卷七五《孙伏伽传》，第 2636 页。

③ （宋）司马光：《资治通鉴》卷一九二，贞观元年正月，中华书局，1956，第 6030 页。

④ 关于缺乏文学素养的武人负责文职行政事务的例子，见《旧唐书》卷七二《李玄道传》，第 2583 页；卷八四《刘仁轨传》，第 2792 页。有关文官无法有效指挥军队，导致挫败的例子，见《旧唐书》卷八一《李敬玄传》，第 2755 页。

⑤ 《旧唐书》卷一《高祖本纪》，第 1~2 页。

⑥ 《旧唐书》卷六四《隐太子建成传》，第 2415~2416 页。

行动较高的优先性，此种态度使得官员们普遍对文官的作用表示怀疑。比如，力劝高祖创业开国的裴寂（570～632），在唐朝建立后成为宰相。刘文静认为裴寂在缺乏军功的情况下晋升至如此高位，是相当不公平的事，因而对裴寂产生了敌意。① 为求建立军功以巩固自己的宰相之位，裴寂在武德二年（619）请求高祖让他领兵对抗刘武周（622 年逝世）。但由于欠缺军事经验与能力，裴寂的指挥带来了一连串的惨败。② 裴寂的例子反映了高祖朝文官可能面临来自军事方面的压力，因为在王朝更迭之际，文事成就还没能取得可堪比拟军功的肯定。由于缺乏对于文治的欣赏，高祖朝后来被描述成一个在行政与律法上问题重重的时代，其实是可以预期的。③

　　相较于他的父亲，太宗显然乐于与文士建立更为亲近的关系。他自即位起，就强调指派兼具道德操守与知识素养的人出任官僚。④ 太宗延聘了许多学者作为他的顾问，并时常与他们会面、商议政策。⑤ 其中有些人因为提出有价值的建言而晋升高位，尽管他们并无实际政绩。⑥ 不过，太宗并非始终与文人站在同一阵线。例如，他对边疆议题采取的主动性政策，便时常造成其与某些儒士官僚的紧张关系。⑦ 太宗也延续了他父亲的做法：指派军

① 《旧唐书》卷五七《刘文静传》，第 2293 页。

② 《旧唐书》卷五七《裴寂传》，第 2287 页。

③ 这是太宗对高祖统治时期的评论，见《旧唐书》卷五七《裴寂传》，第 2288 页。

④ 见《旧唐书》卷八〇《褚遂良传》，第 2732 页；《资治通鉴》卷一九二，贞观元年正月，第 6030 页；（唐）吴兢：《贞观政要》卷七《崇儒学》，黎明文化，1990，第 189 页。

⑤ 《贞观政要》卷七《崇儒学》，第 187 页。

⑥ 例如，太宗最信任的文臣魏徵（580～643），就认为自己"无功于国，徒以辩说，遂参帷幄"。见《旧唐书》卷七一《魏徵传》，第 2550 页。

⑦ 比如太宗的两位重要文臣——魏徵与房玄龄——便经常不赞同太宗的侵略性政策。见《新唐书》卷九七《魏徵传》，第 3881 页；《旧唐书》卷六六《房玄龄传》，第 2464～2466 页。

事将领成为高级文官，允许来自不同背景的人成为朝中重臣，以便他能够在参酌广泛意见之后做出决定。比方说，涉及边疆政策时，拥有军事经验的官僚便时常与职业生涯局限于文职的官员发生争论。① 尤有甚者，太宗还有一群才兼文武的官僚，比如李靖、李勣（594~669）和长孙无忌（659年逝世），使得他的朝廷得以平衡文武权力，且同时在两个领域中建立重大的功绩。当高宗继承皇位，成为唐代第三位君主之时，其高阶官僚多是太宗时期的旧臣，这也使得太宗朝的政策得以延续至高宗朝前期。此一趋势直到充满争议的武曌（武则天，624~705，690~705年在位）在永徽六年（655）成为皇后之后，才有所改观。

"文武合一"传统在唐代前三位皇帝统治时期得到充分的发挥，并不意味着文武官员之间全然不存在紧张关系。② 不过，此时期的文武关系有以下四项特征：首先，文武官员之间的交流相当普遍，因此文武之间并没有形成截然分离的两个团体。其次，文武两方面的成就对于一位官员的晋升具有相同的重要性，朝廷也以相同的标准优待研读文学或兵学知识的人。根据《唐令》，"诸习学文、武者为士"。③ 也就是说，不论是倾向学文抑或习武的士人，都拥有优于普通百姓的法律地位。④ 再次，由于处在朝廷最高位的官僚拥有多元的背景，文武精英的声音都有可能在决策过程中被采纳。最后，同时精熟经典知识与军事技能，是那些

---

① 官僚们对于征伐高丽一事的辩论，就是一个显例。见《旧唐书》卷八〇《褚遂良传》，第2734页。

② 例如，在唐太宗时，武臣李靖与文臣魏徵、褚遂良在对外政策上因意见分歧而相互批判，参见《旧唐书》卷八〇《褚遂良传》，第2733~2734页。

③ 仁井田陞：《唐令拾遗》卷九《户令第九》"士农工商四业"，栗劲等译，长春出版社，1989，第154页。

④ 唐代士人与庶民在身份上的区别，见 Denis C. Twitchett, "The Composition of the Tang Ruling class," in Arthur Wright and Dennis C. Twitchett ed. , *Perspectives on the T'ang* (New Haven: Yale University Press, 1973), p. 49。

热切地想成为政治精英者追求的目标。

在武后掌权期间，上述的文武关系有了明显改变。在高宗朝后半期，武后掌握了朝廷，并在高宗死后成为摄政者，直至她自立为帝。武后对权力的独占合计四十六年，深刻影响了文武势力的消长。一方面，她延续"文武合一"的传统，将重大的军事任务指挥权委派给高阶文官。同时，她也拔擢文武官员至朝廷中的最高职位。举例来说，娄师德（630～699）与唐休璟（627～712）在晋升至宰相以前，都同样身兼文武之职，且他们其后的生涯也持续地在朝廷的文事行政以及边境的军事作战之间往返。① 另一方面，文武领域同等重要的时代风气，则因武后的用人政策而有了变化。

永徽六年（655），在高宗封武曌为皇后之后，反对派的年老大臣们针对武曌发起了一个长时间的抵制行动。为了在朝廷中培养出她自己的党羽，武后重新调整选举制度，以延揽主要拥有文学才能的新官僚。她不仅增加了经由科举入仕的官员数量，也仅因部分官员的文学成就，即将其拔擢至高位。② 与之相对的，军事成就逐渐不受统治者的青睐。由于与突厥、契丹、吐蕃等族的战事，在高宗朝因杰出军事表现而获得"勋官"的士兵与官员数量剧增。勋官的总额已经远远超过朝廷所能提供的职缺与赏赐。③ 这样的状况导致立功沙场的荣耀贬值，对于那些想要进入政府的人来说，经典知识带来的助益业已凌驾于军事功绩之上。

由于"文治"的重要性在武后时期开始增长，即便官员转换出任文武职事的做法依旧，一些文官已不愿接受转任武职的

---

① 见娄师德与唐休璟的本传，《旧唐书》卷九三《娄师德传》，第 2975～2976 页；卷九三《唐休璟传》，第 2978～2980 页。

② *The Cambridge History of China*, vol. 3, pp. 274-277.

③ 高明士：《唐朝的文和武》，《台大文史哲学报》1998 年第 1 期（总第 48 期），第 152～154 页。

任命。① 这一点反映出文武官员更为剧烈的分化。分析 8 世纪前半叶高级官僚的经历，足以显示文治力量的扩展。尽管军功仍能让部分官员赢得升迁至高级文官职位的机会，但绝大多数的例子都是文官短暂成为边界的军事将领，因为令人惊艳的军事成就，而得以晋升宰辅。例如，在开元年间（731~741），共有五位官员——张嘉贞（666~729）、王晙（732 年逝世）、张说（667~730）、萧嵩（749 年逝世）与杜暹（740 年逝世）——在边界统兵后晋升为宰相。② 他们都带有文散官衔，仕宦生涯的主要工作都是文职，仅执行过短期的军事任务，只有王晙是一个例外。③

相较之下，只有极少数的将领，比如郭元振（656~713），能在军旅中长期服务后，成为宰相。④ 由此可见，原有在文武官员间均衡的势力，已渐渐向文官方面倾斜。同样反映此一趋势的是，坚决反对领土扩张的宰相宋璟（663~737），甚至阻碍了几位在开元四年（716）立下战功的军事将领的升迁。⑤ 相较高祖朝对于军事功绩的强调，唐朝的文武关系在 8 世纪产生了剧烈的消长。这正解释了何以怀有政治抱负者更偏好文学知识与文职，而较不喜军事技术和武职。

当军功的报酬逐步削减之际，军士的负担却变得更加沉重，这主要是武周时期对游牧族群持续作战所致。当兵既得不到合理的回报，又身处于偏好习文的环境中，多数汉人乃拒绝从军。

---

① （唐）刘餗撰，程毅中点校《隋唐嘉话》，中华书局，1979，第 43 页。
② 《旧唐书》卷一〇六《李林甫传》，第 3239~3240 页。他们五人的本传，分见《旧唐书》卷九九《张嘉贞传》，第 3090 页；卷九三《王晙传》，第 2585~2589 页；卷九七《张说传》，第 3049~3057 页；卷九九《萧嵩传》，第 3093~3095 页；卷九八《杜暹传》，第 3075~3077 页。
③ 杜暹在边界统兵值勤了三年，萧嵩仅领军两年，见《旧唐书》卷九八《杜暹传》，第 3076 页；卷九九《萧嵩传》，第 3094 页。
④ 《旧唐书》卷九七《郭元振传》，第 3042~3048 页。
⑤ 《新唐书》卷一二四《宋璟传》，第 4394 页。

许多府兵逃离他们居所，以逃避军事征召，严重地削弱了府兵制的机能。自武周时代晚期起，府兵制度的破坏迫使政府必须建立新的军队作为补充。① 整个情势持续恶化，因此朝廷最终废止了奠基于征兵的府兵制，而独独仰赖于 8 世纪前期所建立的职业军队。②

府兵制的废除，让绝大多数的汉人得以从强制性的兵役中解脱出来，使他们得以致力于文学技艺。在玄宗（685～762，712～756年在位）朝，社会风气倾向"重文"已变得相当明显。社会精英开始将写诗视为重要才能，以获得文学教养为荣，在皇帝身边担任文胆则为最崇高的工作。③ 因此，研读经书以参与科举考试，成为最主要的仕进策略，④ 据说连孩童都会嘲笑那些不能作诗的人。⑤ 相反，武官地位跌至谷底，有段话甚至这么说："不肖子弟为武官者，父兄摈之不齿。"⑥ 即便这段陈述有夸大之嫌，它看来仍可作为武官地位急剧下降的标志。

武职贬值到有才者能避则避的情况，绝非玄宗所乐见。为了提高武职的地位，他指派几位高阶文官至军中服务。开元八年（720），韦凑（658～722）由原本的文职转任右卫大将军之时，玄宗对他如此说道：

---

① 高明士：《唐代的武举与武庙》，收于第一届国际唐代学术会议论文集编辑委员会编《第一届国际唐代学术会议论文集》，台湾学生书局，1989，第 1030～1032 页。

② 府兵制的破坏，见岑仲勉《府兵制度研究》，上海人民出版社，1957，第 69～73 页；谷霁光：《府兵制度考释》，上海人民出版社，1962，第 215～241 页。

③ 穆员：《刑部郎中李府君墓志》，收于（宋）李昉等编《文苑英华》卷九四三，中华书局，1966，第 4958～4959 页。

④ （唐）杜佑：《通典》卷一五《选举三·历代制下》，中华书局，1988，第 357～358 页。

⑤ 独孤及：《故朝议大夫高平别驾权公神道碑》，《文苑英华》卷九二七，第 4880～4881 页。

⑥ （宋）王溥：《唐会要》卷七二《军杂录》，上海古籍出版社，2006，第 1539 页。

> 皇家故事，诸卫大将军共尚书交互为之。近日渐贵文物，
> 乃轻此职。卿声实俱美，故暂用卿，以光此官，勿辞也。①

显然，玄宗尝试通过文武双方间的人事轮调，恢复文武职地位均等的传统，但这是当时许多文官所抗拒的运作方式。

玄宗用来提升"武"的价值的另一个策略，是建立武庙，供奉兵学经典记录的重要人物——传说中的太公。开元十九年（731），朝廷下令在两京以及诸州建立武庙，并举办类似孔庙释奠的仪式。② 对太公的祠庙规划及礼仪实践，全盘仿效孔子的释奠礼，表明朝廷有意识地给予军事知识与儒学经典相同的地位。然而，建立这种类型的武庙，无益于弥合文武之间的鸿沟，只是显示朝廷在国家祭祀上承认文武之间日益对立的现实。因此，曾发挥淡化文武官之别的"文武合一"传统，到了玄宗时代，不论在实践面抑或理论面都已成为明日黄花。

事实上，上述玄宗的努力并未能挽回汉人对军事工作的厌恶。于是，热衷于领土扩张却又缺乏汉人支持的玄宗，想出的解决方法就是：仰赖非汉族将领及士兵。③ 延揽非汉族战士进入军旅始于太宗朝，起初他们的数量相当有限，直到玄宗废除府兵制，并沿着边区建立起职业军队，才有越来越多的非汉族群被雇佣进入大唐军队。④

---

① 阙名：《唐太原节度使韦凑神道碑》，《全唐文》卷九九三，中华书局，1983，第10288页。
② David McMullen, "The Cult of Ch'i Tai-Kung and T'ang Attitudes to the Military," in *Tang Studies* 7 (1989, Madison, Wis.), pp. 89–94；高明士：《唐代的武举与武庙》，收于第一届国际唐代学术会议论文集编辑委员会编《第一届国际唐代学术会议论文集》，第1046~1048页。
③ 王寿南：《唐玄宗时代的政风》，收于氏著《唐代政治史论集》（增订本），台湾商务印书馆，2004，第167~171页。
④ 关于府兵制度的败坏与日渐增加的非汉雇佣兵间的关系，参见章群《唐代蕃将研究》，联经出版社，1986，第246页。

　　就在玄宗以职业军人取代府兵之际，他也重新安排了沿边的防卫体系。边境被分割为好几个防御区，每一区指派一名节度使治理。统辖大军的节度使们，很快成为玄宗朝最重要的军事领袖。[1] 刚开始时，有些高层文官还领有这些职位，不过随着对非汉族将士的日渐倚赖，玄宗也逐渐倾向指派非汉族将领充任沿边节度使。把持着开元二十三年至天宝十一载（735～752）朝政的宰相李林甫（752年逝世），[2] 又为了个人的政治野心，进一步强化了蕃将领勃兴的权力。在李林甫晋升宰相以前，文官通常会在出任短期军事职务后，被任命为宰相。李林甫为了维持其地位，努力地防范其他文官靠着战功而赢取晋升宰相的机会。在李林甫心中，缺乏足够文学素养的非汉将领无法奢求文官的最高职位，因而不会威胁他已得之权位。与此同时，李林甫与一些非汉族将领有着私人联结，[3] 使他对自己驾驭这些将领的能力很有信心。李林甫力劝玄宗派遣蕃将取代文臣出任沿边节度使，宣称："文士为将，怯当矢石，不如用寒族、蕃人，蕃人善战有勇，寒族即无党援。"顺利获得玄宗批准。[4] 到了天宝年间（742～756），绝大多数的沿边军队都由非汉将领统辖，再也没有官员在从事军旅之后被拔擢为宰相。撇开个人动机不谈，李林甫之所以能够说服玄宗接受他的提案，还是因为文武职涯分途已成既有的事实，文人不再热衷于从军，以蕃将取代文臣统兵，不过是顺势而为。在此情况下，"出将入相"的传统也就烟消云散了。

　　放弃唐代前期传统的负面影响很快就浮现出来。随着绝大多数的军事将领不再会被调回朝廷，其生涯也就转而集中在统辖军队之上，这自然让他们与士兵们的联结益趋紧密。较有野心的军

---

①　*The Cambridge History of China*, vol. 3, pp. 366－370.

②　《旧唐书》卷一〇六《李林甫传》，第3239～3240页。

③　章群：《唐代蕃将研究》，第247～259页。

④　《旧唐书》卷一〇六《李林甫传》，第3239～3240页。

事将领，得以建立起属于他们自己私人的权力基础。这样的政策，让在 8 世纪 40 ~ 50 年代最受玄宗宠幸的蕃将领安禄山（757年逝世），得以在天宝十四载（755）组织一支以蕃兵、蕃将为主体的大军，并进而发动叛乱。

## 安史之乱后文官与武官的互动

安禄山的部队成功地占领了包含长安、洛阳在内的北方中国的绝大部分，几乎推翻了唐王朝。但在长达八年的血腥激战后，效忠唐室的军队至少在名义上重新统一唐王朝。为了击败叛军，并巩固统治，唐廷也在帝国的腹地指派了越来越多的节度使，赋予他们相当程度的自主权，以处理辖区内的政、军事宜。但是，中央政府的姑息政策让一些节度使越发跋扈不恭，问题最严重的地区数河北，也就是安禄山的原根据地。在名义上归顺唐室之后，前叛军将领继续通过私人军队的支持，占有其辖区，维持着半独立的状态。① 一旦对朝廷不满，跋扈的节度使会毫不犹豫地发起军事行动。最严重的叛变发生在德宗（779 ~ 805 年在位）朝，共有六名节度使参与其事，迫使皇帝撤出京城长安达两年之久。②

唐政府的另一个危机来自游牧部族，特别是吐蕃与回纥。在广德元年（763），代宗（726 ~ 779，762 ~ 779 年在位）甚至逃离长安以躲避吐蕃的入侵。其后，吐蕃的军队持续攻击长安邻近的区域，威胁唐室的生存。③ 尽管由于宪宗（778 ~ 820，805 ~ 820

---

① Denis C. Twitchett, "Varied Patterns of Provincial Autonomy in the T'ang Dynasty," in John Curtis Perry and Bardwell L. Smith ed., *Essays on T'ang Society* (Leiden: Brill, 1976), pp. 90 – 109. 陈寅恪：《唐代政治史述论稿》，第 25 ~ 48 页。
② *The Cambridge History of China*, vol. 3, pp. 501 – 507.
③ 《旧唐书》卷一九六上、下《吐蕃传上、下》，第 5237 ~ 5266 页。

年在位）的努力,① 让唐廷的权威在 9 世纪 10 年代有短暂的扩张,但军事动乱以及外族侵扰依然持续性地发生。不安的情势贯穿着整个唐朝后期,唐帝国被更多的、源自内外两面势力带来的杀戮动荡所困扰。

在此情势下,无论武官们对朝廷的态度为何,他们都扮演着影响深远的角色。然而,随着武将地位与角色的日渐重要,他们与朝廷的关系也越来越紧张。安禄山之乱提醒着统治者跋扈武将的危险,特别是那些久任军旅者。为了防范军事叛乱的威胁,在 8 世纪 30 年代早期,玄宗开始指派宫廷内的宦官充任监军,这种方式在玄宗朝之后越来越普遍且趋于常规化。② 然而,此一监察机制运作得并不好,因为许多监军滥用其权力,事无大小地干预、指挥节度使的工作。假若军事将领拒绝遵循监军的指示,监军宦官就会向朝廷发送假的,甚至是中伤性的报告。一种恶性循环因此产生:皇帝与武将变得越来越猜忌彼此,因为他们的沟通通道被监军宦官所屏蔽;而皇帝对武将的猜疑,让他们更加仰赖监军的报告。在唐代后半期,具有才干的武将从来没能摆脱忌妒的猜疑,越是成功的武将,来自君主与朝廷的猜忌就越深。这是唐代中央政府最终无法依靠武力重新统一国家的主要原因。③

另外,尽管宦官严密地监视节度使,朝廷却经常缺乏足够的军事力量去惩处那些证据确凿的不恭行径。由于忧心潜在的叛乱,朝廷被迫无视部分节度使的非法行为,这进一步地损害了中央政府与节度使之间的关系。对于效忠皇帝的军事将领来说,这

---

① Charles Peterson, "The Restoration Completed: Emperor Hsien-tsung and the Provinces," in *Perspectives on the T'ang*, pp. 156 – 186.
② 章群:《唐代蕃将研究》,第 302 页。
③ 对于指派宦官作为监军之负面影响的讨论,见 Edwin Pulleyblank, "An Lu-Shan Rebellion and the Origins of Chronic Militarism in Late T'ang China," in *Essays on T'ang Society*, pp. 56 –59;傅乐成:《唐代宦官与藩镇的关系》,收于氏著《汉唐史论集》,联经出版社,1984,第 192 ~ 197 页。

样的情况是相当尴尬的。在唐代中期同时以军事贡献与坚定不移之忠心著称的武将郭子仪（697~781），曾经奏举一名地方官，结果其请求为朝廷所拒。当他的文官僚佐为此事倍感气愤之时，郭子仪却对他们说：

> 自艰难以来，朝廷姑息方镇，武臣求无不得。以是方镇跋扈，使朝廷疑之，以致如此。今子仪奏一属官不下，不过是所请不当圣意，上恩亲厚，不以武臣待子仪，诸公可以见贺矣！①

在郭子仪看来，安史之乱后，朝廷十分猜忌武臣节度使，对其请求一概接受，以防止其叛变。现在自己的请求遭拒，反而显示皇帝对自己的信任，不把他当成一般的"武臣"来对待。一位戎马多年的大将，反而不愿意被当成一位武官来对待，显示了武官与朝廷关系的紧张，以及那些真心想与朝廷合作的将领所面临的挑战。

武官与朝廷的紧张关系深深地影响了文武两类官员的作用与地位。尽管在唐代后半期，文武官员间的转任仍时有所见，然而专业化的趋势终究无法逆转。就像玄宗过去所做的，皇帝有时会派遣著名的文臣充任武职，以展现他们对军事的高度关注。② 然而，文武职涯的持续分化并未因此而改变。安史之乱后不久，朝廷恢复了指派文臣出任军事统帅的传统。至德元载（756），宰相房琯（697~763）与两位作为其主要助手的儒者，统兵迎击叛军。由于房琯和他的主要幕僚皆缺乏军事经验，其结果只能是一

---

① （唐）赵璘：《因话录》卷二《商部上》，上海古籍出版社编《唐五代笔记小说大观》上册，上海古籍出版社，2000，第840页。另一件类似的故事记载于武将浑瑊（735~799）的传记中，见《新唐书》卷一五五《浑瑊传》，第4894页。
② 苏颋：《工部尚书鲍防碑》，《文苑英华》卷八九六，第4719~4721页。

场全面性的灾难。① 接着，为肃宗（756～762年在位）深信兼具文才武略的宰相张镐（764年逝世），在南方战场统军时同样也没能获得显著的成果。② 朝廷用以压制叛军的主要统帅，是那些久在军旅的武臣，特别是蕃将。③

安史之乱后，我们仍然可以发现几则"出将入相"的案例。最成功的例子是裴度（763～839）。考取进士，并在长时间担任文职而后晋升为宰相的裴度，在元和十年（815）成功地率军镇压反叛的淮西镇。接下来，裴度的职涯在宰相与节度使之间来回交替达二十年之久。④ 其他文官诸如韦皋（745～805）、严武（726～765）也在出任边区节度使时，留下了让人印象深刻的军事成就。⑤ 然而，这些军事才能出众的文官，无论在数量或成就上都要较他们唐代前期的前辈来得逊色，即使是统领军队的方式也有所不同。由于缺乏强健的体魄与高超的战技，裴度等人鲜少参与实际的战斗，而是发布命令给手下武将去执行。⑥ 这个事实反映了文武职涯分化的结果：文官对于战斗技术十分生疏。尽管一些宋代史家过度强调统兵文臣的军事贡献，甚至于把裴度抬升到像郭子仪那般崇高的地位，然而从现有证据来看，他们的论点其实难

---

① 《旧唐书》卷一一一《房琯传》，第3321～3322页。

② 《旧唐书》卷一一一《张镐传》，第3327页。

③ 诚如章群所指出，安史之乱期间，双方都大量仰赖蕃将所统领的军队。见章群《唐代蕃将研究》，第 v 页、第261～265页。

④ 《旧唐书》卷一七○《裴度传》，第4413～4419页。其他"出将入相"的例子有：李德裕（787～849）、毕诚（802～863）、白敏中与杜审权，分见《旧唐书》卷一七四《李德裕传》，第4509～4530页；《旧唐书》卷一七七《毕诚传》，第4608～4610页；《新唐书》卷一一九《白敏中传》，第4305～4307页；《旧唐书》卷一七七《杜审权传》，第4610～4611页。

⑤ 《旧唐书》卷一一七《严武传》，第3395～3396页；卷一四○《韦皋传》，第3821～3824页。

⑥ David Graff, "The Sword and the Brush: Military Specialisation and Career Patterns in Tang China, 618 – 907," in *War & Society* 18：2 (2000, Australia), pp. 18 – 19.

以被证实。① 在唐代的后半叶，兵权主要掌握在职业军人手里。

专业化的趋势在武臣的职涯模式中也有清楚的显现。为了奖赏将领所做出的军事贡献，朝廷很慷慨地给予他们高层职位与荣誉头衔。因此有许多武将，包括许多蕃将，得到了宰相头衔。② 然而这些例子中的绝大多数人，都继续留在地方任职，而非真正进入朝廷。③ 少数握有宰相头衔，并在朝供职的将领，如李晟（727~793）和马燧（726~795），其实际角色是高度仪式化的，鲜少涉入重要的决策。毕竟，指派他们出任朝官的主要目的，在于解除他们的兵权，而不是期待他们将才干施展于文事行政之上。④ 因此，少数武将或许会在朝充任名义上的宰相，然而却从来不曾真正掌握政务。朝廷的决策主要掌控在宦官及充任翰林学士的文臣手中。尽管武臣仍旧拥有向皇帝表达其意见的途径，然而相较于唐前期，他们在中央政府的影响力明显衰退。⑤ 这也就造成许多地方武臣被隔绝在朝廷之外，甚至有人故意避免前往京

---

① 认为裴度的声望与贡献足以媲美郭子仪的论点，见《新唐书》卷一七三《裴度传》，第 5219 页。裴度的唯一战功就是征讨跋扈不恭的淮西节度使，然而，接下来他对几个反叛州镇的作战都没有成功，见《新唐书》卷一七三《裴度传》，第 5213~5214 页。

② 给予蕃将领宰相衔，始自安史之乱后不久。在唐代，有十一名蕃将得到了此种头衔。参见岑仲勉《隋唐史》，中华书局，1982，第 114 页。

③ 握有此类宰相头衔的节度使被称作"使相"。安史之乱后，绝大多数的使相都是武臣。尽管节度使握有宰相头衔，他们却从未在朝廷供职。见傅乐成《陈寅恪岑仲勉对唐代政治史不同见解之比较研究》，收于氏著《中国史论集》，台湾学生书局，1985，第 61 页。

④ 《旧唐书》卷一三三《李晟传》，第 3672~3674 页；卷一三四《马燧传》，第 3700~3701 页。

⑤ 对军事将领与唐廷之互动的进一步讨论，参见 Terrence O'Byrne, "Civil-Military Relations During the Middle T'ang: The Career of Kuo Tzu-I," (Ph. D. dissertation. University of Illinois, 1982), pp. 274-278. O'Byrne 似乎过于倾向强调武臣对朝廷决策过程的疏离。事实上，尽管皇帝咨询武臣的频率不如咨询文官那般频繁，将军们依然可以通过上书，或在觐见皇帝时表达其意见。我们同样也可发现一些文臣计划因当朝武臣的反对而中断。见《旧唐书》卷一一八《元载传》，第 3412 页；卷一二九《张延赏传》，第 3609 页。

城，因为他们已不习惯朝廷的文化。在朝的文臣并不在意这种隔绝，只要将领们继续保持他们的忠诚，朝廷就会允许他们长期不朝见君主。①

政坛上的文武分途其实反映了文人疏离军事的学术风气。在朝廷掌控的绝大多数地区，玄宗朝已出现的好文之风并没有发生显著的转变。尽管处于动荡不安的大环境中，多数的文臣与文士却毫无追求兵学或参与军务的意图。不过，面对着日衰的朝廷权威，以及武将的难以控制，一些文臣开始怀念起唐代前期"出将入相"的传统。杜牧（803～852）对于兵学的倡导，代表着恢复该传统的努力。杜牧主张，从历史的观点来看，周公、孔子都是才兼文武的典范；然而，现今文武已如泾渭般分流，以至于士大夫只要一论及军事，就会被认为粗鄙或怪异。即便他们的国家正遭受军事上的威胁，文士仍鲜少忧心，而将平定叛乱之事交付给善于战斗的武人。在杜牧看来，军队是国家兴衰的关键，军队若由饱学之士掌管，便能建立稳定的帝国；军队若由不学无术的武人领导，国家则将土崩瓦解。为了要控制军队，士人必须要娴熟军事及兵学，因此杜牧特别为兵学经典《孙子》一书做了注解。②

杜牧的理想与唐代前期政治家的作风极为相近，所以他在《注孙子序》中提及兼通儒家经典与兵学著作的李靖、裴行俭等人。但是，杜牧在文中却暗示，兵学知识涉及战略，因而与战斗技能并不相同。他倡导前者，并将后者摆放到一个较为次等的地位。他宣称李靖等人的贡献是："其所出计划，皆考古校今，奇秘长远；策先定于内，功后成于外。彼壮轻死善击刺者，供其呼

---

① 例如，朝廷便豁免获得新任命的高崇文（746～806）进京入觐，见《旧唐书》卷一五一《高崇文传》，第4053页。
② （唐）杜牧：《樊川文集》卷一〇《注孙子序》，上海古籍出版社，1978，第149～151页。

召指使耳，岂可知其由来哉！"① 也就是说，才兼文武的军事统帅根据所学做出高明的计划，擅长打斗的武人只是听命行事。由此看来，文武的分途在当时已是如此盛行，以至于即便是想要恢复文武合一理念的文士，也只倡导研读兵学著作，这显然是文臣与文士在军事领域中较为擅长的部分。

即便杜牧只是提倡军事传统中的特定面向，他的理念仍没有受到多数文人的支持。9世纪绝大多数的士大夫持续专注在文学知识及政治管理之上。晚唐的情形反映在五代时期孙光宪（900~968）的一则议论中："唐自大中（847~860）以来，以兵为戏者久矣，廊庙之上，耻言韬略，以櫜鞬为凶物，以钤匮为凶言。"② 因此，在唐代后期，"书生"或"儒生"等身份便被等同于"不知兵者"，以致在战场上，当武人面对文臣敌手时，他们经常将对方贬为易与之辈。③ 这种优越感并不仅限于武人，即便是朝廷，有时也会犹豫是否要将重要的军事行动交付给被认为是"儒者"的官员。④

在学术倾向之外，不同的社会背景也强化了唐代后期文武官员的分途。在唐代的后半叶，家世背景仍持续作为社会地位的重要标识。出身世族家庭者习惯性地在文的轨道上追逐事业，相对地，非汉族出身或家世较低微的武人只能通过军功获得官位的晋升，而不能与上层的文官、士人享有相同的社会声望。如果职业

---

① 《樊川文集》卷一〇《注孙子序》，第150页。

② （五代）孙光宪撰，贾二强点校《北梦琐言》卷一四"儒将成败"，中华书局，2002，第282页。

③ 相较于唐前期，在安史之乱后有关武人将文人视为软弱对手的故事有着显著的增加。见《旧唐书》卷一五七《辛秘传》，第4150~4151页；卷一二八《颜真卿传》，第3589~3590页；卷一四〇《韦皋传》，第3821~3822页。《北梦琐言》卷三"王中令铎拒黄巢"，第50页。

④ 见《旧唐书》卷一五《宪宗本纪下》，第456页；卷一一二《李麟传》，第3339页。

军人尝试与世族家庭缔结关系，以提高其地位，他们多半会换来轻视，而不是尊敬。宪宗朝著名蕃将领李光颜（761～826）① 的事例，便清楚展现了高阶武官在当时的矛盾地位。

> 李太师光颜，以大勋康国，品位穹崇。爱女未聘，幕僚谓其必选佳婿，因从容语次，盛誉一郑秀才词学门阀，人韵风流异常，冀太师以子妻之。他日又言之，太师谢幕僚曰："李光颜，一健儿也，遭遇多难，偶立微功，岂可妄求名族，以掇流言乎？某已选得一佳婿，诸贤未见。"乃召一客司小将，指之曰："此即某女之匹也。"②

对李光颜来说，即便身在官僚体系的高层，也不足以将他的社会地位抬升至可与世家大族相比拟的程度。即便有一些世族成员可能会同意迎娶他的女儿，借以利用他的影响力，但此种不平等的婚配仍旧可能招致他人的责难。因此，李光颜宁可选择一位没有太高地位的武人作为他的女婿。

文、武人的区别，在著名将领李晟与文官张延赏（727～787）之间的冲突中益发突出。李、张彼此的敌视，源自他们早年对于一名官妓的争夺。贞元元年（785），当德宗指派张延赏出任宰相之时，李晟上表反对此人事升迁，当时德宗正仰赖李晟的军队压制反叛的节度使，因而取消了对张延赏的任命。两年后，在德宗的敦促下，李晟表荐张延赏担任宰相，借以释出双方和解之意。然而，当李晟接下来试图让他的一个儿子与张延赏之女结亲时，却遭到张延赏的拒绝，这让李晟忍不住向人大吐苦水。

---

① 李光颜的本传，见《旧唐书》卷一六一《李光颜传》，第4218～4222页。
② 《北梦琐言》卷三"李光颜太师选佳婿"，第45页。

> 武人性快，若释旧恶于杯酒之间，终欢可解。文士难犯，虽修睦于外，而蓄怒于内，今不许婚，衅未忘也，得无惧焉！①

李晟显然认为武人的个性及行为，在先天上就与文人不同；武人是正直而爽快的，文人却是表里不一的。由后来的发展看来，李晟显然有先见之明，张延赏很快地说服了皇帝剥夺李晟的兵权。不过，张延赏因私怨罢免李晟的行动激怒了其他的武官，他们因而对张延赏的政策加以抵制。② 由此可见，武官们拥有某种集体意识，这个意识在他们对抗某位不当对待其同袍的文官时会体现出来。

另外，文官同样认为某些作为专属于武人，因而与自己不相配。例如，武官出身的节度使通常会以对待下属的态度来面对自己的文人幕僚。一旦幕僚犯错，就会毫不犹豫地要求朝廷处死或流放他们。但是，如果一位担任节度使的文官也用同样严厉的方式对待他的幕僚，文臣同僚则会批判他。③ 文人也认为某些领域或议题是他们所独占的，不允许武人插手。李晟与一位文人幕僚间的对话，阐明了这个信念。李晟曾对宾客说："魏徵能直言极谏，致太宗于尧、舜之上，真忠臣也，仆所慕之。"行军司马李叔度回答道："此搢绅儒者之事，非勋德所宜。"④ 李叔度的看法暗示着普遍存在于文人心中的自我优越感。无论官员的品级为何，文人认为唯有他们才拥有劝谏皇帝的资格。由此延伸，文官也认定在重大决策上，皇帝只能与他们进行讨论。因此，前面提

---

① 李晟的话被记载在《旧唐书》卷一二九《张延赏传》，第 3608 页。
② 《旧唐书》卷一二九《张延赏传》，第 3608～3609 页。
③ 德宗时代，荆南节度使裴胄是明经出身的文臣，却上奏朝廷将书记梁易从流放，被批评是"进退宾客不以礼"。见《旧唐书》卷一二二《裴胄传》，第 3508 页。
④ 《旧唐书》卷一三三《李晟传》，第 3674 页。

到文臣为了防范将领参与朝廷事务而做出的各种努力，正反映了此种偏见的现实存在。

文臣对于自己手下的军人，则会更直接地表达出他们的鄙夷。长庆元年（821），一些身处幽州的文臣嘲笑当地的军人："今天下无事，汝辈挽得两石力弓，不如识一丁字。"[①] 此种恃文学知识而视武艺为无物的言辞，随后引发了当地士卒的叛变。在中央政府的文官则为了巩固"文"的优越，与将领们在国家祀典上争胜，引发贞元四年（788）关于武庙祭仪的辩论。在一位文臣质疑太公是否有资格与孔子享受相同的祭祀仪式后，德宗下令群臣讨论武庙的祭仪，武臣与文臣为此截然分为两个对立的阵营。武官们力主军事知识应当与文学教养并兴，特别是在这样一个内外动荡不安的时代，唯有军事上的图强才能根除动乱。反之，文臣则争辩说：太公之学仅能在短时间内得到人们的认可，不像孔子的教导乃永恒之真理，因此他不值得拥有与孔子同样尊崇的地位。文臣的主张隐而不宣地将军事专业贬低为一个较低层次的知识范畴。他们驳斥将领们的主张，辩称文武之道不应全然分离，且理想的军队应该来自农民，并接受文臣的管理和指挥。为了让双方满意，德宗颁布了维持太公祭祀的诏令，不过接受了文臣的要求，修改其祭仪，并以一位武官取代宰相来主持这项祭祀。[②]

文士对于武人的鄙夷，致使许多针对武臣的负面情绪在其书写中呈现。杜牧向士大夫提倡兵学之时，也尖锐地批评了当代的将领。

---

① 《旧唐书》卷一二九《张弘靖传》，第 3611 页。
② David McMullen, "The Cult of Ch'i Tai-Kung," pp. 97 – 99；高明士：《唐代的武举与武庙》，第 1054 ~ 1056 页。

近代已来，于其将也，弊复爲甚。人嚚曰：廷诏命将矣！名出视之，率市儿辈。盖多赂金玉……绝不识父兄礼义之教，复无慷慨感概之气。百城千里，一朝得之，其强杰愎勃者，则挠削法制，不使缚己；斩族忠良，不使违己。力壹势便，罔不为寇。其阴泥巧狡者，亦能家算口欸，委于邪幸，由卿市公，去郡得都，四履所治，指为别馆。①

杜牧将当时的武官比拟为商人，因为他们是靠着贿赂取得职位的。他们不遵守任何道德原则，也缺乏正直的性格。武官中强悍残酷者一旦取得地方的统治权，就会违反法律、杀害忠良。若其权力巩固，就会反抗朝廷。至于武官中较为巧诈者则会横征暴敛，以丰盈自己的财富。杜牧因此总结说，正是由于武人的这些恶劣行为，唐帝国才会经常发生军事叛变，社会风俗也因而败坏。② 显然，杜牧将他那个时代所面临的各种问题都归咎到武官的身上。杜牧对武官的批评并非特例，敌视武官的文臣甚至建议朝廷缩减武官的数量。③

在9世纪，出任节度使的文臣有时会称自己为"儒将"，以示有别于多数行伍出身的武将。"儒将"一词，意指具有儒学素养的军事指挥官，是在唐代末期才出现的概念。上文提过的几位唐代前期才兼文武的官员，既深具儒学素养，又经常统兵。他们像"儒将"一般地行事，却不曾以此自我标榜。"儒将"这个词在唐代后期出现，并不意味着具有儒学背景的军事将领有所增加，而是反映了9世纪出任武职的士大夫怀有的优越感。因此，当他们承担军事职任时，仍旧试图强调自己"儒者"的身份，而

---

① 《樊川文集》卷五《原十六卫》，第90~91页。
② 《樊川文集》卷五《原十六卫》，第91页。
③ 例如，沈既济在781年便主张武官数量过于庞大，朝廷应该进行缩编。见《通典》卷一八《选举六》，第451页。

不是军人。其中一个例子是薛能（880 年逝世），一位以自己的文学才能而自豪的节度使，相当憎恶军事工作，认为自己所担任的职位乃是"麄官"，也就是只适合粗鄙之人。① 由于不愿意被认为只是一名"武将"，薛能在他的诗中使用了"儒将"一词，宣称："儒将不须夸郤縠，未闻诗句解风流。"② 认为春秋时代因"说礼乐而敦诗书"而获得晋文公任命为军事统帅的郤縠不能算是儒将的代表，因为他不能像自己那样懂得诗句。③ 薛能显然是想强调自己是一位具有文学才能的军事指挥官。由此看来，到了 9 世纪，文武之分已超越了官衔与职位，而涉及一个人的文化认同。

文武官员之间的文化差异是如此鲜明，甚至影响到那些武人主导区域的地方文化。如陈寅恪指出，在武人的支配下，河北地区无论在文化上或政治上，都与朝廷控制的区域判然有别。在河北，军事技能掩盖了对儒家经典论著学习的锋芒，成为最受重视的学习项目。在其他地方，为了参与科举考试而读书，仍被认为是提升地位的最佳途径。④

尽管我们可以在 9 世纪找到许多文武官员相互仇视的例子，不过直到乾符二年（875）以前，这两个群体并没有在政治上发生太多的冲突，因为双方都没能拥有足以压制对方的实力。安史之乱后，宦官是掌控朝廷的主要群体。朝廷与军队的重要职务委派，鲜有不经他们之手而决定者。因此，不论拥有怎样出身背景的官员，都希望能够与宦官建立关系，以利自我晋升。由于他们特殊的生理状态及孤绝的工作环境，宦官形成了自己有别于文武

---

① 《北梦琐言》卷四"薛氏子具军仪"，第 67 页。
② （唐）薛能：《薛许昌诗集》，收入《汲古阁唐诗集》第 7 册，全国图书馆文献缩微复制中心，2008，明毛氏汲古阁本，《薛许昌诗集》卷五《清河泛舟》，第 370 页。
③ 郤縠事迹见《左传》，艺文印书馆，1955 重刊宋本十三经注疏，僖公二十七年。
④ 陈寅恪：《唐代政治史述论稿》，第 25～28 页。

官员的集团，也因如此，没有哪一个集团得以完全掌控中央政府。① 地方行政同样也存在着平衡关系。一份关于节度使背景的分析材料显示，文武官员各有自己的支配区域。大体说来，武人任职于战略要地，所担负防御责任超过一般行政。相对地，文官主管那些对朝廷具有重要经济意义的区域，并多以文职管理者的身份工作，较少掌控军务。②

　　与此同时，政治权力上的平衡在某种程度上弥合了文武官员之间的文化鸿沟。武人的政治活动使得他们有机会和文士共事，进而让双方交流各自的理念。此种交流的一个显著事例是，武人节度使府延聘文士作为其文职僚佐。由于掌管着地方行政，无论是什么背景出身的节度使，都需要学养丰厚者的协助，以便处理各种行政工作。即使是河北地区的半独立节度使，也试图援引饱学之士作为其僚属。对于无法在科举试场上求胜的文士，在节度使的麾下工作，尤其是为那些与朝廷关系疏离的节度使效命，使他们获得另一条通往权力之路。即便是拥有科举功名或已任官职者，当他们对自己在中央政府的前途感到悲观时，也会转向节度使求职。③ 少数出身较低的文人甚至倾向用极谦卑的姿态面对他们的武人长官，经常到了巴结奉承以谋求一官半职的地步。④ 当武臣与文人共事，他们不可避免地要相互影响。一些9世纪的将

---

① 关于宦官权势更多的讨论，见《唐代政治史述论稿》，第67~70页、第95~127页；傅乐成：《唐代宦官与藩镇的关系》，收于氏著《汉唐史论集》，第197~208页。

② 王寿南：《唐代藩镇与中央关系之研究》，台北大化书局，1978，第276~79页；张国刚：《唐代藩镇研究》，湖南教育出版社，1987，第78~103页。

③ 有关文人与地方节度使关系的讨论，见陈寅恪《唐代政治史述论稿》，第26~28页；王寿南：《唐代藩镇与中央关系之研究》，第406~419页。

④ 一位来自新罗的文人崔致远（857~？）写给节度使高骈（887年逝世）帐下的一位武官的信，是一个很好的例子，见（唐）崔致远撰，党银平校注《桂苑笔耕集校注》下册卷一九《与客将书》，中华书局，2007，第693~694页。

领相当喜爱文学知识，以至深以自己能够赋诗为荣。① 部分武人则谨守儒家的礼法，为自己和家人赢得了全国性的声望。例如，祖上都不是汉人的大将李光颜及其兄长李光进（751～815），便以他们在家族内的孝顺行为和对儒家原则的遵从而扬名。②

　　在唐代后半叶，由于不同的社会、知识背景，以及政治上的各分轸域，文人与武人逐渐形成两个相互敌视的群体。然而，他们之间的权力平衡预防了严重冲突的发生，也阻止了双方关系的进一步恶化。但是，乾符二年（875）以降，一连串的叛乱很快地改变了唐帝国的命运，文武关系也随之产生剧变。

---

① 高崇文将军自豪地向其文人幕僚展示自己的诗作便是一个例子，见《北梦琐言》卷七"高崇文相国咏雪"，第 163 页。另一个例子是王智兴（758～836），见（唐）康骈《剧谈录》卷上《王侍中题诗》，收入中华书局编辑部编《丛书集成初编》，中华书局，1991，第 20～21 页。
② 《旧唐书》卷一六一《李光进传》、《石雄传》，第 4218、4237 页。

# 第二章

# 武人权势的扩张（875～950）

## 黄巢之乱与中央权威的崩解

乾符二年（875）以后，中央权威的严重衰退，瓦解了文武官势力固有的平衡。帝国的南部与东南部原为朝廷及文臣势力的财政基础，但在唐代晚期被接连出现的动乱所破坏。给予唐廷最致命一击的，则是发起于乾符二年，先由王仙芝（878年逝世）领导，后为黄巢（884年逝世）接手的叛乱。这场叛乱延续十年，蹂躏了唐帝国绝大部分的领土，对政治与社会秩序造成了极大的破坏。

在叛乱之初，王仙芝仅率领着一帮几千人的盗匪在河南地区劫掠，但许多因素促成这个地区性盗匪集团扩张为数以万计的大军。如同之前的许多民变，政府不间断的税赋剥削，以及一连串的自然灾害，是促成饥饿农民转化为叛军的社会经济条件。[①] 更重要的问题，则在于朝廷与军事将领间的相互猜忌，致使政府军

---

① 关于晚唐社会问题与强盗活动增长的进一步讨论，见 *The Cambridge History of China*，vol. 3，pp. 720－722。

丧失了在叛乱甫起时将其弭平的机会。当这场叛乱于乾符二年五月开始时，河南地区的地方长官多为文官，缺乏镇压动乱的军事经验与能力。是年年底，朝廷了解到问题的严重性，并指派平卢节度使宋威（878年逝世）为招讨使，总辖中央派遣与各地调集的军队，以镇压叛乱。此一派任再度反映朝廷需要仰赖职业军人而不是文人，去处理严重的军事问题。然而，宋威的战略是拖延时间，避免与叛军直接决战，以致进一步促使情势恶化。[①]

军事将领与朝廷在安史之乱后出现的长期紧张关系，是促使宋威采取此种做法的原因，近因则是当时日益严重的朝廷党派之争。高级文官不仅在朝廷里组织自己的派系，更与宦官及各地的节度使结盟，以扩展其影响力。如此一来，文武官员的升黜往往取决于他们的党派关系，而不是他们的作为和表现。宋威担心假若自己成功地镇压了叛乱而凯旋返朝，朝廷可能会剥夺他的兵权。对得胜将领的不公处置，在当时已不乏前例，宋威相信，只要叛乱还在进行，朝廷就得倚仗他的效命，他也不会丧失权力。[②]对宋威拙劣的表现感到失望的宰相郑畋（824～882），推荐其他将领取代宋威之职。不过，郑畋的政敌、同样身为宰相的卢携（880年逝世）却力挺宋威，使他得以继续担任总指挥，直到乾符五年（878）朝廷终于对他糟糕的表现感到厌倦为止。由于宋威这三年的姑息政策，叛乱的规模很快扩大，而他们劫掠的范围也

---

① 黄清连：《宋威与王黄之乱——唐代藩镇对黄巢叛乱的态度研究之二》，收于中研院历史语言研究所主编《中国近世社会文化史论文集》，中研院历史语言研究所，1992，第7～17页。

② 《新唐书》卷二二五下《黄巢传》，第6452页。在唐朝后半叶，有很多朝廷剥夺凯旋将领权力的例子。宋威曾对部下提及康承训的前例。康承训成功平定了庞勋（869年逝世）之乱，却随即被朝廷夺去军职，不久之后更遭流放南方。见《新唐书》卷一四八《李涵传》，第4779页。

扩展至长江下游地区，亦即唐帝国经济命脉之所在。① 在宋威之后，唐廷先后派遣曾元裕、宰相王铎（884 年逝世），以及武将高骈，出任镇压叛军的总指挥。② 然而，朝廷领导者及战场军事统帅的彼此不信任，持续拖累着军事行动，因而让叛军得以成长。高骈确保其自身利益的战略，最终让叛军攻占两京，这也几乎摧毁了唐帝国。

高骈在乾符五年六月被指派为镇海军节度使，他的首要任务是遏制黄巢在长江下游的活动。刚开始时，高骈对黄巢的军队迎头痛击，迫使他们向南逃到广东。由于不堪岭南地区流行病的肆虐，黄巢在乾符六年（879）率领他的军队北上。此时，朝廷对抗黄巢的王牌，就是担任淮南节度使的高骈。高骈指挥八万多名训练精良的士兵，阻断了黄巢军队北上的道路。然而，尽管手握强兵，高骈却对镇压叛乱感到犹豫。他与一些在朝文官的相互猜忌已经存在了好多年。作为卢携的政治盟友，高骈的总指挥职位屡次受到卢携政敌的挑战。如同宋威，高骈也担心自己在乱事平定后的命运。他的犹豫给了黄巢重整旗鼓的机会，得到充分休息的叛军在广明元年（880）五月在与高骈的对垒中获得了一场重大胜利。高骈很快领会到敌军远比他所预计的强大。为了保住他现有权力，高骈将他的人马留在城池之中，眼睁睁地看着黄巢军队没有遭遇任何困难地通过他的领地，攻向都城。③

高骈的失职让情势快速恶化，低落的士气很快在政府军中蔓延。高阶统帅连同下属军官和士兵，为竞逐他们自身的利益，不

---

① 黄清连：《宋威与王黄之乱——唐代藩镇对黄巢叛乱的态度研究之二》，第 13～28 页。

② 《资治通鉴》卷二五三，乾符五年正月，第 8195 页；乾符六年四月，第 8213～8214 页；广明元年三月，第 8223 页。

③ 关于高骈对于叛乱态度之转变的分析，见黄清连《高骈纵巢渡淮——唐代藩镇对黄巢叛乱的态度研究之一》，《大陆杂志》80 卷 1 期，1990，第 1～20 页。

惜破坏既有的秩序。当叛军越过淮河，驻守在那里的唐军或者逃回他们的老家，或者发动叛变，以建立自己的割据势力。朝廷缺乏惩处兵变将士的力量，只能借赐予官位给这些由军队自行推举的领袖，以求笼络。由于缺乏纪律，绝大多数的政府军队变得与他们本应对抗的叛军没有两样。这类"政府军"并未阻挠黄巢叛军，使他们很快占据了洛阳，接着在广明元年十二月攻陷长安，迫使僖宗（862～888，873～888年在位）流亡四川。接着，黄巢自立为帝，并将他的新王朝称作"大齐"。①

当朝廷面临叛军迫切威胁时，位居帝国东部与南部的节度使，只热心于扩张他们自己的地盘。对这些节度使而言，直接威胁他们权力的不是在长安的黄巢叛军，而是来自邻近区域的敌对军事统帅。中央权威的真空状态，为他们提供了通过暴力以实现政治野心的绝佳机会。在他们之中，高骈的军力最为强盛，而他对朝廷的态度也极其傲慢。高骈的失职使朝廷在中和二年（882）解除其数个职务。被这个决定所激怒的高骈，同时切断了对朝廷的军事及财政援助，并在他的上表中肆无忌惮地批评皇帝与朝中的高官："今贤才在野，佞人满朝，至陛下为亡国之君。"② 形同与朝廷彻底决裂。许多南方节度使追随高骈的做法，致使流亡在四川的朝廷得不到南方节度使的任何援助。

政治秩序的崩解，让帝国境内滋生更多的叛乱者与盗匪。即便在流亡政府所在地的四川，依然出现了好几个盗匪集团。四川东部的盗贼领袖韩秀昇（883年逝世）在兵败被俘后，表明了他的叛乱动机："自大中皇帝晏驾，天下无复公道，纽解纲绝。今

---

① 《资治通鉴》卷二五三，广明元年九、十月，第8232～8233页；卷二五四，广明元年十一、十二月，第8234～8241页。

② 《旧唐书》卷一八二《高骈传》，第4705～4706页；《资治通鉴》卷二五五，中和二年五月，第8270～8271页。

日反者，岂惟秀昇！成是败非，机上之肉，惟所烹醢耳。"① 这些话显示，过去维系旧帝国秩序的道德原则已然过时，使用暴力竞逐个人野心成为普遍现象，战场上的胜负则决定一切。职是之故，流亡政府连控制其紧邻之地都有问题，遑论收复失土。

在此情势下，唐政府最终仰赖两类军事势力来消灭黄巢。第一类是位于帝国西部与北部的军队，特别是关中与河东地区的节度使，他们不仅为了朝廷对抗黄巢，同时也为了自身的利益，因为他们的领地直接面临了黄巢军队的威胁。② 第二类是沙陀佣兵，由他们的首领李克用（850~908）领导。对李克用而言，失序的唐朝是攫取政治权力及经济利益最理想的环境。③

黄巢集团内部的冲突也使唐政府得利。欠缺团结、组织与纪律是叛军最主要的弱点，而唐政府赦免投降叛军领袖的政策，更加大了他们之间的裂痕。当黄巢的将领转投朝廷之后，往往能持续掌控其军队，并获得高阶官位。各地的节度使也同样欢迎投降将领，因为吸收叛军能够拓展他们自身的军力。受到内部压力及外在引诱的影响，朱温（852~912）、李详（882年逝世）等黄巢将领先后投降，大幅地削弱了黄巢在关中及其邻近地区的力量。④ 变节的叛军协助朝廷纠集了数量上足以击败黄巢的军队。然而，政府军的将领不仅未能相互合作，反倒继续将自身的利益摆放在对国家的责任之前，⑤ 致使唐政府军花了三年的时间才将黄巢的军队全数逐出长安，但黄巢仍旧握有足以洗劫河南地区的

---

① 《资治通鉴》卷二五五，中和三年二月，第 8292 页。
② 河中节度使府官员的行动，证实了地方节度使对于叛乱的态度，与他们自己的利益有关。在黄巢占领长安之后，他们向他投降。不久，他们在黄巢索求了过多供给之后，又重新转向朝廷。见《旧唐书》卷一八二《王重荣传》，第 4695 页。
③ 《资治通鉴》卷二五三，广明元年七月，第 8232 页。
④ 《新唐书》卷二二五下《秦宗权传》，第 6461 页。
⑤ *The Cambridge History of China*, vol. 3, pp. 758—760.

兵力，直到中和四年（884）六月才兵败身死。①

由于中央政府并未有效地掌控消灭叛军的主要兵力，是以黄巢的死亡几乎没有对朝廷权威的衰弱带来任何改变。当僖宗在光启元年（885）回到长安后，朝廷只能有效地控制河西、山南、剑南、岭南西道等数十州之地，其他地区则掌控在自治的节度使手中。这些节度使掌握了地方税收，决定地方官员的任免，并相互攻击以拓展他们的领地。② 不过，尽管帝国实力大幅衰弱，僖宗仍是唯一的合法统治者，拥有名义上的权威以指派或者罢黜官员，并裁决官员的行为是否合宜。因此，当节度使之间发生冲突时，他们经常请求朝廷介入，以求批准他们的军事行动。然而，由于害怕刺激某些地方强人，僖宗甚至放弃了这个仅存的权威，拒绝仲裁节度使间的冲突，只是不断地要求他们相互容忍对方。朝廷对于朱温与李克用之间冲突的反应是一个例子。

中和四年五月，朱温请求李克用支援以阻挡黄巢大军的进攻。在李克用成功地驱逐敌军后，朱温举办了一个盛大的庆功宴，假意要酬谢李克用，私底下却密谋将他杀害。李克用与其多数下属都在宴席上喝得酩酊大醉，朱温的士兵则在客人下榻后突袭其住所。李克用奇迹般地逃过了这场暗杀，但他多数的部下并没有如此幸运。李克用决定向朝廷请求惩处行凶者，而非径行发动报复。③ 在回到其根据地后，李克用要求朝廷宣布朱温为罪犯，并由他的军队执行对朱温的惩罚。但朝廷畏惧军事斗争的扩散，仅要求李克用表现出宽容。由于朝廷不再尝试去维持正义，绝大多数的节度使也就更加漠视中央的权威。④ 其结果是，中央政府掌控的领域渐趋萎缩，朱温与李克用之间的斗争则延续数十年，

---

① 《旧唐书》卷二〇〇下《秦宗权传》，第5397~5398页。
② 《旧唐书》卷一九下《僖宗本纪》，第720页。
③ 《资治通鉴》卷二五五，中和四年五月，第8306~8307页。
④ 《资治通鉴》卷二五六，中和四年七月，第8312~8313页。

直接导致唐帝国的衰亡。

伴随着中央权威的衰落，文官丧失了绝大部分的政治权力。绝大部分原由文官管理的区域，都历经了叛军的蹂躏；许多具有文人背景的节度使被迫面对军事危机，但由于职涯与个性都偏向文事工作，地方上的文官绝大多数缺乏处理动乱的能力。荆南节度使杨知温在乾符五年（878）面对黄巢叛军时的作为，只是其中一个例子。

> 王仙芝寇荆南。节度使杨知温，知至之兄也，以文学进，不知兵，或告贼至，知温以为妄，不设备。……知温方受贺，贼已至城下，遂陷罗城。将佐共治子城而守之，及暮，知温犹不出。将佐请知温出抚士卒，知温纱帽皂袤而行，将佐请知温擐甲以备流矢。知温见士卒拒战，犹赋诗示幕僚。①

尽管杨知温的荒唐举止或有夸大之嫌，不过无法主持军事行动的文官在黄巢之乱期间确实普遍存在。据孙光宪在唐代灭亡后的统计，超过十位"儒将"（具有文人背景的军事统帅）在叛乱、兵变中失去了原有的职位，甚至性命，他们所统辖的区域也因此转由职业军人控制。② 尤有甚者，尽管有少数的文官在指挥军队时表现良好，却因文臣交互任职于京城与地方的职涯传统，让他们无法久任军务，也就难以在地方上建立稳固的势力。例如，崔安潜和郑从谠在担任节度使时都成功地处理了军事危机，但他们都只能短暂地担任这些职位。③

---

① 《资治通鉴》卷二五三，乾符五年正月，第8194~8195页。
② 孙光宪罗列了很多9世纪后期表现得乏善可陈的儒将案例。见《北梦琐言》卷一四"儒将成败"，第282~283页。
③ 崔安潜与郑从谠的仕宦生涯，参见《新唐书》卷一一四《崔安潜传》，第4199~4200页；《旧唐书》卷一五八《郑从谠传》，第4170~4172页。

在黄巢之乱被弭平后，朝廷仍尝试将朝廷中的文官派任为地方长官，希望借以取代跋扈的武官。然而，缺乏实力的中央政府已无法让这些指派成为事实。因为绝大部分的地方职位已掌控在自立的军事强人之手，在没有卫队的武力护送下，朝廷任命的节度使鲜少能够抵达指派给他们的辖区，有些高阶文官甚至在前往任职地区的途中被跋扈的军阀所弑。①

尽管僖宗的姑息政策让朝廷的权威到了前所未有的低谷，但朝廷的不幸仍没有到达尽头。回到长安之后，一个重要的问题旋即浮现：没有了各地征来的税收，朝廷没有办法支付庞大的人事费用，以维持数量庞大的宦官、官僚与禁军。② 在决定政策时深为僖宗倚重的宦官首领田令孜（893 年逝世），曾经试着要以各地节度使的利益为代价，重建朝廷财政。田令孜的首要目标是掌握在河中节度使手中的盐权收入。然而，河中节度使王重荣拒绝将这项收入转交朝廷。③ 田令孜决定仰赖长安及其邻近的节度使兵力，将王重荣赶下他的位置。田令孜的主要盟友是凤翔节度使李昌符（887 年逝世）与邠宁节度使朱玫（886 年逝世）。不过王重荣同样也有强大的靠山——李克用，他掌控着河东，并深为朝廷没有将朱温视为罪犯加以处分一事所恼怒。④ 光启元年（885）十月，支持田令孜的军队向河中进发，却在两个月后被击败。接着，王重荣与李克用的军队很快地逼近长安，迫使僖宗与田令孜一同逃往凤翔。不愿直接挑战皇帝权威的李、王二人随即收兵，

① 例如，前宰相王铎及其家人、幕僚，便在经过武将乐从训的领地时，被他全数杀害。见《旧唐书》卷一六四《王铎传》，第 4284～4285 页；《新唐书》卷一八五《王铎传》，第 5407 页。
② 《资治通鉴》卷二五六，光启元年闰二月，第 8321 页。
③ 《旧唐书》卷一八二《王重荣传附王珂》，第 4696 页；《资治通鉴》卷二五六，光启元年闰二月，第 8321～8322 页。
④ 《资治通鉴》卷二五六，光启元年七月、八月，第 8324、8326～8327 页。

并敦请僖宗返京，不过要求朝廷惩处田令孜。①

由于田令孜的政策严重地伤害了朝廷，许多文臣对他怀恨在心。朱玫与李昌符了解到局势已倒向王重荣这一边，乃转而反对田令孜，因此僖宗与田令孜被迫由凤翔转往四川避难。许多朝臣拒绝与皇帝同行，其中包括宰相萧遘（887年逝世）与裴澈（887年逝世）。② 由于僖宗极度信任田令孜，朱玫认为要想剥夺田令孜的权力，唯有另立新帝。他强迫萧遘等留在凤翔的官员于光启二年（886）四月拥立皇子李煴（886年逝世）为帝，并在他的掌控下建立一个新的朝廷。③

朱玫的鲁莽之举激起了其他节度使的强烈反对。李克用与王重荣向僖宗表示他们的忠诚，并进攻长安以歼灭李煴政权。④ 即便是李昌符也愤怒于朱玫对新朝廷的操纵，转而支持僖宗。⑤ 对于李克用等人而言，新朝廷的成立正是他们展现对僖宗效忠以洗刷叛乱污点的良机。权力游戏很快葬送了朱玫、李煴，以及多位高阶文官的性命。⑥ 文德元年（888）二月，僖宗总算回到了长安。

僖宗的被迫流亡显示了朝廷面临的重重困难。一方面，当朝廷试着仰赖某些节度使的力量以重建权威时，此种支持显然极不稳定，致使恢复中央权威的努力反而更进一步地损害朝廷所剩无几的威信。另一方面，朱玫的快速败亡，显示多数的节度使仍旧承认僖宗名义上的君主地位。对于那些企图建立一己政权的地方强人，朱玫的失败是一个明确的信号。除非拥有掌控全局的力量，否则任何尝试拥立新帝，或企图全盘掌控朝廷的人，都会成

---

① 《资治通鉴》卷二五六，光启元年十二月、光启二年正月，第8328~8329页。
② 《旧唐书》卷一七九《孔纬传》，第4649~4650页。
③ 《资治通鉴》卷二五六，光启二年四月，第8334~8335页。
④ 《资治通鉴》卷二五六，光启二年五月，第8336~8337页。
⑤ 《旧唐书》卷一七五《朱玫传》，第4548页。
⑥ 《资治通鉴》卷二五六，光启二年十二月，第8341页。

为其他地方军阀共同攻击的目标。如此一来，地方军事强人间的"权力平衡"，加上皇帝名义上的地位，使得脆弱的中央政府得以再勉强支撑二十年。

僖宗回到都城后不久便因病去世，由昭宗（867～904，888～904年在位）继位。眼见中央力量衰颓及宦官把持朝政，昭宗开始试着寻求一些文官的支持，以恢复其权力，并根绝混乱之源。[1]为昭宗所深信的人物是宰相张濬（903年逝世），他以精通方略著称。[2] 张濬向皇帝建言，军事力量是重建权威的不二法门。[3] 由于宦官掌握了禁军，亦即朝廷辖下的唯一武力，张濬和他的同僚遂尝试争取地方军事势力的支持。刚开始时，两股军事力量的支持让他们感到相当乐观。文德元年（888）五月，四川地区的盗匪领袖王建（847～918）向朝廷提议：由他率领部下攻击不听命于朝廷的四川节度使陈敬瑄（893年逝世），以换取朝廷赦免他们之前的罪过。[4] 接着，在大顺元年（890）三月，节度使朱温上表建议皇帝从中央派遣高级文官，担任关东各地的节度使。如果当地官员胆敢拒绝朝命，朱温承诺他将会率领军队，镇压任何的反抗者。[5]

然而，王建与朱温的提议是基于他们自身的利益，而非对皇帝的忠诚。在与其他军阀斗争了好些年后，王建与朱温了解到光靠武力效果有限。由皇帝授权的军事行动，却可以帮忙他们隐藏自己所追求的利益，以皇帝之名集结军队，强化战争的合理性。王建向部下说明自己顺从朝廷的理由，最足以反映此种意图：

---

① 《旧唐书》卷二〇上《昭宗本纪》，第735～736页；卷一八四《杨复恭传》，第4775页。
② 《旧唐书》卷一七九《张濬传》，第4657页；《资治通鉴》卷二五八，大顺元年四月，第8396页。
③ 《资治通鉴》卷二五八，大顺元年四月，第8396页。
④ 《资治通鉴》卷二五七，文德元年五月，第8379页。
⑤ 关于朱温的上表，见《旧唐书》卷二〇上《昭宗本纪》，第740页。

"吾在军中久，观用兵者不倚天子之重，则众心易离。……表请朝廷，命大臣为帅而佐之，则功庶可成。"① 朱温的动机也很相似。在他的上表中，他建议任用声望与家世兼备的文官，作为关东各地的节度使。② 显然，由于缺少属于自己的武装，朝廷派遣的官员只能沦为朱温的傀儡。一旦有任何自立的节度使拒绝朝命，为这些名臣的任命而战，可以提供一个展现忠诚的绝佳机会，让朱温得以打着正义大旗与其对手作战。因此，对于怀有野心的地方强人，皇帝意图强化中央权威的努力，反而为他们提供与对手合法斗争的工具。

昭宗对王建与朱温的自私意图毫无警觉，在他们的诱导下开始针对抗命的节度使采取积极作为。宰相韦昭度（895 年逝世）于文德元年（888）六月，被任命为行营招讨使，前往四川，讨伐节度使陈敬瑄。③ 另一次限缩地方自治权的努力发生在龙纪元年（889）十月，位于山东的平卢节度使王敬武过世，他的部属推举其子王师範（908 年逝世）作为继任者。朝廷拒绝批准王师範的继位，指派文官崔安潜担任平卢节度使。靠着棣州刺史张蟾（891 年逝世）的支持，崔安潜对王师範进行了征讨。④ 第三场由朝廷发起的战争，则是在朱温怂恿下，于大顺元年（890）发起讨伐李克用的行动。

当李克用大军在大顺元年（890）年初多次败给其他的军阀之后，朱温认为一举消灭李克用的时机已经到来。⑤ 张濬也对李克用存有敌意。李克用一向鄙视张濬，认为他只会大放厥词，当

---

① 《资治通鉴》卷二五七，文德元年五月，第 8379 页。
② 《旧唐书》卷二〇上《昭宗本纪》，第 740 页。
③ 《资治通鉴》卷二五七，文德元年十二月，第 8383 页。
④ 《资治通鉴》卷二五八，龙纪元年十月，第 8389 页。
⑤ 《资治通鉴》卷二五八，大顺元年三、四月，第 8394~8395 页。

听闻张濬出任宰相后，李克用更是口出恶言。① 张濬迫切地想报复李克用，并建立军功，乃接受了朱温的建议，以李克用曾在886年迫使僖宗逃离京城为借口，说服昭宗讨伐李克用。朝廷动员了五万大军供张濬指挥，并指派另一位文官孙揆（890年逝世）作为副手。军事行动自七月开始，朱温的人马很快地攻下了河东南部的一个战略要地——潞州。为了防止朱温在潞州建立自己的势力，张濬派遣孙揆带领三千人马前往潞州。毫无军事经验的孙揆命部下"建牙杖节"，自己则是"褒衣大盖，拥众而行"，导致军队行进如同一场华丽的游行，而成为敌人容易发动伏击的目标。李克用手下最善战的大将李存孝（894年逝世）在潞州城外对孙揆军队发动了一次意想不到的攻击。孙揆被俘，而他的人马也几乎全部被杀。② 李存孝随后连续击败了朱温与张濬的军队，迫使张濬逃回长安。朝廷旋即决定与李克用修好，并将张濬贬逐至南方。③

在张濬惨遭挫败后不久，自立为平卢节度使的王师范攻下棣州，刺史张蟾被杀，崔安潜被迫逃回都城，朝廷随后同意王师范对平卢拥有统治权。④ 接连两场军事挫败促使朝廷放弃了用兵的政策。当时韦昭度讨伐陈敬瑄的军事行动已经持续了三年，却没有显著的成果，朝廷决定与陈敬瑄停战。⑤ 但王建不满朝廷的决定，决定脱离韦昭度的监督，独自继续作战。由于缺乏军事能力与胆识，韦昭度从来不曾直接在战场上指挥士兵，完全仰赖王建。因此，王建在接管韦昭度的指挥权上，并未遭到抵抗。大顺

---

① 《资治通鉴》卷二五八，大顺元年四月，第8396页。
② 《资治通鉴》卷二五八，大顺元年七月，第8401～8402页。
③ 《旧唐书》卷一七九《张濬传》，第4658～4661页；《资治通鉴》卷二五八，大顺元年十、十一月，第8406～8409页；大顺二年正月，第8411页。
④ 《旧唐书》卷二〇上《昭宗本纪》，第746页；《资治通鉴》卷二五八，大顺二年三月，第8413页。
⑤ 《资治通鉴》卷二五八，大顺二年三月，第8412～8413页。

二年（891）四月，王建策划了一场叛变以恐吓韦昭度。一群受王建指使的士兵杀害了韦昭度的一名文人幕僚，并在韦昭度的行府门前啖食其肉。被这个残忍的举动深深震慑，韦昭度立即宣布将指挥权移交王建，并逃回长安。① 此后，王建断绝了与朝廷的一切往来，独力击败陈敬瑄，在四川建立了自己的政权。②

张濬、崔安潜、孙揆与韦昭度的失败，不仅粉碎了恢复中央权威的美梦，也显示了唐末文官在军事指挥上的无能。由于缺乏军事才干，多数文官很难与职业武官争夺军队的控制权。更重要的是，随着朝廷权威的衰落与政治秩序的崩解，将帅与士兵间的私人联系变得非常重要，唯有在军中长时间服务的职业武官才能有效控制辖下的士兵。崔安潜无法击败王师範，正说明此现象。崔安潜于9世纪70年代在河南与四川担任节度使时以军事才能而闻名，但此后他长期在朝廷中任职，当龙纪元年（889）他被派去夺取平卢的控制权时，早已失去了与手下军人间的联系，也就无法再度立下战功。③

大顺二年（891）以后，朝廷鲜少能插手在京城之外的事务。长安附近几位节度使的反叛行径，更逐渐剥夺朝廷仅存的资源，使其褪下尊严的最后外衣。由于靠近都城，关中地区节度使直接与朝廷争夺权力与资源。当地节度使的抗命始于景福二年（893），当时凤翔节度使李茂贞没能说服皇帝批准其扩张领地的请求。被拒绝所激怒的李茂贞，在上表中暗示他可能会推翻朝廷；无法忍受这个羞辱的昭宗，派遣了禁军前去讨伐李茂贞。李

---

① 《北梦琐言》卷五"韦太尉伐西川"，第108~109页；《资治通鉴》卷二五八，大顺二年四月，第8414~8415页。
② （宋）薛居正等：《旧五代史》卷一三六《王建传》，中华书局，1976，第1817~1818页。
③ 参见《新唐书》卷一一四《崔安潜传》，第4199~4200页；《旧五代史》卷一三《王师範传》，第175~176页。

茂贞与另一位节度使王行瑜（895 年逝世）合作，他们训练有素
的军队很快击溃了经验不足的禁军，并向都城逼近。昭宗被迫赐
死宰相杜能让（840～893）以及几位高阶宦官，借以平息李茂贞
的怒火。① 在此事件之后，唐朝的中央政府便被李茂贞、王行瑜，
及其盟友华州节度使韩建（854～912）所控制。每当朝廷的决定
不能满足他们的要求，这三位节度使就会调动其军队前往都城，
迫使朝廷遵循他们的请求。乾宁二年（895），他们前往长安，杀
了两位不遵从他们命令的宰相。仰赖李克用的支持，昭宗才逃过
了被废的命运。然而，至乾宁三年（896），李茂贞的军队再度开
往都城，迫使昭宗流亡。假意拥护皇帝的韩建，将车驾迎至华
州，接着便掌控了流亡朝廷。李茂贞的行为触怒了李克用与朱
温，他们对皇帝的支持吓阻了李茂贞与韩建，最终协助朝廷在光
化元年（898）回到长安。② 但在流亡期间，中央权威遭受了更为
沉重的一击。不仅禁军遭到了解散，连昭宗赖以建立新禁军的诸
王也被韩建幽禁。③

　　当政治权力由朝廷移转至地方长官之时，武人的权势随之扩
张，只要对昭宗朝各地节度使的出身加以分析，便会显示武人权
力已在文官之上。只有三位节度使有过文官资历，其他的全是军
人出身。这三名文官都是担任岭南东道节度使，其辖区位于今日
之广东，是距离帝国核心相当遥远的次要区域。④ 天复元年
（901）岭南东道节度使徐彦若（901 年逝世）即将过世时，表荐
其部将刘隐（874～911）作为继任者。尽管当时朝廷权力已极为
衰弱，昭宗依旧企图将这个唯一由他任命的节度使之位交给文
官。因此，他指派了宰相崔远（905 年逝世）作为节度使。然而，

---

① 《资治通鉴》卷二五九，景福二年七月、九月、十月，第 8446～8450 页。
② *The Cambridge History of China*, vol. 3, pp. 776－779.
③ 《资治通鉴》卷二六一，乾宁四年正月，第 8497～8498 页。
④ 参见王寿南《唐代藩镇与中央关系之研究》，第 262～263 页。

在听到岭南盗匪猖獗的传言后，崔远并没有前往赴任，这个职位最终仍落入刘隐之手。[①] 也就是说，在天复元年以后，文官不再统领任何一个节度使区，这显示了武官在地方政府层级的全面掌控。

失去实质影响力，文官的政治活动被缩限至文书与议论的范围。他们的作品主要涉及抽象理论或前代史事，鲜少能改变当下的处境。[②] 在中央政府完全受跋扈节度使摆布的情况下，文臣的文学才能与历史素养，无法解决当前的危机。不仅文人精英对政治充满无力感，昭宗亦感同身受。从华州回到长安之后，昭宗对自己的未来命运深感悲观，因此经常喝酒，醉到不省人事。亲手诛杀自己嫌恶的侍从，成了昭宗展现皇帝权威的唯一方式。[③] 唐廷无能为力地旁观各地军阀之间的征战，残酷的权力斗争最终造就出一位力压众人的胜利者，并在 10 世纪初改变了这个王朝的命运。

## 新王朝的建立与合法化

最终消灭唐朝的军事强人是朱温，也就是那位在中和二年（882）降唐的前黄巢叛军将领。在降唐一年之后，他带着数以百计的士兵来到汴梁，出任治所在今天开封的忠武军节度使一职。以此为根据地，他渐次征服了邻近被叛军与其他地方节度使控制的区域，在唐王朝的北部地区建立起自己的领地。[④] 中央

---

① 《旧五代史》卷一三五《刘陟传》，第 1807 页；《资治通鉴》卷二六二，天复元年十二月，第 8565 页。
② 《北梦琐言》卷七"郑綮相诗"、"李商隐草进剑表"，第 149、161 页。
③ 《资治通鉴》卷二六二，光化三年十一月，第 8538 页。
④ 朱温扩张势力的过程，见 Wang Gungwu（王赓武），*The Structure of Power in North China during the Five Dynasties*（Stanford：Stanford University Press，1967），pp. 48 - 84。

权威的衰落使得朱温得以在其治理下的地区享有指派官员的自治权。①

由于领地扩张是朱温的首要目标，他建立的统治系统具有浓厚的军事色彩。朱温的下属多数是军人，来自较低的社会阶层，诸如盗匪或农民。这些追随者长年效劳于朱温军中，借战功得到升迁。② 当朱温扩大地盘时，通常会杀掉敌对的官员，吸收其辖下的军队，并指派他信任的将领作为地方长官，借以犒赏其军事功绩。这些将领出任州刺史或节度使，不仅统率辖区内的驻军，还兼管行政事务。一些实力较弱的节度使或州刺史，则为朱温的势力所吸引，主动投靠，提供他各种军事与经济上的资助。③ 通过持续性地招纳有才干的军人，并以严酷的纪律加以控制，朱温扩大了他的影响力，最终成为唐王朝北部地区的主宰势力。④

相较于朱温在军事经历及战功上的丰富信息，我们对于他在行政管理上的作为所知甚少。这在晚唐致力于地盘争夺的节度使身上是很普遍的现象，他们的军事成就往往以行政管理为代价。⑤以朱温来说，卑微的社会出身与戎马生涯，使他很难认同文人精英，下面这则故事正说明了朱温对文士的反感。

---

① 《旧五代史》卷五九《袁象先传》，第 797 页。

② 堀敏一：《朱全忠政權の性格》，《駿台史學》11 卷（東京，1960），頁 44－46；毛汉光：《中国中古政治史论》第八篇"五代之政治延续与政权转移"，联经出版社，1990，第 412～424 页。

③ Wang Gungwu, *The Structure of Power in North China during the Five Dynasties*, pp. 119－120.

④ 关于朱温军事组织的更进一步讨论，见 Wang Gungwu, *The Structure of Power in North China during the Five Dynasties*, pp. 64－67.

⑤ 绝大多数的晚唐地方节度使努力地通过军事行动扩张他们的领地。然而，有些地方节度使集中精力在改善区域经济以及文化条件上，而不是领地扩张，例如洛阳的张全义（852～926）与荆南地区的成汭（903 年逝世）。然而他们最终都为其他拥有强大武力的节度使所兼并。见《旧五代史》卷六三《张全义传》，第 838～840 页；卷一七《成汭传》，第 229～230 页。

全忠尝与僚佐及游客坐于大柳之下，全忠独言曰："此木宜为车毂。"众莫应。有游客数人起应曰："宜为车毂。"全忠勃然厉声曰："书生辈好顺口玩人，皆此类也！车毂须用夹榆，柳木岂可为之。"顾左右曰："尚何待！"左右数十人，捽言"宜为车毂"者悉扑杀之。①

朱温认为那些支持自己说法的读书人，只是在虚伪地奉承，乃毫不犹豫地加以诛杀，这反映出他对文人的敌意。朱温对部分有学养的士人感兴趣，则是因为这些人对军事行动能带来帮助。比如，当他首次与精通《春秋》的敬翔（923年逝世）谈话时，他询问了将儒家经典里的知识运用到其军事行动上的可能性。②

不过，在创建政权的过程中，好斗的朱温逐渐了解到将自己美化成理想统治者的形象，对于其政权的合法化具有重要意义。当一位文臣劝说他"当崇礼义以成霸业"时，朱温即大加赞赏。③出于此一考量，他有时会因为担心违反道德原则，而推迟或取消某些军事行动。④ 随着朱温对正当性与道德规范日切留意，他也逐渐欣赏起经典知识及文学作品。朱温读到李克用的文人幕僚李袭吉（906年逝世）撰写，请求修好双方关系的书信时，便对自己的幕僚称赞李袭吉的文笔："李公斗绝一隅，削弱如此，袭吉一函，抵二十万兵势，所谓彼有人可当也。如吾之智算，得袭吉之笔才，虎傅翼矣。"⑤ 这一番话很能说明朱温对于学术成就有一

---

① 《资治通鉴》卷二六五，天祐二年六月，第8644页。
② （宋）陶岳撰，顾薇薇校点《五代史补》卷一"敬翔禅赞"，收于傅璇琮主编《五代史书汇编》第5册，杭州出版社，2004，第2476页。
③ 《资治通鉴》卷二六二，光化三年九月，第8534页。
④ 《旧五代史》卷五四《王镕传》，第727～728页；《资治通鉴》卷二六五，天祐三年九月，第8662页。
⑤ （宋）李昉编纂，夏剑钦等校点《太平御览》（第5册）卷五九五，河北教育出版社，1994，第688页。

种急速萌发的欣赏之情。在朱温看来，自己的军事才能与谋略，正需要文士优美文笔的配合，才能达到更高的成就。正由于注意到文学能为军事武力提供帮助，朱温乃慷慨地对待一些著名的文人，或者指派他们作为自己的幕僚，或者将之推荐给朝廷。①

委身于朱温为其服务的文人，多半是那些没能通过科举考试，或者曾与朝中大臣有所冲突者，例如敬翔、李振（923年逝世）与张策（912年逝世）。② 职是之故，朱温的文人幕僚带有反中央的倾向，这也让他们有意识地协助朱温削弱朝廷的权威。另外，为了合理化自己的作为，朱温尝试与朝廷缔结良好的关系，并与最高层文官建立起私人的联结。即便他的要求被朝廷拒绝，他也避免直接与朝廷发生冲突。③ 他经常公开性地展示他对皇帝及文臣的尊敬，即便这些拥戴通常只是一种应酬，而非真心诚意。例如，当朱温在景福二年（893）攻占徐州，杀死前任节度使后，他敦请朝廷指派一位文官作为新任节度使。然而，过了不久，他便驱逐了朝廷指派的节度使，并迫使朝廷任命其下属将领张廷範（905年逝世）出任该职。④ 不过，朱温狡猾的两面策略曾让他在朝臣间赢得了广泛的支持。前文提到昭宗在大顺元年（890）下令讨伐李克用，就是朱温与高阶朝臣合作所促成的。

事实上，朱温对朝廷的尊重仅是一种姿态。在昭宗朝前半期，当朝廷屡次受到跋扈节度使的威胁时，朱温没有对京城提供

---

① 有关朱温慷慨款待学者，并推荐他们任官之事例，见（宋）张齐贤撰，俞钢整理《洛阳搢绅旧闻记》卷一，收于《全宋笔记》第一编第二册，大象出版社，2003，第149～150页；（五代）王定保撰，阳羡生校点《唐摭言》卷九，上海古籍出版社，2012，第65页。

② 《旧五代史》卷一八《敬翔传》《李振传》，第246、253页；《北梦琐言》卷三"赵大夫号无字碑（张策附）"，第64页。

③ 《北梦琐言》卷一四"孔纬惜盐铁印"，第286页。

④ 朝廷指派的节度使是孙储，见《考异》，在《资治通鉴》卷二五九，景福二年四月，第8442～8443页。张廷範的任命，见《资治通鉴》卷二五九，乾宁元年六月，第8455页。

任何军事性的援助，反而集中他的军力去征服帝国东部与北部的割据势力。直到攫取了河南、山东，及绝大部分的河北地区后，朱温才转而直接涉入中央政府的事务。当昭宗在乾宁三年（896）流亡至华州时，朱温在东都洛阳重建了宫阙，且建议朝廷移转到那里，以便受其军队的保护。这个提议迫使李茂贞与韩建将皇帝送回长安，同时任命朱温的盟友崔胤（854~904）出任宰相，以防止朱温挥军进入关中。① 显然，朱温拥有的庞大领地与军队，使得朝廷及其他节度使不可能无视他的意见。

随后发生的朝廷内部政治斗争，则给予朱温彻底控制中央政府的机会。尽管朝廷在韩建解散禁军之后业已失去军事力量，但宦官与文臣间的倾轧仍没有停止。这些党派中没有人能够掌握实权，使得他们亟须仰赖地方节度使的军队。在昭宗于光化元年（898）回到长安之后，宰相崔胤掌控了朝廷，不过他仍旧没能完全铲除他所敌视的宦官。由于受到崔胤的威胁，宦官们乞求李茂贞的保护。崔胤得知了宦官的计划，旋即在天复元年（901）将朱温的军队召至京城。崔胤的征召为朱温提供了一个既正当又适时的借口，让他顺理成章地向关中拓展势力。这是他在光化三年（900）曾错失的机会，当时他的部队正忙于与李克用的大军激战，无法西调。② 天复元年（901）年初，朱温攻占河中，截断李克用部队的南下之路，李克用只能困守河东，朱温遂能安心地进军关中。在接到崔胤的请求后，朱温的军队在天复元年七月向长安进发。宦官们为此大为惊恐，乃胁迫昭宗与他们一起逃往凤

---

① 《资治通鉴》卷二六〇，乾宁三年九月，第8493页；卷二六一，光化元年正月，第8513页。《旧唐书》卷一七七《崔慎由传附崔胤》，第4583页。

② 光化三年（900），一些宦官造反并将昭宗囚禁，控诉昭宗有时会丧失理智，没来由地杀死他的仆从。崔胤请求朱温前来解救皇帝，但没能得到回音，因为朱温正参与征讨河中之战。崔胤旋即从禁军那里得到支持，平定了这场叛乱。见《资治通鉴》卷二六二，光化三年十一月、十二月，第8538~8544页；《旧唐书》卷一七七《崔慎由传附崔胤》，第4583~4584页。

翔，希望得到李茂贞的保护。朱温的军队随即将凤翔团团包围，要求李茂贞诛杀所有宦官，并将皇帝送回长安。尽管李茂贞向朱温的敌人们求助，但已无人能够挑战朱温。天复三年（903），李茂贞终于决定投降，他杀死了所有宦官，并将皇帝交至朱温手中。[1] 唐代宦官与文臣间的漫长斗争，至此终于画上了句号。然而，文臣的胜利不过是昙花一现，因为朝廷现在落入了朱温的个人掌控中，他同样对文臣的力量感到不安。

为了直接控制朝廷，朱温在天祐元年（904）将之移往靠近其总部汴梁的洛阳。现在，朱温创建一己政权的野心益发明显。在铲除宦官，并将自己的支持者布置于宫廷的各个职位后，朱温杀死了昭宗，另立一位年轻的皇子作为他的傀儡。[2] 知名的朝臣也遭遇了相同的悲剧，即便是朱温的前盟友张濬与崔胤也没能逃脱被杀的命运。[3] 最大的一场屠杀发生在天祐二年（905），在一天之内，超过三十位拥有高品秩或全国性声望的文臣失去了他们的性命。[4] 经过了这场赤裸暴力，朱温扑灭了任何可能来自朝廷的潜在反对势力，因此在天祐二年之后，他已具备了登上皇位的实力。不过，朱温对取得皇位仍保持耐性，而尝试着先统一唐王朝。

朱温夺取中央权力及弑君的行径，使得其他的军阀将其视为共同的敌人。在重建唐室权威的旗帜下，反对朱温的节度使相互结盟，以共同对抗朱温的大军。[5] 在天祐二年十一月及天祐三年（906）十二月，朱温的军队接连在其南境的淮南，及北部的河北

---

① 《旧唐书》卷一七七《崔慎由传附崔胤》，第4584～4586页；卷一八四《杨复恭传》，第4777页。

② 《资治通鉴》卷二六四，天祐元年四月，第8630～8632页；卷二六五，天祐元年八月，第8635～8636页。

③ 《旧唐书》卷一七九《张濬传》，第4661页；卷一七七《崔慎由传附崔胤》，第4587页。

④ 《资治通鉴》卷二六五，天祐二年二月，第8643页。

⑤ 《资治通鉴》卷二六五，天祐元年七月，第8635页。

遭遇重大挫败。① 统一大梦既已破灭，朱温决定先夺取皇位，宣告唐朝的终结，企图借此削弱对手行动的正当性。②

对残存的唐朝官员而言，凭借合乎体统的天命移转仪式，他们可以为创建朱温王朝做出贡献。朱温自河北战场撤退回到汴梁后，宰相薛贻矩（912 年逝世）说服名义上的唐朝皇帝，宣布禅位给朱温。为了表明这场禅位不是由他策划的，朱温三度拒绝唐帝的禅位敕命，而朝廷与地方官员则持续劝说他即位，同时报告了许多显示新王朝乃天命所归的符瑞与谶纬。整个过程持续了四个月，直到朱温对于即位之合法性感到满意为止，接着他遵循既定的禅让程序，于开平元年（907）四月即位，开启梁王朝。③

继承了绝大部分的唐朝官僚体系，朱温需要调整这部旧式政治机器，以适应他创建的行政与军事组织。朱温对新政府的主要措意之处在于：他想将政治权力集中在一小撮亲信之手，包括他的亲属及原先的节度使府幕僚。两个崭新且重要的机构被引进。首先是崇政院，它逐渐取代了在晚唐由高阶宦官掌控的枢密院。在崇政使的领导下，崇政院的成员协助皇帝进行决策，再宣达皇命给宰相，由其负责执行。身处中书的宰相与其他长吏，逐渐在决策过程中失去影响力。其次是建昌宫，它是财务行政的新基地，包括税赋、国计与帐籍等业务皆由其负责。④ 这两个机构由朱温信任的一小群官僚掌控，如敬翔、李振、韩建、李珽（913

---

① 《资治通鉴》卷二六五，天祐二年十一月，第 8650 页；卷二六六，开平元年正月，第 8668 页。

② 朱温决定即位是受到罗绍威（877~910）的怂恿，他建议朱温自取皇位，借以排除复兴唐室的可能性。见《旧五代史》卷三《梁书三·太祖纪三》，第 45 页；卷一四《罗绍威传》，第 190 页。

③ 《旧五代史》卷三《梁书三·太祖纪三》，第 45~48 页；《资治通鉴》卷二六六，开平元年二月、三月、四月，第 8669~8673 页。

④ 关于此二机构的详细信息，见 Wang Gungwu, *The Structure of Power in North China during the Five Dynasties*, pp. 90–91、96。

年逝世），以及朱温的养子朱友文（912 年逝世）。尽管这些官员有着不同的出身和背景，其所经历的仕宦生涯也各不相同，但他们都具备文武才能，可为朱温提供各式各样的服务，举凡行政管理、财政事务、外交，乃至于军事管理。① 职是之故，新中央政府被一群接近唐代前期"才兼文武"理想的官员所掌控。

至于留在后梁政府的前朝文官，多半保有他们原有的职位，并负责为新朝廷建立一套行政管理秩序。② 然而，新皇帝并不希望将决策权力交到他们的手里。朱温朝的宰相角色清楚地展现了当时文臣的地位和处境。朱温任命的大多数宰相都是前朝文官，他们的主要工作是承担礼仪性的事务。朱温经常派遣他们到各地去视察乃至执行献祭，而这在唐代是由皇帝自己或者是较下级官员负责的活动。③ 宰相经常不在京城，意味着他们并没能在实质

---

① 敬翔是一位博学的学者，担任朱温的首席策士长达三十年。他经常陪同朱温上战场，参与所有重要的决策，见《旧五代史》卷一八《敬翔传》，第 246～248 页。李振以武官出身，不过其后成为朱温的一名文职幕僚。他的主要贡献在外交事务，不过朱温也会派他处理军事与财政事务，见《旧五代史》卷一八《李振传》，第 251～253 页；卷一四九《职官志》，第 1995 页。韩建是一名军人，成为节度使后培养出文学涵养。因为他"有文武材"，朱温遂将其置于机要职位，见《旧五代史》卷三《梁书三·太祖纪三》，第 52 页；卷一五《韩建传》，第 203～205 页。李珽是考取进士的一名学者，担任朱温的书记。他同样拥有军事才能，曾阻止过一场可能的哗变，见《旧五代史》卷二四《李珽传》，第 321～23 页。朱友文以其文学才能著称，主要负责朱温的财政管理。在他过世后，后梁末帝颁布的诏书推崇友文为"才兼文武"，见（宋）欧阳修等：《新五代史》，中华书局，1975，卷一三《朱友文传》，第 136 页；《旧五代史》卷八《梁书八·末帝纪上》，第 115 页。

② 毛汉光：《中国中古政治史论》第八篇"五代之政治延续与政权转移"，第 394～398 页。

③ 在唐代，主持地方上的山川祭仪乃是低阶朝臣的工作，不过朱温却指派宰相来掌管这些业务，见《旧五代史》卷六《梁书六·太祖纪六》，第 99 页。这些仪式的举行一度相当频繁，例如在开平四年（910）的五月、八月及九月，宰相被派往不同的地区主持祭仪，见（宋）王钦若等编纂，周勋初等校订《册府元龟》卷一九三《闰位部·弭灾》，凤凰出版社，2006，第 2163 页。朱温指派宰相代替自己来主持祭天仪式的事例，见《册府元龟》卷一九三《闰位部·崇祀》，第 2161～2162 页。

的朝廷事务中扮演重要角色。正因如此，这些高级文官的传记里都没记载他们对国家的实质贡献，就不令人意外了。[①]

文官失去了对中央政府的控制，也没能掌握地方的政权。在大顺元年（890）以后，诸如节度使与刺史这些地方长官，几乎成为武人独占的职位。朝代的更迭，也没能对这样的状况产生任何改变。新中央政府无法动摇各地节度使的自治权，仅牢牢地控制住河南地区——这是朱温固有的根据地，已受其统治达二十年之久。[②]

即位之后，朱温继续把他的注意力聚焦在对抗诸如李克用、李茂贞、杨渥（886～908）等对手上。显然，李唐的亡国并没有让他们屈服，他们仍旧以李唐官员自居，以恢复唐室为号召，对抗朱温的"伪政权"。在此情况下，尽管朱温对政府中的文事面向越来越重视，军事议题依然是国家最首要的事务。因此，他命令官员将涉及军务的地方报告与其他文件分开，并要求他们刻不容缓地将前者呈报给他。[③]

持续不断的军事斗争使朱温没有机会消除地方节度使的区域影响力。不过，他深知这些势力强大武臣的潜在危险，因此他总是通过严厉的惩处来掌控他们。任何不忠的迹象都会致使一位官员失去其职位，很多时候连命也一起赔上。因此，朱温与其杰出将领的不信任感时常台面化，并造成周期性的反叛。[④] 为了同时

---

① 薛贻矩是朱温任命的第一个宰相，在他的传记中，对他担任宰相的历程有简单的总结："在任绵五载，然亦无显赫事迹可纪。"同样的状况也可见于朱温时代其他宰相的传记中。见《旧五代史》卷一八《薛贻矩传》，第241～245页；卷五八《赵光逢传》，第776页。《新五代史》卷三五《张文蔚传》，第376～379页。

② 关于后梁中央与地方官员的互动，见 Wang Gungwu, *The Structure of Power in North China during the Five Dynasties*, pp. 120 – 133。

③ 《旧五代史》卷四《梁书四·太祖纪四》，第71～72页。

④ 堀敏一：《朱全忠政権の性格》，页54；毛汉光：《中国中古政治史论》第八篇"五代之政治延续与政权转移"，第422页。

解决内外两面的威胁，后梁的第一位皇帝花费了大量的时间及精力往来于不同战场，以指挥他的军队对抗敌对势力。

## 重建唐室的努力

在反梁的地方势力里，李克用是朱温最为顽强的劲敌，双方斗争长达二十年。天复二年（902），李克用大败于朱温之手，使得他难以向外扩张。[①] 朱温即位后，梁军持续压制李克用，围攻他的一个重要据点——潞州。不过，朱温的篡位使李克用受益。不愿意与梁合作的文臣精英，逃往李克用阵营寻求庇护。[②] 李克用得以用"中兴唐室"为号召，宣称他对抗朱温的正当性。

李克用在开平二年（908）正月去世，此事让梁军将领忽视了李军的潜在威胁。利用他们的大意，李克用之子李存勖（885～926）继承了父亲的权力，并给予围攻潞州的梁军致命一击。[③] 这场胜利将河东从梁军的直接威胁下解救出来，也使李存勖得以在作战方面稍事休息，可致力于民政。相较其父，李存勖拥有更多的文学知识，也更了解行政管理的重要性。[④] 通过对民政及司法管理系统的重新规划，他重建了民间与军队的秩序，而这项成就是他父亲没能达成的。[⑤] 李存勖也借由恢复农业及减免赋税，改善平民的生活。也就是说，他试图建立经济基础，并训

---

① 《资治通鉴》卷二六三，天复二年正、二月，第8568～8570页。
② 《旧五代史》卷六〇《李德休传》，第809页。
③ 《旧五代史》卷二七《唐书三·庄宗纪一》，第368～369页。
④ 《旧五代史》卷二七《唐书三·庄宗纪一》，第366页。
⑤ 李存勖曾经建议其父对军人的违法行为进行惩处，却被拒绝。见《资治通鉴》卷二六三，天复二年三月，第8572页。

练出有纪律的军队，以支持未来的军事行动。①

　　将李存勖视为主要威胁的朱温，在开平二年至乾化二年（908~912）亲自领导了几场对抗李存勖的行动。然而，年纪与恶化的病情使得朱温无法有效地指挥军队，他的军事行动也无法获得成功。② 在此期间，李存勖逐渐将其影响力拓展至河北地区。朱温在乾化二年（912）作战失败后，返回洛阳，且陷入了病危状态。朱温意识到自己来日无多，决定选择朱友文作为继承人。这个决定促使他的三子朱友珪（913年逝世）杀父篡位。③ 朱友珪的弑君之举在将领及其兄弟间激起了强烈的反弹，有些人甚至因此投向李存勖。④ 乾化三年（913）二月，朱温四子朱友贞（887~923）与禁军将领合作，杀死朱友珪，取得了皇位。⑤

　　欠缺其父拥有的军事才能，朱友贞对于儒家知识及文士的喜爱，胜过了对军事与行政的兴趣。在他父亲在位期间，朱友贞的行政经验仅限于率领禁军中的一部，也未曾实际参与军事行动。⑥朱友贞即位后对其父的旧臣持有怀疑态度，他以敬翔为宰相，李振为崇政使，却鲜少让他们参与决策，也不理会他们的建言。⑦朱友贞的几位姻亲，如赵巖（923年逝世）、张汉傑（923年逝

---

① 关于李存勖致力于民政的细节，参见《旧五代史》卷二七《唐书三·庄宗纪一》，第370页；卷五三，第720页。《资治通鉴》卷二六六，开平二年五月，第8696页。
② 朱温至少亲自指挥了四场对抗李存勖的军事行动，见《资治通鉴》卷二六七，开平二年九月，第8704页；开平四年八月，第8725~8726页；卷二六八，乾化元年九月，第8746页；乾化二年三月，第8752页。
③ 《资治通鉴》卷二六八，乾化二年五月、闰五月、六月，第8756~8759页。
④ 河中节度使朱友谦（926年逝世）即因此向李存勖投降，接着击退了试图镇压其叛变的梁军。见《旧五代史》卷六三《朱友谦传》，第845~846页。
⑤ 《旧五代史》卷八《梁书八·末帝纪上》，第113~115页。
⑥ 关于朱友贞喜好儒家学问，却缺乏军事才能的细节，见《旧五代史》卷八《梁书八·末帝纪上》，第113页；卷一八《敬翔传》，第249页；卷六七《李愚传》，第891~892页。
⑦ 《旧五代史》卷一八《敬翔传》、《李振传》，第248~249、253页。

世）、张汉伦（923年逝世）等人，构成了新的决策圈。这三人皆是朱温手下高阶将领之子，成长背景与朱友贞很相似。他们之所以成为武官，靠的是血统而非战场上的实际贡献。这群皇帝的亲信并未担任政府中最高层的职位，其政治影响力主要仰仗其与皇帝的亲密关系。[1] 他们对于政治权力的争夺，削弱了政府的正常行政体系。官员贿赂皇帝亲信以求晋升的风气，固然自朱温政权建立伊始便已存在，但至此已变得更为普遍，且多数的贿赂都进了赵巖的口袋。[2] 后梁的政治权力也因此变得更为私人化，行政运作也变得更加专制。

更严重的问题发生在军事方面。由于欠缺军事能力与经验，朱友贞不能亲自指挥军队。为了应付李存勖的入侵与地方叛乱，他通常会指派一位高层武官作为主帅，率领由不同藩镇及禁军所组成的大军。由于主帅控有强大的武力，他们与朝廷之间自然就会出现一种不信任感，这样的发展大幅地削弱了后梁的国力。

第一场冲突发生在梁廷与杨师厚（915年逝世）之间，后者是魏博节度使兼北方前线的总指挥。率领着数量庞大的精兵，杨师厚在协助朱友贞夺取皇位时扮演重要的角色。鉴于自身的影响力，杨师厚对朝廷的态度也越来越跋扈。依赖其军事才干的朝廷，被迫对他言听计从，还供以高官厚赏取悦之。[3] 也因如此，杨师厚在贞明元年（915）的死讯对朝廷来说不啻天赐的良机。为了防止类似杨师厚的威胁再次上演，赵巖建议皇帝将魏博节度使的辖区一分为二，并将其镇军分散到几个不同的地区。这个决

---

① 赵巖在朱温朝曾统领禁军。在朱友贞取得皇位后，他被委派为租庸使。张汉傑与张汉伦都是禁军的指挥官。就制度而言，他们的职位并无参与决策的权力。见《新五代史》卷四二《赵犨传》，第462页。《旧五代史》卷一四《赵犨传》，第195页；卷一六《张归霸传》，第224~225页。

② 《旧五代史》卷一四《赵犨传》，第195页。

③ 《旧五代史》卷二二《杨师厚传》，第297~298页；《资治通鉴》卷二六八，乾化二年七月、十月，第8760、8763页。

定引起了魏博军的叛乱，他们投向了后梁的头号敌人李存勖。这个事件让李存勖得以控制此一战略要地，同时吸收后梁麾下最骁勇善战的武装势力——魏博军人。①

魏博叛变后，大将刘郭（858～921）被朝廷指派为主帅，负责对付李存勖的威胁。由于统领着绝大部分的后梁部队，刘郭的动向成为皇帝至为关切之事。② 皇帝持续地派遣使者监督刘郭，并试图介入他的作战决策。刘郭因而向他的属将抱怨："主上深居宫禁，未晓兵机，与白面儿共谋，终败人事。"③ 正如刘郭预料，朱友贞的干预致使刘郭在贞明二年（916）遭遇了一场严重的挫败，而使李存勖攻占了黄河以北诸州。此后，双方隔着黄河对峙、交锋，长达七年之久。④

除了战场上的血腥斗争，李存勖与朱友贞也都很努力地追求各自的权威和地位合法化。当李存勖的领地已拓展到超出河东节度使的辖区时，节度使的称谓也就不再符合他的权势，这促使他宣告自己是唐朝皇位的继承人。后梁龙德元年（921），在前唐帝玺被奇迹般地找回后，李存勖开始重用曾仕于唐朝政府的文官，以建立崭新的朝廷与官僚体系。⑤ 经过了两年的准备，在同光元年（923）四月，李存勖举行即位大典，成为大唐皇帝。⑥ 相对地，朱友贞及其侍从同样将礼仪用作赋予其统治正当性的工具，赵岩如此建议朱友贞："陛下践祚以来，尚未南郊，议者以为无

---

① 毛汉光：《中国中古政治史论》第七篇"魏博二百年史论"，第358～362页。
② 朱友贞在发给刘郭的一封诏书中说"今扫境内以属将军"，可见刘郭权势之大。见《资治通鉴》卷二六九，贞明二年二月，第8800页。
③ 《旧五代史》卷二三《刘郭传》，第311页。
④ 毛汉光：《中国中古政治史论》第七篇"魏博二百年史论"，第362～365页。
⑤ 《资治通鉴》卷二七一，龙德元年正月，第8862页；《旧五代史》卷六〇《苏楷传》，第812页。
⑥ 《旧五代史》卷二九《唐书五·庄宗纪三》，第403页。李存勖的王朝被称为后唐，用以区别先前的唐朝。

异藩侯，为四方所轻。"① 朱友贞因此在贞明三年（917）前往洛阳举行祭天大典，企图借此巩固自己的皇位。但在郊祀的前一刻，李存勖大军逼近汴梁的谣言迫使朱友贞取消了这个仪式，赶回京师布防。②

尽管李存勖与朱友贞两人都尝试借由仪式巩固他们的领导地位，但对双方来说，地方上节度使的间歇性的叛变始终难以根除。后唐与后梁统治者在镇压内部动乱上颇费心力，也阻碍了他们给予对方致命的一击。③ 职是之故，曾摧毁唐廷的地方割据势力，持续妨碍这两个追求统一的王朝，双方都没能找到一个有效的解决之道。

贞明三年至同光元年（917～923）期间，黄河沿岸的战事陷入僵局，梁、唐双方都蒙受严重的损失。在战争的耗损下，情势对李存勖越来越不利，因为其疆域较小，不足以支撑如此长时间的消耗战。然而，整体情势在同光元年（923）十月急转直下。一位变节的梁国将领提供了关于梁军战术及部署的珍贵情报。李存勖的谋士郭崇韬（926 年逝世）策划了一场大胆的行动，绕过梁朝大军的驻地，直接对防卫薄弱的汴梁发动突袭。李存勖认识到自己处境的窘迫，不顾大多数将领的反对，决定孤注一掷。④

---

① 《资治通鉴》卷二七〇，贞明三年十二月，第 8822 页。

② 《资治通鉴》卷二七〇，贞明三年十二月，第 8823 页。

③ 两个政权在 917 年至 922 年间都面临多起地方叛变。举例来说，后梁的兖州节度使在贞元四年（918）投降后唐；贞元六年（920），河中节度使叛变；龙德元年（921），陈州节度使造反。见《资治通鉴》卷二七〇，贞元四年八月，第 8834 页；卷二七一，贞元六年四月、龙德元年四月，第 8854、8865 页。就后唐而言，新州军人在贞元三年（917）哗变；龙德元年（921），成德发生了一场动乱；同光元年（922）泽潞节度使降梁。见《资治通鉴》卷二六九，贞元三年二月，第 8812 页；卷二七一，龙德元年二月，第 8864 页；卷二七二，同光元年三月，第 8881 页。

④ 《资治通鉴》卷二七二，同光元年九月、十月，第 8893～8896 页；《旧五代史》卷五七《郭崇韬传》，第 765～766 页。

此次大胆的突击行动完全超出了后梁官员的想象，而朱友贞优柔寡断的个性，使得他无法针对紧急事件采取有效的对策。当李存勖的军队逼近汴梁时，无计可施的后梁统治者命令一位将领将自己斩首，以免落入敌人之手。①

　　得到皇帝的死讯，后梁将领及节度使几乎全都向李存勖投降。四个月后，李存勖在洛阳祭天，以展示"唐室中兴"的完成。据说此仪式的盛大景象让观礼者感叹是五十年来未见的盛典。② 震慑于李存勖超越后梁的军事力量，多数的南方独立政权都派遣使臣携带贡品前往后唐首都洛阳。③ 名义上，绝大部分的土地皆已臣属于后唐王朝。

　　依循唐代传统，李存勖恢复了枢密院，并扩张其职权以囊括几乎所有国家事务。郭崇韬被任命为枢密使，以酬奖其灭梁之功。④ 郭崇韬握有大权后，努力实现他的抱负：将后唐恢复成由文官支配的一统帝国。尽管不是出身于世族家庭，郭崇韬却是唐代门阀传统的支持者。在他心中，理想的政府应该由世族出身的文官掌握，同时严格限制武人与宦官的影响力。当郭崇韬挑选官员出任高层职缺时，家庭背景成为他的首要考量，而他也有意识地防止官员只凭军功获得晋升。⑤ 因此，"文"的力量正快速成长。

　　不过，当郭崇韬试图提升文官权力之时，李存勖却恢复了一个截然相反的唐朝传统：宦官政治。宦官一直在河东节度使府中扮演着重要角色，前任监军张承业（846~922）是协助李克用处

---

① 《资治通鉴》卷二七二，同光元年十月，第8896~8899页。
② 《旧五代史》卷三一《唐书七·庄宗纪五》，第428页。
③ 《旧五代史》卷一三二《李茂贞传》，1740页；卷一三三《马殷传》，第1757、1768页；卷一三四《杨渭传》、《王延钧传》，第1783、1792页。
④ 有关后唐枢密院权力的讨论，见苏基朗《五代的枢密院》，《食货复刊》10：1-2，1980，第5~8页。
⑤ 《旧五代史》卷五七《郭崇韬传》，第771~772页；《册府元龟》卷三一四《宰辅部·谋猷第四》，第3555页。

理财政与民政事务的主要人物，并在李克用死后，协助李存勖继位。在李存勖统军于前线作战之时，张承业留在总部晋阳主持政务，直到他在龙德二年（922）过世。[1] 推翻后梁以后，李存勖下令将所有在他领土内的宦官都送至都城，因此宦官数量激增至一千人。李存勖指派他们担任内诸司使，掌管财政事务及监督地方行政与军队，逐渐恢复他们的政治影响力。[2]

至于宫廷中的俳优与伶人则构成了另一个深受新皇帝喜爱的群体。李存勖从年轻时就很热爱音乐。统兵时会亲自作曲供士兵们歌唱以提振士气，这是他得以在军事上获得成功的部分原因。[3] 消灭后梁之后，李存勖开始沉溺于放荡的生活：他对戏剧、打猎、宴会及女色深深着迷。他延请许多俳优与伶人，并赏赐高官厚禄，他最喜爱的伶人甚至干预朝政。[4] 在此情况下，李存勖将自己隔绝在宫廷之内，为宦官与俳优所包围，无视新王朝的潜在危机。

为了实现他的理想，郭崇韬持续对李存勖的纵情酒色提出劝谏，然而这只会使两人之间逐渐萌生猜忌并造成关系紧张；而郭崇韬也没能从他所尊崇的文官那里获得足够支持，以实现他的计划。由于后唐政权在建立官僚系统时，主要目标在于任命世家大族子弟借以展现唐代传统的重建，以至于任用官员的标准主要建基于家世与声望，而非才能或经验。如此一来，李存勖朝廷的多位高层文官对于行政管理都没有太深的理解，甚至还被资深的宦官指责，说他们缺乏有关唐代历史或宫廷礼仪的知识。[5] 由于无

---

[1] 《旧五代史》卷七二《张承业传》，第949～953页。

[2] 《册府元龟》卷六六五《内臣部·恩宠》，第7674页；《资治通鉴》卷二七三，同光二年正月，第8912页。

[3] 《五代史补》卷二"庄宗能训练兵士"，第2487页。

[4] 《新五代史》卷三七《伶官传》，第397～402页。

[5] 《旧五代史》卷五八《赵光胤传》，第778页；卷七一《萧希甫传》，第940页。

法提供有价值的建言，多数文官只会阿谀和奉承。① 只有一小群源自李克用节度使府幕僚的文官，例如张宪（926年逝世）与王正言，成为郭崇韬的主要助手。② 由于缺乏素质良好的官僚群体，李存勖的政府很快就陷入了混乱。③

对于新王朝来说，最严重的问题是朝廷与地方官的互动。李存勖并不是逐一征服后梁的领土，他对于原属后梁绝大部分地区的统治，都是建立在梁朝将领或节度使的投降之上。李存勖赦免了向他投降的将领及节度使，这些官员多半留任原职，维持既有的权势。相对地，后梁的文官与宗室却有多人被控以叛唐之罪而遭到诛杀。④ 李存勖对待文武官员的差别，显示了他不能以对待文官的方式处理拥有兵力的武人节度使；因为惩处这些人很容易就会引起叛变，而单一的反叛可能会引来成串的麻烦。

尽管这些前梁武臣为新皇帝所赦免，他们与后唐朝廷的联系依然相当薄弱。为了巩固他们的权势，这些官僚经常贿赂高阶官员与李存勖的宫廷亲信，这种行为助长了朝廷的贪腐风气。尽管有官员认识到这个问题，但由于害怕得罪各地的节度使，他们难以进行改革。郭崇韬就是一个例子，当有人针对贿赂之风提出规谏，他的回应显示出他的两难："余备位将相，禄赐巨万，但伪梁之日，赂遗成风，今方面藩侯，多梁之旧将，皆吾君射钩斩祛之人也，一旦革面，化为吾人，坚拒其请，得无惧乎！"⑤ 贿赂之风既由来已久，骤然改革恐怕会激起原梁朝将领的猜忌。郭崇韬

① 例如，李存勖朝的宰相豆卢革、韦说及卢程，皆欠缺才能与学问。他们笨拙荒谬的行径被记载在《旧五代史》卷六七《豆卢革传》、《韦说传》、《卢程传》，第883～888页。
② 《旧五代史》卷六九《张宪传》、《王正言传》，第911～915页。
③ 毛汉光：《中国中古政治史论》第八篇"五代之政治延续与政权转移"，第401～403页。
④ 《旧五代史》卷三〇《唐书六·庄宗纪四》，第412～414页。
⑤ 《旧五代史》卷五七《郭崇韬传》，第766页。

将他的绝大多数财产捐献给朝廷，以证实他确实对个人利益毫无兴趣。由此可见，即使郭崇韬手握朝廷重权，但他仍不敢全力打击地方节度使的不法行为，这正显示了这个新的中央政权的弱点。

中央与地方政府的紧张，是造成李存勖政权不稳定的关键。一方面，为了讨好武官，李存勖经常赐予他们丰厚的奖赏，并借此与他们频繁地宴会与畋猎，显示彼此的亲密关系。[①] 另一方面，他又总是忌妒与怀疑有才干的武将。[②] 他指派宦官作为地方政府的监军，显示了他强化地方控制的意图。不幸的是，他对宫廷生活的沉迷，不仅让他无法始终如一地解决既存的困境，反而不断产生新的问题。[③] 在宦官的建议下，李存勖将许多地方的上供纳入内库以用于个人花费，这严重地损害了政府财务状况。[④] 尽管财经官员向普通百姓课以重税，官员与军人依然没能拿到足额的薪资。军人与下级官员成为政府破产的主要受害者，其中有许多人仅能勉强营生，他的军队也因此士气低落。[⑤] 对于这些问题没有丝毫感知，李存勖依然纵情于他的奢靡生活，并组织了一个征讨四川的大规模军事行动。

四川自晚唐起被王建控制，并在朱温统治时期独立建国，国号蜀。由于听闻蜀国国君在政事上的腐败及生活上的豪奢，李存

---

① 例如，李存勖会在内殿召开唯有武臣方得参与的宴会，见《旧五代史》卷七〇《元行钦传》，第 926 页。
② 李存勖与武将李嗣源（867～933）的紧张关系就是一个很好的例子，见《资治通鉴》卷二七三，同光三年三月，第 8931 页；《旧五代史》卷三五《唐书十·明宗纪一》，第 485、487～489 页。李存勖试图将属将麾下的杰出军官置于自己掌控一事，也反映出他的忌妒之心。见《旧五代史》卷七〇《元行钦传》，第 925 页；卷一二三《高行周传》，第 1612 页。
③ 有关李存勖统治时期朝廷与地方节度使之关系的更进一步讨论，见 Wang Gung-wu, *The Structure of Power in North China during the Five Dynasties*, pp. 139－143。
④ 《旧五代史》卷五七《郭崇韬传》，第 766 页；《资治通鉴》卷二七三，同光二年二月，第 8914 页。
⑤ 《资治通鉴》卷二七四，同光三年十二月，第 8949～8950 页；《旧五代史》卷七三《李邺传》，第 965 页。

勖决定征服这个农业富饶及商业活跃的地区，以增加自己的收入与扩大领地。① 郭崇韬支持这项计划，但出于完全不同的理由。由于宦官及宫廷俳优积极争取皇帝的信任与政治的主导权，郭崇韬决定通过军事上的功绩来证明他的能力并巩固权位。同时，郭崇韬也对李存勖的放纵感到悲观，而将希望寄托在李存勖之子继岌（926 年逝世）身上。为培养李继岌作为皇位继承人，郭崇韬说服李存勖指派继岌作为远征军的总指挥，自己则担任副手。② 往四川行军中途，郭崇韬告诉继岌："蜀平之后，王为太子，待千秋万岁，神器在手，宜尽去宦官，优礼士族，不唯疏斥阉寺，骟马不可复乘。"③ 显然，郭崇韬继承了晚唐的文人精英对宦官的极端敌意，致使天复三年（903）那场文官与宦官的对决又历史重演。不过，这次宦官成了赢家，尽管事后证明他们的胜利相当短命。

在郭崇韬的指挥下，后唐军队很快地攻破了蜀军防线，并迫使蜀王投降。④ 然而，远征大军被郭崇韬所掌控，使得李继岌觉得自己像个傀儡，两人因而产生了嫌隙。李继岌身边的宦官很快地向皇帝禀告，指称皇子生命正受到其独裁副手的严重威胁。正当李存勖还在怀疑这项报告的真实性之时，在四川的宦官便已说服李继岌于天成元年（926）正月杀了郭崇韬。⑤

由于没有明确理由就被杀害，郭崇韬之死引爆了长期存在于李存勖与武将节度使之间的紧张关系。就在郭崇韬死后不久，李存勖下令处死另一位高级武官——河中节度使朱友谦。仅仅因为朱是郭崇韬的好友，朱友谦与数百名眷属、部将同时被斩

---

① 《旧五代史》卷三三《唐书九·庄宗纪七》，第 454 页；卷七〇《李严传》，第 930 页。
② 《旧五代史》卷五七《郭崇韬传》，第 768~769 页。
③ 《旧五代史》卷五七《郭崇韬传》，第 772 页。
④ 后唐军队仅花费七十五天便征服了四川。见《旧五代史》卷三三《唐书九·庄宗纪七》，第 460 页；卷五七《郭崇韬传》，第 769 页。
⑤ 《资治通鉴》卷二七四，同光三年闰十二月，第 8952~8955 页。

首。① 如此严厉且不公的惩处，在武将与军人间激起了不安与愤怒的情绪，以致他们为了保护自己，不惜与中央权威进行对抗。兵变先在河北爆发，并且很快地扩散到其他区域，宦官的举动则为混乱的情势火上浇油。在顺利铲除郭崇韬后，监军宦官更肆无忌惮地挑战各地将领的权威，且激起了更多的叛乱。② 皇帝指派名将李嗣源为主帅，去镇压内乱。然而，李嗣源甚至不能阻止他自己的兵士加入叛乱军的行列，而他的能力与声望促使叛军强行推举他为领袖，并很快得到其他节度使的支持。③ 防卫京城的禁军随后了解到情势已超出朝廷所能控制，很快放弃对君主的效忠。天成元年四月，一场由禁军将领发动的叛变，终结了李存勖的性命。④

李嗣源在李存勖死后不久便进入都城洛阳，并很快采取一系列行动以结束混乱。一方面，他下令处死宦官监军，解散宫廷伶人与俳优，并处死负责国家财政的孔谦，以抚平节度使与军人的愤怒；⑤ 另一方面，他对反叛的士兵采取严厉的惩处，以防止军事叛变。数千名涉入兵变的军人连同他们的家属一起被处死。⑥ 通过这些政策，李嗣源很快地在后唐领土上重建了秩序。

不同于李存勖的读书识字，出身非汉家庭，并在战场上度过大半生涯的李嗣源，连基本的读写能力都没有，这也造成他对李唐传统相当陌生。⑦ 尽管他继续使用"唐"为国号，并仰赖同一

---

① 《资治通鉴》卷二七四，天成元年正月，第 8956~8957 页。
② 《资治通鉴》卷二七四，天成元年三月，第 8967~8968 页。
③ 《旧五代史》卷三五《唐书十一·明宗纪一》，第 488~489 页。
④ 《旧五代史》卷三四《唐书十·庄宗纪八》，第 477 页。
⑤ 《资治通鉴》卷二七五，天成元年四、五月，第 8980~8981、8983、8985 页。
⑥ 例如，天成元年（926）五月，三千多个军人家庭在汴梁被斩首，十一个月后，另外三千五百个家庭在邺都被杀，见《资治通鉴》卷二七五，天成元年五月、天成二年四月，第 8986~8987、9004 页。
⑦ 举例来说，当官员建议李嗣源舍弃"唐"作为其国号，另择新名，李嗣源回应道："何谓国号？"其后，他决定继续采用唐号，只是因为他认为自己属于李克用家族。见《资治通鉴》卷二七五，天成元年四月，第 8982~8983 页。

批官僚进行管理，他却没有太多意图去重建在历史上被理想化的大一统帝国。他的主要关怀在于有效维护继承自李存勖的领土和人民。他也不想重建文官体系，或者赋予文臣实权。尽管他很尊敬高阶文官，耐心地倾听他们的建议，并挑选著名的学者教导他的孩子;① 但是，长期的军事背景依然阻碍李嗣源真正理解和接纳文人的想法。② 他一度指派不识字的武将王建立（870～940）作为宰相，正反映出他并不重视文职官僚之专业能力。③ 事实上，李嗣源倚重的官员是他节度使府的幕僚及将领，这些人全都有军事背景。最重要的官员是安重诲（931年逝世），他在李嗣源即位之后被拔擢为枢密使。从天成元年到长兴元年（926～930），安重诲像郭崇韬在李存勖在位时期那样，实际掌控了朝政。然而，与郭崇韬不同的是，安重诲不太识字，且对"武人"怀有认同，而鲜少对文臣表露敬意。④ 他主政的头一年内，有三位宰相因为与其争执遭到贬黜，接着被杀。⑤ 在此之后，没有任何在朝文官胆敢挑战他压倒性的权力。

　　安重诲的首要考量是如何能有效地控制各区域的节度使。对于自己猜忌的节度使，安重诲往往用尽所有手段加以铲除，而不顾公平与正义。例如，当安重诲想要对付河中节度使李从珂时，他秘密吩咐一位河中军校将李从珂拒在其所在的城门之外。由于

① 《旧五代史》卷五一《秦王从荣传》，第693页；卷一二六《冯道传》，第1657～1658页。《册府元龟》卷三一四《宰辅部·谋猷第四》，第3555～3556页。
② 李嗣源承认他对儒家经典所知甚寡，见《新五代史》卷一五《明宗子从荣传》，第163页；《北梦琐言》卷一九"明宗戒秦王"，第349页。李嗣源不识文官所用字辞的事例，见《旧五代史》卷四一《唐书十七·明宗纪七》，第570页；《北梦琐言》卷二〇"见李思戒"，第355页。
③ 《新五代史》卷四六《王建立传》，第512页。
④ 安重诲曾斥责宰相豆卢革："以我武人可欺邪！"见《新五代史》卷二八《豆卢革传》，第302～303页。
⑤ 这三位宰相是豆卢革、韦说与任圜（927年逝世），见《旧五代史》卷六七《豆卢革传》、《韦说传》、《任圜传》，第884、886、895～896页。

这个事件，李从珂被指控为怠职，也因此失去其职位。① 安重诲的滥权，不仅激起了武将的敌视，更削弱了皇帝对他的信任，乃至赔上他的性命。

安重诲对独裁权力的渴望，最终导致了他的死亡，起因在于他没能控制四川的两位节度使。由于猜忌节度使董璋（932 年逝世）与孟知祥（874～934），安重诲持续派出朝廷监军，并在邻近四川的区域增加驻军。不过，董璋与孟知祥并未因此放弃建立自己的政权，终于在长兴元年（930）年末举兵造反。朝廷派出的讨伐军没能战胜叛军，因此安重诲决定亲赴前线指挥。当他离开朝廷，政敌们立刻把握机会在皇帝面前中伤他。长兴二年（931）年初，安重诲被调任为河中节度使，接着很快就被处死。② 两位节度使范延光（940 年逝世）与赵延寿（948 年逝世）同时被指派为枢密使，以取代安重诲。③

尽管四川的叛变显示朝廷对于边区节度使的控制缺少成效，但大体说来，各地节度使在李嗣源在位的八年间并没有对中央权威造成严重威胁。④ 北方的居民生活在相对承平的居住环境中，这是他们自黄巢之乱以来未曾经历过的。⑤ 一个稳定中央政府的重建，对文人的政治复兴是有帮助的。在李嗣源次子李从荣（933 年逝世）的领导下，一个新的文人集团出现在政治舞台上，并试图扭转武人的支配。

---

① 《资治通鉴》卷二七七，长兴元年三、四月，第 9040～9042 页。
② 《资治通鉴》卷二七七，长兴元年十二月、长兴二年正、二月，第 9053～9056 页；《旧五代史》卷六六《安重诲传》，第 875～876 页。
③ 《旧五代史》卷四二《唐书十八·明宗纪八》，第 577 页；卷九七《范延光传》，第 1286 页；卷九八《赵延寿传》，第 1311 页。
④ 关于李嗣源对地方节度使的控制，见 Wang Gungwu, *The Structure of Power in North China during the Five Dynasties*, pp. 177-80。
⑤ 《新五代史》卷六《唐本纪第六·明宗本纪》，第 66 页；（宋）王禹偁：《五代史阙文》，《后唐史·明宗》，收于傅璇琮主编《五代史书汇编》第 4 册，杭州出版社，2004，第 2454～2455 页。

李从荣在其父亲即位后，先到地方担任节度使，接着在天成四年（929）出任河南尹，管理京城洛阳。① 李从荣热衷于文事，尤好作诗，延聘了许多年轻文士做他的幕僚。② 为了展现他对文学的爱好，李从荣喜欢在公众场合讨论诗作，甚至与武将谈论时都要引文摘句。③ 他与文士的亲近引起武官的忧虑。在安重诲被调离朝廷后，皇帝让李从荣参预朝廷决策，接着任命他为"天下兵马大元帅"，使李从荣与高阶武官有了直接接触，也造成双方关系的紧张。④ 自傲于己身的地位与权势，李从荣常视其他朝臣若无物，更公开展现其接掌帝位的野心。他曾命令文学幕僚撰写《檄淮南书》，显示他渴望成为一统天下的皇帝。⑤ 包括范延光、赵延寿在内的部分高级武官，乞求皇帝将他们调至地方，以避开李从荣逐渐增大的权威。⑥

当李嗣源在长兴四年（933）十一月病危之际，李从荣决定调遣他自己的军队占领皇宫，因为他担心某些资深官员会反对自己继位。这个鲁莽之举给予他的政敌一个好借口，得以为他扣上造反帽子，进而将之铲除。枢密使朱弘昭（934年逝世）、禁军都指挥使康义诚（934年逝世），与宦官孟汉琼（934年逝世）共同向皇帝禀报李从荣造反并攻打宫门之事。李嗣源下令禁军抵挡李从荣的部队。李从荣很快被杀，他的文人幕僚或者被斩首，或者

① 《旧五代史》卷五一《秦王从荣传》，第693页。
② 据说李从荣的幕僚成员都是"新进小生"，见《旧五代史》卷六八《刘赞传》，第908页。李从荣也邀请身无职衔的学者作为其顾问，见（元）脱脱等：《宋史》卷二六二《赵上交传》，鼎文书局，1978，第9066页。
③ 《北梦琐言》卷二〇"轻佻致祸"，第355页；《旧五代史》卷五一《秦王从荣传》，第693页。
④ 《五代史补》卷二"秦王掇祸"，第2488~2489页；《资治通鉴》卷二七八，长兴三年十月，长兴四年八、九月，第9078~9079、9087~9089页。
⑤ 《册府元龟》卷二七〇《宗室部·文学》，第3067页。
⑥ 《旧五代史》卷六六《朱弘昭传》，第877页；卷六七《李愚传》，第893页；卷一〇八《李崧传》，第1420页。

被流放。① 这个尚处萌芽状态的文人集团转瞬间就被瓦解了。

　　李嗣源在诛杀李从荣后的第六天去世，他年幼的孩子李从厚（914～934）继承了皇位。新皇帝的影响力相当微弱，朝廷落入了朱弘昭、康义诚及孟汉琼的掌握之中。② 这些支配朝廷的新权臣是在李嗣源统治末期才崛起的"政治暴发户"，既缺乏声望，也没有具体的功绩让其他官员信服。由于深深忧心其他的资深官员可能不会承认他们的优越地位，朱弘昭等人很快试图铲除潜在的政敌。他们的首要目标是凤翔节度使李从珂与河东节度使石敬瑭（892～942）。两人同为李嗣源的亲属，且都拥有辉煌的战功。③ 新皇帝继位的三个月后，朝廷下令将李从珂与石敬瑭调职。李从珂害怕离开现职会损害他的权力基础，因此在接到命令后不久便起兵造反。派去镇压这场叛乱的政府军全都变节投向了李从珂，使得叛军很轻易地便逼近京城洛阳。驻守洛阳的禁军也抛弃了皇帝。李从厚只得逃离京城，寻求其他节度使的帮助，但最终失败。李从珂借皇太后之令，正式宣布废黜李从厚，而宣称自己是李嗣源的合法继承人。④

　　取得皇位之后，李从珂尝试着遵从儒家的传统来进行统治。比方说，他鼓励文臣提供建言，并容忍他们的抗颜直谏。⑤ 然而，李从珂的戎马生涯使得他与文臣少有交集。由于缺乏知识，李从珂不知道如何在文官中挑选贤能，他一度用抽签的方式决定宰相

---

① 《资治通鉴》卷二七八，长兴四年十一月，第 9092～9095 页；《五代史补》卷二"秦王掇祸"，第 2488～2489 页；《宋史》卷二六二《李瀚传》，第 9062 页，卷二六九《杨昭俭传》，第 9246 页。

② 《资治通鉴》卷二七八，长兴四年十二月、清泰元年闰正月，第 9097、9101 页。宰相李愚（935 年逝世）便抱怨新皇帝很少征询高级文官的建议，见《旧五代史》卷六七《李愚传》，第 894 页。

③ 李从珂是李嗣源的养子，石敬瑭则是李嗣源的女婿。见《旧五代史》卷四六《唐书二十二·末帝纪上》，第 625 页；卷七五《晋书一·高祖纪一》，第 978 页。

④ 《旧五代史》卷四六《唐书二十二·末帝纪上》，第 629～630 页。

⑤ 《旧五代史》卷四七《唐书二十三·末帝纪中》，第 645～647 页。

人选。① 因此，他很难找到素质好的官僚，他任命的绝大多数高阶文官欠缺知识与才干。② 最重要的是，由于他与实力雄厚的节度使石敬瑭间的冲突，使得他失去了建立一个文官政府的机会。

石敬瑭与李从珂同为李嗣源的手下，不过双方关系不睦。当李从珂叛变并进攻京城之时，石敬瑭收到了一道朝廷命令，要他返回洛阳。石敬瑭离开了他的根据地河东，前往洛阳，不过李从珂迅速占据都城，剥夺了石敬瑭与其竞争皇位的机会。因此，石敬瑭向李从珂投降，并等候着关于他未来职位的决定。③ 对石敬瑭在河东的影响力有所顾忌的李从珂，很犹豫要不要继续让他担任节度使。李从珂的亲信警告他，若剥夺石敬瑭的职位，可能会引发其他节度使的叛变，李从珂最后同意让石敬瑭返回河东。④ 然而，李从珂与石敬瑭关系并没有改善。在朝廷尝试要将石敬瑭的力量限缩在河东一地时，石敬瑭则努力地增加他的经济与军事资源。⑤ 李从珂逐渐意识到石敬瑭的威胁，最终在天福元年（936）五月命令他离开河东。接到敕令的石敬瑭决心叛变，并建立自己的王朝。⑥

协助石敬瑭策划叛变的主要人物是他的掌书记、拥有进士功名的桑维翰（899~947）。由于缺乏击败中央政府的足够武力，

---

① 《资治通鉴》卷二七九，清泰元年六月，第9122页。

② 李从珂向他的宰臣们抱怨道："朕荷先朝鸿业，卿等先朝旧臣，每一相见，除承奉外，略无社稷大计一言相救，坐视朕之寡昧，其如宗社何！"见《旧五代史》卷四七《唐书二十三·末帝纪中》，第652页。足见这些宰相对于朝政毫无贡献可言。至于其他关于高层文官表现差劲的事例，见《旧五代史》卷一二七《卢文纪传》、《马裔孙传》，第1667~1670页。

③ 《旧五代史》卷四五《唐书二十一·闵帝纪》，第621~622页；卷七五《晋书一·高祖纪一》，第983页。

④ 《资治通鉴》卷二七九，清泰元年五月，第9119~9120页。

⑤ 《旧五代史》卷六九《刘延皓传》，第921页。《资治通鉴》卷二七九，清泰二年六月，第9131页；卷二八〇，天福元年三月，第9139页。

⑥ 《资治通鉴》卷二八〇，天福元年五月，第9141~9143页。

桑维翰建议石敬瑭向北方强大的游牧帝国契丹投降。对于契丹国主来说，石敬瑭的请求给予他一个宝贵的机会，让他将影响力拓展至中原地区，这是他长期以来未能达到的目标。因此，五万名契丹兵在天福元年（936）九月开向南方，将石敬瑭从后唐军队的围攻中解救出来。十一月，契丹统治者册立石敬瑭为晋国皇帝。随后，石敬瑭则宣布自己是契丹统治者的臣子，不仅以庞大的贡品酬谢之，还割让了沿着北部边境的燕云十六州。①

尽管契丹军队给予了重要的支援，但让石敬瑭获得胜利的最主要因素是后唐将领间的内斗。卢龙节度使赵德钧（937年逝世）同样觊觎皇位。他不遵从李从珂的号令，私自与契丹国主协商，希望他支持自己作为中原地区的统治者。石敬瑭乃得以与契丹率先歼灭其他的后唐军队，再击败并生擒赵德钧。② 控制了黄河以北地区后，石敬瑭率军开赴洛阳，残余的后唐将领望风而降，就在石敬瑭将要进入京城之际，李从珂自杀身亡。③

## 战乱时代的再临

清泰元年到天福元年间（934～936）的一系列战争，产生了两位皇帝，以及一次朝代更迭，这些政治动荡皆源于李嗣源手下资深将领的内部斗争。在激烈的政治变动中，文臣没有扮演任何重要的角色。不过，在石敬瑭统治时期，文官的政治地位历经了实质性的改善。石敬瑭指派文臣担任宰相并兼任枢密使，恢复了

① 《资治通鉴》卷二八〇，天福元年五月、七月、八月、十一月，第9142～9143、9146～9149、9154页。
② 毛汉光：《中国中古政治史论》第八篇"五代之政治延续与政权转移"，第374页。
③ 《资治通鉴》卷二八〇，天福元年闰十一月，第9162～9163页。

文官参与决策的权力。① 在统治的前半期，石敬瑭倚赖宰相桑维翰掌管着文武事宜。桑维翰的主要政策包括：对外，通过谦恭的姿态与慷慨的进贡，与契丹维持良好关系；对内，将政府资源集中在镇压跋扈的节度使之上。天福二年（937），三名地方节度使联手叛变使全国震动，甚至让石敬瑭考虑逃往河东，以躲避威胁。然而，桑维翰冷静地组织了军事行动，并在天福三年（938）将叛乱镇压下来。② 历经这场叛变，朝臣转而忧心成功领兵镇压反叛的武将杨光远（944 年逝世）也可能心怀不轨，桑维翰巧妙地将杨光远转调为西京留守，成功地剥夺了他的兵权。③

然而，文臣权力恢复所产生的影响仍相当有限。石敬瑭的帝位全赖于外族势力的支持，缺乏足以服众的合法性，使他难以得到各地节度使的敬重。了解到自身弱点的石敬瑭，对于掌握着地方军力的武官尽量采取姑息政策，只要他们不公开叛变，朝廷尽力满足他们的要求。④ 许多后唐留下来的武将继续统领他们的军队，并干预朝廷事务。例如，杨光远对桑维翰解除其兵权的决定感到相当愤怒，因此上书批评桑维翰。为了平息他的怒气，石敬瑭在天福四年（939）把桑维翰外派担任节度使。⑤ 尤有甚者，石敬瑭经常宽宥武将的非法行为，此举更滋长了他们对朝廷的傲慢态度。⑥ 中央权威的衰颓，鼓舞了野心勃勃的武将去争夺皇位。

---

① 石敬瑭之所以做此改变，是因为他不想看到有另一位武官成为像安重海那样的朝政主导者，参见《资治通鉴》卷二八二，天福四年四月，第 9201 页。

② 《旧五代史》卷八九《桑维翰传》，第 1162~1163 页；《资治通鉴》卷二八一，天福二年六月，第 9176~9177 页。

③ 《旧五代史》卷八九《桑维翰传》，第 1163 页；卷九七《杨光远传》，第 1291 页。

④ 《新五代史》卷五一《安从进传》，第 586 页。

⑤ 《旧五代史》卷八九《桑维翰传》，第 1163 页。

⑥ 石敬瑭姑息武臣的一个显著的例子，发生在彰义节度使张彦泽身上。张彦泽在不经朝廷批准下，残酷地杀害了一位部将，而石敬瑭却赦免他的罪过，文臣们虽强烈抗议，但并不为皇帝所接受。见《资治通鉴》卷二八二，天福六年二月，第 9220 页；卷二八三，天福七年三月、四月，第 9234~9235 页。

一位节度使便公开宣告："天子，兵强马壮者当为之，宁有种耶？"① 当以武力夺取政权被视为合理，叛乱的幽灵便一直萦绕着石敬瑭的政权。

尽管在地方上军事强人享有相当程度的自治权，石敬瑭的朝廷仍然受到文官的支配。天福四年（939），石敬瑭废除了枢密院，让中书掌管所有国家事务。此举显示石敬瑭意图恢复唐代由官僚主政的传统。② 在把桑维翰转调至地方后，石敬瑭仰赖宰相冯道（882～954）掌控朝廷。③ 尽管桑维翰离开朝廷，但他的建议仍持续对皇帝产生作用。受到多数文官的支持，桑维翰对契丹的怀柔政策被继续沿用，④ 即便多数武官将对契丹的尊称视为耻辱，力主采取强硬的路线。⑤ 面对着武官群体的反对，桑维翰在天福六年（941）表达了文臣的观点。他警告皇帝，若与契丹开战，不仅会耗尽政府与百姓的资源，还会导致朝廷必须讨好武臣，以中央威信为代价，授予他们权力。⑥ 石敬瑭因此继续维持他与契丹的屈辱关系。不过，尽管费尽心力地满足契丹的要求，契丹统治者依然难以取悦。在内外压力的交迫下，石敬瑭在天福七年（942）病倒。⑦ 临终之际，他在病榻上要求冯道拥立其幼子石重睿作为继承人。然而，石敬瑭死后，冯道与禁军统帅景延广

---

① 《旧五代史》卷九八《安重荣传》，第1302页。
② 苏基朗：《五代的枢密院》，第9页。
③ 《旧五代史》卷一二六《冯道传》，第1659页。
④ 冯道倾向与契丹维持和平关系的立场，使他自愿出使契丹，这在当时被认为是非常危险的任务，见（宋）杨亿：《杨文公谈苑》，上海古籍出版社，1993，第22页。关于支持和平政策的其他文官意见，见《资治通鉴》卷二八一，天福二年六月，第9174页。
⑤ 当石敬瑭在天福元年（936）乞请契丹支持之时，武将刘知远（895～948）便提出反对意见，认为石敬瑭做了过多的让步，见《资治通鉴》卷二八〇，天福元年七月，第9146页。关于武将安重荣（942年逝世）宣扬的强硬政策，见《旧五代史》卷九八《安重荣传》，第1302～1303页。
⑥ 《资治通鉴》卷二八二，天福六年六月，第9223～9224页。
⑦ 《资治通鉴》卷二八三，天福七年五月，第9236页。

（892~947）却决定拥立他的侄子石重贵（914~964）为帝，因为他们认为一位年岁较长的皇帝较具备处理不稳情势的能力。① 这个仓促的决定最终结束了文官力量在朝廷的短暂复兴。

石重贵在孩童时期便喜好骑射而不乐于习文。石敬瑭曾经派遣一位学者教导他《礼记》，然而他难以理解，对老师说："非我家事业也。"② 可见他视军事为家族传统的倾向。即位之后，石重贵与武将亲近，接受他们的提议。又因为感激景延广助他登上皇座，石重贵将绝大部分权力交付景延广之手。③ 中央政策的主导权由文官移转至武臣，很快就在对契丹政策方面产生重大的影响。无视文官的反对，景延广坚持采行强硬路线。新皇帝宣称自己是契丹的孙子，而非臣子。对此，契丹方派出使臣询问此种称谓变化的缘由，却只收到无礼的答复。④ 契丹国君为此在开运元年（944）年初发兵入侵河北，景延广担任晋军的主帅，统兵对抗。在战争期间，景延广独断地做出所有重要决策，甚至罔顾皇帝的意旨。恼火于景延广的专横，石重贵在契丹军于开运元年四月撤兵之后，将其外调至洛阳，并恢复桑维翰枢密使之职。⑤

景延广失势后，桑维翰试图重建与契丹的和平关系，然而后晋朝廷发现契丹统治者越来越索求无度。⑥ 由于缺乏和平协定，契丹军继续攻击黄河以北的区域，尽管后晋军成功地在开运二年（945）三月击退他们，却无法阻绝其侵扰。⑦ 在天福二年（937）

---

① 《资治通鉴》卷二八三，天福七年五月，第9237页。

② 《旧五代史》卷八一《晋书七·少帝纪一》，第1067页。

③ 《资治通鉴》卷二八三，天福八年九月，第9254页；《旧五代史》卷八八《景延广传》，第1143~1144页。

④ 《资治通鉴》卷二八三，天福七年十二月、天福八年九月，第9242~9243、9253~9254页。景延广的强硬政策受到其他在朝武官的支持，例如武将刘继勋（947年逝世），见《旧五代史》卷九六《刘继勋传》，第1278页。

⑤ 《资治通鉴》卷二八四，开运元年四月、六月，第9270、9272~9273页。

⑥ 《资治通鉴》卷二八四，开运二年六月，第9294页。

⑦ 《资治通鉴》卷二八四，开运二年三月，第9288~9290页。

割让燕云十六州之后，后晋失去了阻止敌军南下的险要之地，契丹骑兵得以在任何时间骚扰平坦的河北地区。处理这一军事危机，成为后晋政府最主要的考量。皇帝为此恢复了枢密院，作为主持军政的机构，并重新规划前线防线，招募更多士兵，加征钱谷以供军用。① 如同桑维翰先前的预测，地方官员在此危急的状态下占尽便宜，他们将绝大部分的征敛所得放进自己的口袋。例如，成德节度使杜重威（948 年逝世），以物供应"军食"为名，课征了百万斛谷物，却只运送了三十万斛至朝廷，其余皆私藏其家。② 河北与河南地区在战争与重税的荼毒之下，许多农民迫于无奈，只好沦为盗匪。③

开运二年，朝廷的政治气候再度改变。桑维翰的主政仅维持了几个月，权力就被皇帝移交给他的三位亲信。皇后的兄长冯玉（952 年逝世）是文官出身，与服侍石重贵很长一段时间的武将李彦韬，联手掌控了朝廷。④ 石敬瑭的妹婿杜重威则被委任为防御边境的主帅，尽管有许多高层文官警告皇帝他并不可靠。⑤ 对于后晋王朝来说，皇帝对杜重威毫无保留的信任，实为致命性的错误。开运三年（946），石重贵将其所有可用之兵都抽调给杜重威指挥，参与对抗契丹的军事行动。当杜重威在十二月面对着契丹大军之时，他派人私下与之协商。契丹统治者随即允诺支持他成为中原地区新的统治者，杜重威则命令他的将士投降。接着，契

---

① 枢密使的恢复在 944 年，见《资治通鉴》卷二八四，开运元年六月，第 9273 页。
② 《资治通鉴》卷二八三，天福八年十二月，第 9258 页。其他的例子见《资治通鉴》卷二八四，开运元年四月，第 9271 页。
③ 《旧五代史》卷八四《晋书十·少帝纪四》，第 1114、1116 页；《资治通鉴》卷二八五，开运三年四月，第 9304 页。
④ 《新五代史》卷五六《冯玉传》，第 642 页。《旧五代史》卷八八《李彦韬传》，第 1146～1147 页；卷八九《冯玉传》，第 1173～1174 页。
⑤ 《资治通鉴》卷二八四，开运二年五月，第 9292 页；《旧五代史》卷八九《赵莹传》，第 1170～1171 页。

丹统治者立即派出一支军队开往汴梁。失去了防御力量的都城很快就陷落了，皇帝与他的朝臣全数被俘。①

天福十二年（947）二月，契丹国主耶律德光宣称自己成为中原地区的皇帝。忌惮于契丹的军事力量，多数的后晋节度使都赶赴汴梁，对这位异族统治者输诚。② 然而，在他们抵达汴梁之后，多半被拘禁或被杀，剩余的节度使也被留在朝廷，不能返回原驻地。各地的节度使职位多由契丹官员填补，但他们对于如何统治汉民一无所知，导致地方政治陷入混乱。更糟糕的是，由于耶律德光允许契丹军队劫掠百姓的财产，并派遣使臣至诸州征税，严重伤害了汉民的生计。当许多百姓选择放弃他们的家业成为盗贼时，汉人地方官员及士兵也开始反抗契丹的统治。③ 到了三月，耶律德光了解到情势已然失控，因而撤军北归。然而，在抵达契丹国境之前他便骤然去世，让局势更加混乱。在此血腥且失序的环境里，契丹军队、旧有的后晋军团，以及盗匪联盟争夺着中原地区的控制权。

在无政府状态下脱颖而出的，是刘知远领导的河东军事集团。作为后晋最重要的将领之一，刘知远自天福六年（941）控制了河东，并趁着后晋朝廷与契丹作战之际扩充自己的实力。不理会后晋皇帝要求协助河北军事行动的命令，刘知远睿智地保存着他的力量，唯有敌人入侵河东地区时，才会进行反击。后晋皇帝尽管憎恨刘知远的抗命，但受困于契丹的入侵，并无余力处理刘知远的问题。④ 刘知远因而得以享有招募更多兵马，积累经济

① 《资治通鉴》卷二八五，开运三年十二月，第 9318~9321 页。
② 关于后晋的节度使在契丹统治时期的命运，见 Wang Gungwu, *The Structure of Power in North China during the Five Dynasties*, pp. 192 – 193。
③ 《资治通鉴》卷二八六，天福十二年二月，第 9342~9344 页。
④ 《资治通鉴》卷二八四，开运元年八月，第 9275 页。

资源，以建立一个独立势力范围的自由。① 就在耶律德光宣称自己成为中原地区的皇帝后不久，刘知远也声称他即位为帝，并受到了反契丹的节度使们的支持。刘知远在契丹皇帝自河南撤退后，挥军南下，并在天福十二年六月攻占汴梁，并采用"汉"作为他的新王朝之名。② 占据新中央政府最高层职位的是刘知远的节度使府的文武僚属。其中的要角包括：两位职业军人，史弘肇（950 年逝世）与郭威（904～954）；协助刘知远行政的两名文职幕僚，苏逢吉（950 年逝世）与苏禹珪（895～956）；两位出身吏职，但深谙财政事务的杨邠（950 年逝世）与王章（950 年逝世）。③

为了稳定乱局，刘知远采取极为严厉的措施。一旦有罪犯承认有强盗行为，不仅他个人要赔上性命，与其牵连的家族成员及邻保也全都会被处死。正因如此，有位官员曾一口气杀光了整整十七个村的居民，只因他们直接或间接地卷入盗贼案。④ 对于抗命的地方官，刘知远也会诉诸武力。不过，刘知远没能活着看到中原地区重新回到和平。他在乾祐元年（948）正月过世，而他年仅十八岁的儿子刘承祐（931～951）继承了皇位。⑤

这位年轻皇帝的即位诱使怀有野心的武人寻求其领地及影响力的扩张。就在刘承祐登基后不久，三位节度使发动叛变。⑥ 在

---

① 《资治通鉴》卷二八六，天福十二年正月，第 9335 页。
② 《旧五代史》卷一〇〇《汉书二·高祖纪下》，第 1332～1333 页。史家通常将刘知远的王朝称为"后汉"，以区别于先前的汉代。
③ 关于这些权臣的传记，分见《旧五代史》卷一一〇《周书一·太祖纪一》，第 1447～1449 页；卷一〇七《史弘肇传》、《杨邠传》、《王章传》，第 1403～1410 页；卷一〇八《苏逢吉传》，第 1422～1425 页；卷一二七《苏禹珪传》，第 1674 页。
④ 《资治通鉴》卷二八七，天福十二年八月，第 9373 页；《新五代史》卷三〇《苏逢吉传》，第 328 页。
⑤ 《资治通鉴》卷二八七，乾祐元年正月、二月，第 9384～9385 页。
⑥ 《资治通鉴》卷二八八，乾祐元年三月、四月，第 9388、9391、9393 页。

朝廷中，苏逢吉与苏禹珪双双失去了权势。① 史弘肇、郭威、杨邠与王章掌控了决策权，并继续仰赖严厉的手段抑制动乱。对于任何他们不喜欢或怀疑的人，无论有没有证据，都会迅速施以死刑，② 即便是高层官僚也没办法逃过这样的悲剧。例如，前任宰相李崧（948 年逝世）及其所有家族成员被满门抄斩，仅因一名下属对李崧不满而加以诬陷。③ 除了这样的恐怖举措外，百姓被课以沉重的赋税，以征集足够资源供应各种军事行动，这也是朝廷最主要的关切所在。④ 在此情势下，文官的地位下降了。新的人事任命案则经常遭到稽留，而他们收到的薪水往往只是他们应得数额的一小部分。⑤

不过，归因于郭威的成功指挥，后汉朝廷得以平定反叛。他首先被指派为讨伐叛乱节度使的总指挥，并在长达十五个月的征战后，收复了三个节度使区。随后，他又被指派为防御北疆的统领。由于驻守在邺都，郭威得以指挥河北诸州，并通过防范契丹的入侵，有效地恢复这个区域的和平。⑥

借由恐怖统治及成功的军事行动，这个权臣集团成功地在中原地区重建起中央权威，且远较后晋更有效地控制各地的节度使。⑦ 然而，这些朝廷的权贵最终也成为其严酷政策下的牺牲者。他们的傲慢之心因把持朝廷而日渐增长，甚至公然蔑视皇帝。例

---

① 《资治通鉴》卷二八八，乾祐元年四月，第 9392 页。
② 《旧五代史》卷一〇七《史弘肇传》，第 1404~1405 页。
③ 《旧五代史》卷一〇八《李崧传》，第 1421 页。
④ 负责财务行政的主要官员是王章。他征集了足够的钱财供应政府支出，却严重地伤害了平民的生活。见《旧五代史》卷一〇七《王章传》，第 1410 页。
⑤ 《资治通鉴》卷二八八，乾祐元年四月，第 9392 页；卷二八九，乾祐三年十一月，第 9430 页。
⑥ 《旧五代史》卷一一〇《周书一·太祖纪一》，第 1450~1452 页。
⑦ Wang Gungwu, *The Structure of Power in North China during the Five Dynasties*, pp. 196 - 97.

如，杨邠及史弘肇二人有次与皇帝议论事情，皇帝恳请他们：
"审图之，勿令人有言！"杨邠居然应道："陛下但禁声，有臣等
在。"① 当刘承祐连提出意见的机会都被剥夺时，自然相当忧心自
己的皇位与生命将要不保。乾祐三年（950）十一月，皇帝命令
他的护卫在宫中杀死史弘肇、杨邠与王章，并将他们的亲属全数
斩首。② 刘承祐同时也处死郭威所有留在京城的家人，并派遣使
臣命令一位武将刺杀郭威本人。然而，郭威纠集了他的将士攻向
都城。皇帝亲自率军抵抗，但他的士兵很快便向郭威投降，并将
他杀死。占领都城之后，郭威以太后之诰命，立刘知远的侄子刘
赟（951 年逝世）为新帝。然而，杀死刘承祐、犯下弑君大罪的
郭威下属，不愿意再支持刘氏族人。因此在十二月郭威率军前去
抵御契丹之时，数千名军士鼓噪哗变，要求郭威自立为帝。广顺元
年（951）正月，郭威正式夺取皇位，建立后周王朝。③

　　自开运元年至乾祐三年（944～950），中原地区陷入了混乱
之中。军事强人为了获取支配权而交战，赤裸裸的武力操控了政
治与社会秩序。不像朱温与李存勗那些 10 世纪初期的统治者，这
段时期的政治领导者不觉得要合法化他们逐渐壮大的权力。因
此，他们不仅忽视文治，甚至还公开表示对学术文化的轻鄙。例
如杨邠便曾说道："为国家者，但得帑藏丰盈，甲兵强盛，至于
文章礼乐，并是虚事，何足介意也。"④ 史弘肇也做过类似评论：
"安朝廷，定祸乱，直须长枪大剑，至如毛锥子，焉足用哉！"⑤

---

① 《资治通鉴》卷二八九，乾祐三年十一月，第 9430～9431 页。
② 《旧五代史》卷一〇七《史弘肇传》，第 1406～1407 页；《资治通鉴》卷二八九，
　　乾祐三年十一月，第 9429～9431 页。
③ 《资治通鉴》卷二八九，乾祐三年十二月，第 9447～9449 页；卷二九〇，广顺元
　　年正月，第 9450 页。
④ 《旧五代史》卷一〇七《杨邠传》，第 1408 页。
⑤ 《旧五代史》卷一〇七《史弘肇传》，第 1406 页。

问题是，鄙视儒家的礼乐传统，只凭赤裸的暴力或许能创建一个新政权，却无法稳定政治局势。10 世纪 40 年代后期朝代嬗异之速，已明白反映出军事力量不足以治国。因此，郭威在取得皇位之后，为其政权采取了截然相反的策略，不仅彻底改变了军事支配的状态，也引导历史走向一条崭新的路径。

# 第三章

# 文武关系的转变（875~950）

## 武官的双重形象

黄巢之乱以后，中央权威的衰微，是政治舞台上最主要的变化。武人节度使掌控了地方政治，最终创建了一连串统治中原地区的短命朝代。这群新的军事精英大体上由三类人组成。第一类是盗匪首领，如后梁的创建者朱温（852~912，907~912年在位）以及他的一些部属。一些南方独立王国的领袖也属于这个类别，比如王建（847~918）与杨行密（852~905）。这些盗匪首领有着不同的社会背景，不过他们有三个共同的特点：深谙军事事务与武艺，没有官位或职衔，以及鲜少与地方官员有合作关系。① 这样的特点，使得他们不仅与晚唐的文人精英截然对立，也相互竞逐地方的控制权。第二个群体是沙陀人，包含了后唐的创建者李存勖（885~926，923~926年在位）、后晋的创建者石敬瑭（892~942，936~942年在位），以及建立后汉的刘知远

---

① *The Cambridge History of China*, vol. 3, pp. 722-724.

（895～948，947～948 年在位）。<sup>①</sup> 沙陀人原本居住在中国的北方边区，距汉文化的核心区相当遥远，至 9 世纪的最后二十五年才内徙中原。由于鲜少与中国文化接触，多数沙陀人并不识字，且对于文治传统缺少概念。地方武官则是第三个群体，他们的职位与权力往往是世代相承袭，许多朱温及李克用（856～908）麾下将领有此背景。<sup>②</sup> 军事技能是其家族传统，这些武官精熟于战略和打斗，对于习文则兴致缺缺。总体而言，尽管有着多元的社会背景，这群在 9 世纪晚期崛起的武官不约而同地缺乏学术知识，也对儒家文化极为疏离。

由于对作战之外的事务鲜有涉猎，这些武人一旦握有统治之权，且插手行政管理，就带来诸多问题。例如：在司法判决上，由于对律令的无知，且毫无辨别是非的兴趣，武人出身的地方长官经常任意地做出判决，而不管是否符合公正原则或法律条文。例如，一些节度使全然无视诉讼两造的作为，仅凭第一位告发人的证词即做出判断，导致严重的司法不公。<sup>③</sup> 更严重的是，由于晚唐中央政府的权威衰落，节度使得以自行裁断辖区内所有的司法案件；即便是死罪，也不经朝廷的复核，径自执行，冤滥因而产生。<sup>④</sup> 由于没有监督他们独裁权力的机制，一些节度使明目张胆地施以过严的惩处，并无视法条。<sup>⑤</sup> 在此一时期，这些凶残又

① 傅乐成：《沙陀之汉化》，收于氏著《汉唐史论集》，第 319～337 页。
② 毛汉光：《中国中古政治史论》第八篇"五代之政治延续与政权转移"，第 420～421、427～428 页。
③ 《旧五代史》卷六三《张全义传》，第 843 页。
④ 根据唐代的规定，地方官员在执行所有的死刑之前，需要向朝廷分别呈报三次。然而，这个规定在 9 世纪后期逐渐被废止。天成二年（927），一些朝臣试图恢复这项传统做法，然而还是失败了。见《旧五代史》卷一四七《刑法志》，第 1966 页；（宋）王溥：《五代会要》卷一〇《刑法杂录》，上海古籍出版社，2006，第 160 页。
⑤ 关于节度使用刑残酷的事例，参见林瑞翰《五代豪侈暴虐义养之风气》，《大陆杂志》30：3－4，1965，第 74～75 页。

任性的节度使甚至对属下官员或幕僚滥施酷刑，而一般百姓为刑罚的冤滥所苦，更是不在话下。①

武人节度使采用严刑管理下属，显然是与他们的军事背景相关。在朝廷无力控制的情况下，9世纪后半叶，激烈的权力争夺战在各地爆发。军队领导者采行各种严刑峻法来控制士兵。例如，当一位军官阵亡沙场时，他的部下却安然回到军营，朱温会下令立即将这些士兵处死，以儆效尤，该举措被称为"拔队斩"。② 对这些武将而言，采取同样的做法与程序管理其辖下的百姓是很自然的事情。行伍出身的王建立采行严酷政策便是一个例子。王建立年轻时担任负责处理捕盗事务的军校，这让他习惯于采用酷刑。当他擢升为节度使后，他经常因为一人犯罪而诛杀其全家，旁人因而称他为"王垛叠"，因为在每次行刑之后，他都会将众多的尸体叠放成堆。③ 与此类似，后汉时期的禁军统帅史弘肇（950年逝世），也因为对帐下兵士施以酷刑而恶名昭彰。在掌控朝廷后，他采用同样的方式管理京城里的文臣。不管犯下什么样的罪过，任何被认定为罪犯者都要面临极刑。④

另一个源自武人，且更为骇人的行径是食人肉之风。在战乱时代，缺乏粮食的军人经常靠吃人肉维生。一些武将因而染上了食人之癖，甚至在承平时代还继续保有这样的习惯。例如，李存勖手下的勇将苌从简（877～941）喜欢吃幼童之肉。在担任地方长官时，他仍旧要求部下暗中捕捉辖区内的孩童，供自己食用。⑤ 如此令人发指的行径，促使当时的人们将"武人"与"残暴行

① 关于节度使蛮横地杀死属官或文人幕僚的事例，见《旧五代史》卷八四《晋书十·少帝纪四》，第1110页；卷九一《王建立传》，第1199页；卷九八《张彦泽传》，第1306页；卷一○一《汉书三·隐帝纪上》，第1349页。
② 《五代史补》卷一"太祖文健儿面"，第2475页。
③ 《旧五代史》卷九一《王建立传》，第1199页。
④ 《旧五代史》卷一○七《史弘肇传》，第1404～1405页。
⑤ 《新五代史》卷四七《苌从简传》，第521页。

径"联系在一起。

这些武官不仅危害百姓的人身安全，也剥夺他们的经济利益。对节度使来说，随心所欲地发明一整套政策以苛敛其辖下居民实为常见之举。后唐时期赵在礼（886~947）的事迹提供了一个例子。

> 赵在礼之在宋州也，所为不法，百姓苦之。一旦下制移镇永兴，百姓欣然相贺，曰："此人若去，可为眼中拔钉子，何快哉！"在礼闻之怒，欲报"拔钉"之谤，遽上表，更求宋州一年。时朝廷姑息勋臣，诏许之。在礼于是命吏籍管内户口，不论主客，每岁一千，纳之于家，号曰"拔钉钱"……是岁，获钱百万。①

愤恨百姓对于自己的批评，便径行加税作为处罚，表明一位节度使几乎可以使用任何借口，从百姓身上榨取金钱。在10世纪前半期，中央政府很少采取措施防范节度使进行如此贪婪的课征。贿赂的收受成为官员们的行事准则，朝中的掌权者如后梁的敬翔（923年逝世）与赵岩、后唐的郭崇韬（865~926）、后晋的桑维翰（899~947）、后汉的苏逢吉（950年逝世），无一不因收取重贿而声名狼藉。② 在赵在礼的事例中，他聚敛所得"唯以奉权豪、崇释氏而已"③，说明了地方官所敛财赋的去处。即便是皇帝也参与了这种对金钱的追逐过程。例如，后晋的国君要求地方官员以"添都""助国"为名，"进献"财物至宫廷。④ 地方官员所能

---

① 《五代史补》卷三"赵在礼拔钉钱"，第2507~2508页。
② 《旧五代史》卷一八《敬翔传》，第250页；卷一四《赵岩传》，第195页；卷八九《桑维翰传》，第1167页；卷一〇八《苏逢吉传》，第1423页。
③ 《旧五代史》卷九〇《赵在礼传》，第1178页。
④ 《新五代史》卷四六《郭延鲁传》，第516~517页。

"进献"的数量，经常成为决定官位任免的主要因素。这些财物最终流入内府，成为供皇帝挥霍的私人财产。① 由此可见，皇帝与他们的亲信事实上是站在行贿网络的最上层。在此情况下，与其说各地节度使的贪腐行径未被强力禁止，不如说是被朝廷权贵所默许。② "贪婪"也就成为武人节度使负面形象中的一个重要组成部分。③

由于武人节度使对臣民进行苛敛及滥施刑罚已是普遍的现象，一位节度使不需要有任何政绩，只要他不过度役使百姓，就可能受到赞扬。汝州防御使刘审交（876~949）在乾祐二年（949）过世，当地居民感念他的贡献，特别向朝廷请愿，为他建庙祭祀。但是，据前宰相冯道的观察，刘审交在任上并没有实际改善百姓的生活状况；当地百姓之所以怀念刘审交，仅仅是因为他"不行鞭朴，不行刻剥，不因公而循私，不害物以利己"。也就是说，刘审交对百姓不施予滥刑和苛敛之政，恰与前任官员的残酷高压形成强烈对比，按冯道的解释，这正是刘审交得以获得如此高度崇敬，而其他的节度使则普遍受到厌恶的原因。④ 当评价"政绩"的标准，已下降到"不至聚敛，不杀无辜之民"之时，⑤ 则当时人对于武官的认知其实已恶化到空前的地步。这个现象正反映了平民百姓在武人节度使的统治下遭受了巨大的苦难。

武人势力的扩张不只深刻影响百姓生活，也同样改变了文人精英的命运。随着武人的活动从军队拓展到政府行政，他们与文人接触的机会也随之增加。由于缺乏文学素养，武人很难理解文

---

① 日野開三郎：《五代史の基調》（東京：三一書局，1980），頁283-293。
② 李嗣源或许是10世纪前期唯一努力去遏止节度使贪腐之风的皇帝，不过获至的成果仍相当有限。见陶懋炳《五代史略》，人民出版社，1985，第83、86页。
③ 《旧五代史》卷五九《袁象先传》，第797~798页；卷九八《安重荣传》，第1301页。
④ 《旧五代史》卷一〇六《刘审交传》，第1393~1394页。
⑤ 引自冯道之言，见《旧五代史》卷一〇六《刘审交传》，第1394页。

人精英使用的典雅词语，以及对历史典故的引用。文武群体在文化上的对立，在后唐时期的武将康福（885~942）与他文人下属间的言谈交锋中展现无遗。康福在某次与文人僚属谈话时，身上盖着一条华丽的被衾。一位幕僚用了一个文学词语"烂兮"来赞赏这条被衾的璀璨美丽。康福不了解"烂兮"的含义，在听到了这个词语时，误将"兮"当作同音字"奚"，亦即一个生活在东北地区的外族名称；又把"烂"字理解为"腐烂"，因而愤怒地反驳："吾虽生于塞下，乃唐人也，何得以为烂奚！"①康福的误解不仅反映了文人与武人沟通上的困难，也反映了他对文人可能的轻鄙相当敏感。康福的祖先在边境生活了好几个世代，康福确有理由怀疑文人暗自嘲笑他是未经开化的外族，这解释了他对"兮"字的愤怒反应。②

可能遭受文人轻鄙的妄想症并不只限于康福。许多武官出自较低的社会阶层，当他们与教养良好的文人接触时，很容易产生不安全感。一个有关朱温的故事便显示出此种自卑情结。在担任忠武节度使时，朱温与拥有进士头衔的崔禹昌结交。朱温有一次造访崔禹昌的别墅，问他是否在其间养牛，崔禹昌回答"不识得有"，这是表示"没有"的文雅说法。不过，这个有点模糊的说词也可能被解释为"我认不出有没有"，而这正是朱温的设想。于是朱温激动地斥责崔禹昌："岂有人不识牛，谓我是村夫即识牛，渠则不识，如此轻薄，何由可奈！"③显然，朱温的过度反应源自他对自己低微背景的不安全感；尽管身任高官，朱温仍对出自贫穷的农村家庭这个社会背景维持着高度的敏感。

在掌握了政治实权后，武臣要求相应的尊重，而不再容忍文

---

① 《旧五代史》卷九一《康福传》，第1201页。
② 关于康福的家族背景，参见《旧五代史》卷九一《康福传》，第1199~1200页。
③ 《北梦琐言》卷四"崔禹昌不识牛"，第93页。

臣精英的傲慢与自我标榜。天祐二年（905），在夺取皇位前夕，朱温想要拔擢他的部将张廷範（905年逝世）出任太常卿。为了阻止毫无文学素养的官员出任这个高阶文职，宰相裴枢（842~905）争辩道，作为武臣的张廷範，可以授予节度使之位，而不是太常卿。① 裴枢言语中带有对武人的歧视，使得朱温大感愤怒。他不仅强迫唐帝接受张廷範的任命，并将裴枢处死。接着，在朱温的胁迫下，皇帝发布了一纸诏书，批评文臣对武人的蛮横鄙夷。

> 文武二柄，国家大纲，东西两班，官职同体。咸匡圣运，共列明廷，品秩相对于高卑，禄俸皆均于厚薄。不论前代，只考本朝。太宗皇帝以中外臣僚，文武参用，或自军卫而居台省，亦由衣冠而秉节旄，足明于武列文班，不令分清浊优劣。近代浮薄相尚，凌蔑旧章，假偃武以修文，竞弃本而逐末。虽蓝衫鱼简，当一见而便许升堂；纵拖紫腰金，若非类而无令接席。以是显扬荣辱，分别重轻，遽失人心，尽隳朝体。致其今日，实此之由，须议改更，渐期通济。文武百官，自一品以下，逐月所给料钱，并须均匀，数目多少，一般支给。兼差使诸道，亦依轮次，既就公平，必期开泰。②

由此可见，随着武官影响力的拓展，他们尝试着消弭文武之间固有的区隔，回归唐代前期的系统：文武官员可以交互出任各种职位，双方共享特权与声望。朝廷的这纸诏书，显示此种期盼已得到实现。自朱温操控了朝廷，武人得以同时把持地方与

---

① 《旧唐书》卷一一三《裴枢传》，第3358页；《资治通鉴》卷二六五，天祐二年三月，第8641页。
② 《旧唐书》卷二十下《哀帝本纪》，第791页。

中央政府的高层职位。在此之后，即使是行伍出身的武将也有可能成为宰相，就如后梁时的韩建，或后唐时的王建立。诸多高层武官时常同时保有诸如侍中或中书令等荣衔，这种荣衔过去只会授予少数杰出官员。即便是低阶武官或节度使手下的幕僚也可能获得御史大夫或银青光禄大夫等文官头衔。正因如此，唐代以散官衔来区别文武官员的做法，已随着唐廷丧失权威而失去效果。① 然而，尽管武人得以支配政府和法律，处死他们厌恶的文臣，甚至获得过去无法得到的头衔与职位，这股新崛起的政治势力仍旧没办法以自身权力突破树立在文武之间的文化高墙。大体来说，武人势力的扩张不太能改变文人坚定的自我优越感，也无法舒缓双方相互的仇视。因此，直至 10 世纪 50 年代，手握大权的后汉大将史弘肇仍在抱怨："文人难耐，轻我辈，谓我辈为卒，可恨！可恨！"②

武人之所以无法影响文人对自身文化优越感的信念，在于他们欠缺一个价值体系，去挑战历史悠久的儒学传统。9 世纪晚期是暴力横行的时代，致使军事技术与兵学素养显得非常重要，也吸引了为数甚多的人参与。不过，军事的生活方式没有办法创造出一套价值系统，使武力的使用正当化。③ 一旦掌权的军阀试图将以武力夺取的权力转化成合法权威，并将其骁勇善战的武将形象重新塑造为理想君王时，在儒家传统与文学知识之外，他们没有其他可以汲取的资源。正如前章所示，朱温与李存勖用来合法

---

① 在黄巢之乱以后，跋扈的武将开始向朝廷索取高级散官或勋爵，以提高他们的地位，这样的情况在唐室灭亡之后益形恶化。散官、兼官或勋爵被毫不区别地授予，以致一位官员常常能够同时获得四五个职衔。甚至是士兵或胥吏也可能拥有好几个看似尊崇的头衔。见日野開三郎《五代鎮將考》，收于氏著《五代史の基調》，頁 242－244。

② 《旧五代史》卷一〇七《史弘肇传》，第 1405 页。

③ 关于武人未能建立其自身伦理的讨论，见西川正夫《華北五代王朝の文臣と武臣》，收入《仁井田陞博士追悼論文集》第一卷（東京：勁草，1967），頁 294－299。

化其赤裸武装权力的途径，清楚显示他们遵从儒家原则，并据此建立他们的王朝。基于政治考量，军事强人有必要与文人合作，并接受文治传统。因此，即使是像朱温那般不喜文士的武人，也必须承认文学作品的力量有时超过一支庞大的军队。除了作为合法化的工具，文学素养对于想有效处理行政工作的官员也很重要。考虑到唐代社会文学化的程度，以及政府仰赖各种文书记录来进行统治，不识字的武官很容易就会被他们的文职僚属所欺瞒。为了应付这个问题，他们有必要学会阅读和书写。

正因如此，某些不识字的武将在掌控地方统治权后，便开始读书习文。例如，韩建的习文始于他成为华州节度使之后。为了学习认字，韩建要求学者帮他在每件日常生活用品上题写名称，以便他能随时随地接触文字。通过日复一日的学习，他逐渐能读书识字。① 许多出身卑微，至中年或晚年才接触到文字的武人，发现学习识字并非易事，就像韩建的例子所显示，必须花费很长的时间，持续勤奋练习。大多数武人权贵与儒学和士人文化的接触，更常发生于聆听其麾下或朝廷中博学之士的教导或讨论。就像李嗣源所承认的那样：

> 吾少钟丧乱，马上取功名，不暇留心经籍。在藩邸时，见判官论说经义，虽不深达其旨，大约令人开悟。②

通过与文士的交谈，不识字的军人对经典有了初步的认识，也开始遵循文人精英的礼节。不过，这条间接学习学术知识的途径不一定有效。例如，不识字的魏博节度使韩简（981年逝世）因为无法了解文人僚属使用的语言而深感耻辱，于是延聘了一位学者

① 《旧五代史》卷一五《韩建传》，第 203~204 页。
② 《北梦琐言》卷一九"明宗戒秦王"，第 349 页。

为他讲授《论语》的意旨。有一次，他与文人幕僚谈及他新学到的经典知识："仆近知古人淳朴，年至三十，方能行立。"① 韩简显然是误解了孔子所说的"三十而立"，以为"而立"的意思是指"行立"。这个例子显示，尽管新掌权的武人可能热衷于学习经典，但他们与儒学文化之间的巨大鸿沟并不容易弥合。

不过，在武人权贵的子孙身上，这样的状况很快得到了改善。一方面，部分武将为了让孩子拥有良好的学术知识，在他们幼年时即提供文人式的教育。另一方面，随着武将掌握政权，他们的下一代也得到了权力、地位与财富，因而有很多机会与文人进行互动。在此情况下，部分高阶武官的子孙开始敬重文人与学术知识，甚至成了精熟文艺、名副其实的学者。晚唐的魏博节度使罗绍威（877～910）就是一个例子。罗绍威的父亲罗弘信（898年逝世），曾经是魏博的一名军校，他在文德元年（888）发动了一场叛变，取得魏博节度使之位。罗绍威在光化元年（898）继承节度使。在各地藩镇相互缠斗的年代，罗绍威与其他军阀一样，都参与了许多军事行动。然而，与其他武人节度使不同，罗绍威对学术有极大的兴趣，搜集了大量的图书，常邀请有名的文士一同讨论文学。每当不满文人幕僚撰写的书檄时，罗绍威就会亲自重写。他尤其擅长写诗，其作品甚至赢得当时著名诗人的赞赏。② 在晚唐，罗绍威并不是唯一拥有文学涵养的武人节度使。平卢节度使王师範（874～908）、荆襄节度使赵匡凝，也有相同的情况：出身军人家庭，继承父亲的权位与军队，接着开

① 《北梦琐言》卷一三"韩简听书"，第271页。
② 《旧五代史》卷一四《罗绍威传》，第191页；《北梦琐言》卷一七"邺王偷江东诗"，第326～327页；（宋）李昉等：《太平广记》卷二〇〇《文章三》"罗绍威"，中华书局，1961，第1507～1508页；（清）王士禛原编，郑方坤删补《五代诗话》卷二"罗绍威"，中华书局，1985，第68页。

始搜集图书，最终喜欢上学术和文艺。①

类似的例子在唐代灭亡后仍持续出现，特别是北方那些短命王朝的皇室成员，而这些政权的建立者皆是以好战残酷而闻名。例如，后梁创建者朱温的长子朱友裕（904 年逝世）喜好写诗，并与文士分享他的作品。有次他的父亲被一名进士的粗鲁举止激怒，幸好朱友裕及时介入，才让这位莽撞之士免受严厉的惩罚。② 朱温的另一子朱友贞（888～923，913～923 年在位）也喜好文学活动。在朱友贞取得皇位之后，敬翔曾经批评他"儒雅守文"，以致不曾亲自指挥军事行动。③ 文化涵养不仅局限于汉人统治者。分析这段时期的沙陀统治者，可以发现第一代武将与其子嗣之间的明显的差异。第一代的沙陀武将几乎没人识字，但是他们的儿子很快读书习文。举例而言，李克用的儿子李存勖在十三岁时开始研读儒家经典。成为后唐皇帝后，他喜欢向武将吹嘘自己能够手抄《春秋》。④ 李存勖的继承人李嗣源（867～933，926～933 年在位）是靠战功发迹，最终夺取皇位的文盲，不过他的儿子李从荣（933 年逝世）雅好文士，更热衷写诗，前后完成了千余首诗作。⑤ 李嗣源的另一个儿子李从厚，也好读儒家经典，且以坚守儒家道德规范而博得美名。⑥ 同样的现象也发生在后晋，石敬瑭的次子石重信（918～937）与三子石重义（919～937）皆以身

① 王师範的传记，见《旧五代史》卷一三《王师範传》，第 175～177 页；《新五代史》卷四二《王师範传》，第 452～454 页。赵匡凝的传记，见《旧五代史》卷一七《赵匡凝传》，第 234～235 页；《新五代史》卷四一《赵匡凝传》，第 447～448 页。

② 《唐摭言》卷三，第 40～41 页。

③ 《旧五代史》卷一八《敬翔传》，第 248～249 页。

④ 《旧五代史》卷二七《唐书三·庄宗纪一》，第 366 页；卷一三三《高从诲传》，第 1752 页。

⑤ 《册府元龟》卷二七〇《宗室部九·文学》，第 3067 页。

⑥ 《旧五代史》卷四五《唐书二十一·闵帝纪》，第 613 页；《资治通鉴》卷二七六，天成三年十二月，第 9026 页。

作则地遵从儒家原则，而为时论所称。[1]

在皇室之外，类似趋势也普遍发生在高层武将后代的身上。武官之子尽管继承他们父亲的军事头衔与职位，有些人仍倾心儒家传统，并与文士极为亲近。比方说，在关中地区自立的节度使李茂贞（859~924）不大能识字。[2] 不过，他的两个儿子李从曧（898~946）和李从昶（938年逝世）却喜爱文艺，乐于别人称赞自己的文学才能，并且亲近文士，与之交游。[3] 类似的转变，甚至出现于那些极端抵制文学的武人家庭。例如，后汉武将史弘肇经常表现出对文士的憎恶，也轻鄙文治传统，但他的儿子性喜文学，还一度阻止史弘肇对文人施以过度严酷的惩处。[4] 在某些事例中，名将之子甚至完全放弃军人生涯，而在仕途上选择文职。举例来说，张存敬（901年逝世）是后梁的武将，以骁勇善战、武艺高强而闻名。他的儿子张仁愿（895~945）却成为后晋朝的文臣，以孝友与善理刑狱而享誉于世。[5] 显然，在10世纪中，许多军人家庭历经了一场急遽的文儒化过程。

武人对儒学与文艺的接受，缓和了文武官之间尖锐的差异。深受儒家文化影响的武将，喜欢模仿文士的生活方式，即便在参与军事任务时也试图为自己树立文人的形象。在战场上，他们身披甲胄，亲历石矢，是出色的指挥官与勇敢的战士；回到驻地后，他们便换上儒服，遵守儒家的礼仪，接见文士并参与文艺活

---

① 《旧五代史》卷八七《寿王重乂传》，第1140页；《新五代史》卷一七《高祖子重乂传》，第184~185页。

② 李茂贞曾经承认他丝毫不懂文士的礼仪，见《资治通鉴》卷二六三，天复二年八月，第8578页。

③ 《旧五代史》卷一三二《李茂贞传》，第1742~1743页。

④ 《旧五代史》卷一〇七《史弘肇传》，第1405~1407页。

⑤ 《旧五代史》卷九三《张仁愿传》，第1234~1235页；卷二〇《张存敬传》，第275~276页。西川正夫分析了《旧五代史》的列传，发现九个武官之子成为文官的例子，见《華北五代王朝の文臣官僚》，《東洋文化研究所紀要》27（東京，1962），頁227。

动。[1] 此种文化认同上转变所产生的政治结果，很值得注意。文儒化的武人对文士与儒学的尊重，帮助了文人官僚在政府中维持地位和影响力。好几位身居要津的武人甚至尝试通过与文臣合作的方式，恢复传统的官僚政治，先前章节提到的郭崇韬与李从荣，便为我们提供了良好的例证。

从文化的角度来看，武人势力扩张所带来的冲击具有多重面向。一方面，政府部门中与文治相关的事务在规模与结构上都明显遭受缩减，以致普遍地损害了传统文教的发展。但在另一方面，即便面临这样显著的倒退，文官仍旧试图延续文治传统，努力地展现他们的专业价值，说服君主与武官了解采行文治的必要性。尽管拥有知识素养的武官是相对少数，而且他们新取得的"儒者形象"也未能弥补时人对武将的负面观感，然而，正是这些文儒化的武将，缓解了文武精英之间的相互仇视，且最终在10世纪后半期与文人联手，共同在中原地区重新建立文治政府。

## 文臣的地位与形象

唐代后半期的普遍叛乱不仅破坏了社会与政治秩序，也危及文人精英固有的特权与地位；使他们逐渐了解到，文学才能与儒家素养对于当下混乱的治理毫无作用。一些文人精英意识到要想恢复他们的政治影响力，需要从军事下手。如同知名文臣司空图（837～908）所言，"将儒"是复兴儒道的首要方法，也就是说，儒者想要拨乱反正，必先控制和统率军队。[2] 然而，如同前几章

---

① 武臣效仿儒生言行与装束的事例，参见西川正夫《華北五代王朝の文臣と武臣》，頁 292–293。

② （唐）司空图：《司空表圣文集》，收入《宋蜀刻本唐人集丛刊》第 24 册，上海古籍出版社，1994，卷一《杂著·将儒》，第 10～11 页。司空图的传记，见《五代史阙文》，《梁史·司空图》，第 2450 页；《新唐书》卷一九四《司空图传》，第 5573～5574 页。

所指出的，文臣在9世纪后半期尝试统兵的结果是彻底惨败。至此，文人再也没有方法能够阻止武人凭借武力，影响历史的走向。

如前所言，多数武人权贵的社会、文化背景，与文人精英有极大的差异。由于拥有不同的价值观、习惯与嗜好，即使是在日常生活中，双方的差别也很容易呈现出来。一个有趣的互动，发生在朱温与一位高阶文官薛昭纬之间。朱温曾与薛昭纬谈到鹰隼，薛昭纬盛赞此鸟之强健。朱温很满意他的回答，猜想薛昭纬一定也喜爱饲鹰，因而赠予他一只。薛昭纬非常珍惜朱温的礼物，告诉他的手下："令公所赐，直须爱惜，可以纸裹，安靴袋中。"① 想将鹰隼包裹收藏，正显示薛昭纬对于饲养鹰隼毫无概念。为了畋猎而饲养鹰隼，对武人来说是稀松平常之事，文臣却很少这么做。薛昭纬对于鹰隼的认识看来是从书本得知，他也许知道鹰隼的特色，却不知道该如何照料它们。

从文人的角度来看，武人的某些习性令人生厌，甚至无法忍受。例如，出身盗匪的武将王建在9世纪80年代晚期曾与宰相韦昭度（895年逝世）联手，共同讨伐抗命的节度使陈敬瑄（893年逝世）。但是，王建与韦昭度的文人僚属很快就发生了龃龉；由于王建与他的士兵都剃掉自己的头发，脸部和手腕上满布刺青，文人们认为他们近似鬼怪而不像人类。② 此一事例显示，文人即便与武官们共事，也感到很不舒服，更不用说当他们的下属了。

另外，对于新崛起的武人统帅而言，文人精英的社会地位与声望是他们最为缺乏的，因而热切期盼与文人建立各种关系。对建立这些关系联结的渴望，反映在陕州节度使王珙（899年逝世）与文官王枕（898年逝世）的互动上。王枕出身于知名世族，于唐昭宗光化元年奉诏进京，途经陕州，王珙很慷慨地款待他，并

---

① 《太平广记》卷二六六《轻薄二》"薛昭纬"，第2086页。
② 《太平广记》卷二六六《轻薄二》"王先主遭轻薄"，第2091页。

以同姓为由，希望与王枫建立亲属关系。不过，王枫看不起王珙的武人身份，因此冷淡以对。为了说服王枫接受他的建议，王珙在家中举行盛宴，在席间向王枫行礼，说道："某虽武夫，叨忝旄钺。今日多幸，获遇轩盖经过。苟不弃末宗，愿居子侄之列，即荣幸也。"王珙极尽谦卑地强调，自己虽为武人，但已担任节度使，希望王枫能考虑视自己为"子侄"辈。但是，王珙的谦卑言辞却换来王枫坚定的拒绝。王珙对此倍感愤怒，要求王枫即刻离开陕州，接着派出手下的士兵在半路上屠杀了王枫与他的所有家人。朝廷得知王枫被杀，却无力查办。[1] 王珙试图与一位名臣建立拟血缘的关系，反映出武人对自身地位的不安全感。王枫的拒斥显示，他不愿武人借结拜之名而利用自己的郡望美名，致使整个宗族蒙羞。王珙残杀王枫，正说明武人不顾一切地想获得文人的认可，一旦不遂所愿，便残酷地对待那些触怒自己的人。

不愿意屈居武人之下的文臣，唯一的脱逃办法是彻底退出政治的舞台。9 世纪后半叶，由于唐廷已被跋扈的武人节度使完全掌控，许多朝臣自行从现职中脱身，并设法远离京城。为了改变此种趋势，朱温在天祐二年（905）强迫唐廷发布诏令，要求各地节度使立即将居住在其境内的朝臣遣送至京城。[2] 但是，有些人仍旧拒绝前往，朝廷在无可奈何之下，只能将他们从官员名册中除名。[3] 因此，在 10 世纪的前半叶，武人对于政治的高度掌控，确实让部分文人不再追求仕宦生涯。[4]

但对于仍有政治野心的文人来说，投身军旅提供了另一条通向

---

① 《北梦琐言》卷九"王给事刚鲠"，第 200～201 页；《资治通鉴》卷二六一，光化元年十月，第 8519 页；《新唐书》卷一八七《王珙传》，第 5439 页。

② 《旧唐书》卷二〇下《哀帝本纪》，第 796～797 页。

③ 《旧唐书》卷二〇下《哀帝本纪》，第 798～799 页；《旧五代史》卷六〇《李敬义传》，第 807 页。

④ 参见孙国栋《唐宋之际社会门第之消融》，《新亚学报》4：1，1959，第 233～234 页。

权力的途径。例如，没能通过科举考试的谢瞳（901 年逝世），后来成为朱温麾下的一名武官。① 另一个例子是焦继勋（901~978），他在决定放弃文艺的学习，转投军旅时说："大丈夫当立功异域，取万户侯，岂能孜孜事笔砚哉？"② 显然是以东汉班超（32~102）"投笔从戎"为典范，以从军作为求取功名之途。由此可见，唐末以来的战乱，致使出任武官被视为求取权力、声望及财富的捷径。

然而，或许是因为长久存在于文人与武人间的隔阂，实际上并没有太多拥有文艺背景的人求取武职。③ 对于许多拒绝放弃固有身份和地位的文人来说，担任节度使的文职幕僚，提供了一条更好的途径去获取政治影响力。这些文职幕僚为节度使提供一系列的服务，包括文书写作、外交谈判、财政管理，有时候还插手军事谋略。文职幕僚的多样任务明显地改变了他们的生活方式，以及他们与武人的关系。这些文人经常伴随其武人上司往返于各个战场，或为了外交任务长途跋涉。他们不仅放弃了原本稳定且舒适的生活，甚至将生命暴露于敌军的威胁之下。④ 在这个时期，各种军事冲突与外交谈判变得普遍且频繁，参与其事者的风险也益发增高，以致在战斗或执行外交任务中丧生，是这类文士经常遭遇的结局。⑤ 尤有甚者，他们好斗成性的上司也很不容易讨好。

---

① 《旧五代史》卷二〇《谢瞳传》，第 269 页。

② 《宋史》卷二六一《焦继勋传》，第 9042 页。

③ 拥有文学背景的人投身军旅的事例，见《旧五代史》卷二三《刘郡传》，第 307 页；卷五九《乌震传》，第 793 页；卷九四《高汉筠传》，第 1253 页。《宋史》卷二六一《李琼传》，第 9031 页。

④ 例如，敬翔在朱温麾下服务了三十年。他总是忙于各种公务，并随同朱温四处征战，往往只能在骑马时偶尔休息，可看出担任军阀幕僚的辛苦。见《旧五代史》卷一八《敬翔传》，第 248 页。

⑤ 比方说，李存勖最倚重的一位文人幕僚王缄（918 年逝世），就因跟随李存勖作战而在战场上被杀，见《旧五代史》卷六〇《王缄传》，第 805~806 页。朱温的一位幕僚成员卢曾（903 年逝世），则在招降一名敌对节度使的外交任务中被斩首，《旧五代史》卷二四《卢曾传》，第 323~324 页。

许多武人节度使粗暴地对待他们的幕僚，往往因为小小的冒犯而进行严厉惩罚，甚至是处死他们。① 文人幕僚甚至会沦为他们上司失败政策的替罪羔羊。举例来说，当华州节度使韩建在天复元年（901）因战败向朱温投降时，朱温指控他胁迫唐昭宗的罪过。韩建为求自保，便回答说："某不识字，凡朝廷章奏、邻道书檄，皆〔李〕巨川为之。"将自己的过失全推到从事李巨川（901年逝世）的身上，致使朱温处死李巨川，却赦免了韩建。②

与一般文官相比，节度使幕僚的一个特色是参与军务。为了迎合上司的需求，担任节度使幕僚的文人往往积极介入军事事务，并娴熟于军事策略及战斗技巧，这些事务都是他们的前辈设法逃避的。③通过这样的军事参与，这些10世纪的文人幕僚较为接近唐代前期文武合一的理想。尽管如此，时空环境的差异仍很明显。有别于7世纪曾统率大军的文臣，10世纪的文人鲜少真正在战场上担任军队的统帅，他们对军事力量的掌控也不能长期延续。④ 少数能参军事事务的文人幕僚，所扮演的角色多半局限于提供建议，这

---

① 清代史家赵翼（1727～1814）搜集了很多武人节度使虐待其文人幕僚的事例，见（清）赵翼著，王树民校证，《廿二史札记校证》（订补本）卷二二"五代幕僚之祸"，中华书局，1984，第469～470页。

② 《北梦琐言》卷一五"韩建卖李巨川"，第292～293页；《旧五代史》卷一五《韩建传》，第205页。

③ 例如：敬翔与桑维翰以他们的战略才能著称，并在后梁与后晋王朝的建立上扮演着重要的角色，见《旧五代史》卷一八《敬翔传》，第247～248页；《资治通鉴》卷二八〇，天福元年五月，第9143页；《资治通鉴》卷二八一，天福二年六月，第9176页。文人精于战技的一个例子是和凝（898～955）。在考取进士后，他担任武将贺瑰（858～919）的幕僚。擅长射箭的和凝，曾经射杀一名敌军，拯救了他上司的性命，见《旧五代史》卷一二七《和凝传》，第1671～1672页。另一个例子是后晋的刘熙古（903～976），见《宋史》卷二六三《刘熙古传》，第9100页。

④ 任圜可能是唯一的例外。龙德二年（922），他担任昭义节度使李嗣昭（922年逝世）的观察支使。在李嗣昭战殁沙场之后，任圜代替他指挥军队，完成原先被交付的任务。天成元年（926），任圜指挥的军队迅速镇压武将康延孝（926年逝世）所领导的叛乱，其中很大原因在于康延孝低估了任圜的军事能力，认为他只不过是个书生，见《旧五代史》卷六七《任圜传》，第894～895页。

反映了唐代灭亡以后，职业军人继续把持、垄断武力的事实。

只要他们的军阀上司成功建立了新的中央政权，这些文人幕僚的回报就会非常可观。10世纪前期的政治变迁，经常采取一个类似的模式：一位节度使推翻前中央政府，建立了自己的政权，接着将自己的节度使府幕僚置于新政府中的最高层。① 后梁的敬翔、后晋的桑维翰、后汉的苏冯吉等人的仕宦生涯皆是如此，他们以节度使的心腹幕僚，成为掌控朝政的重臣，并凭借其权力取得庞大财富。不过，这些朝廷要员的实质影响力，使他们不可避免地卷入政治斗争，致使其政治生涯经常伴随所建立的王朝一同终结。

相对地，大多数朝廷文官的命运，依循一个完全相反的模式。10世纪的皇帝们不仅需要熟悉礼仪的文臣，也需要援引世族子弟或具有全国性声望的文人，将其政权合法化为正统王朝。这些文臣精英扮演象征性的角色，为新王朝提供一种合法性的外貌。他们与统治者的关系往往若即若离，而缺乏实际的影响力，许多文臣只拥有官衔，领取俸禄，而无实际的职掌与权力。此种与政治权力的疏离，却有助于这些文臣的地位不受某一王朝的兴衰影响，而能历仕多朝。杨凝式（873～954）的生平就是一个显著的例子。他是唐代宰相杨涉之子，在昭宗朝（888～904）考上进士，靠着家世与文学才能而拥有全国性的声望。但是，杨凝式在目睹唐朝的灭亡后，心理受到创伤，从此不再参与行政工作，也经常以怪异举止冒犯皇帝与高阶武官。然而，因为他的家世与名声，他从未受到责罚，并在唐朝灭亡后继续拥有官位，前后共历经六个不同的王朝。他最后在后周显德（954～960）年间请求

---

① 节度使府幕僚成为朝廷顶级官僚的事例，见日野開三郎《五代史の基調》，頁286－304。

退休时，已官至右仆射。① 杨凝式的例子，显示了 10 世纪武人统治者借助家世尊贵的官员之声望，而非他们的实际效劳，来巩固政权的正统性。

由于单凭家世就足以获得政治特权，这类文官通常不太有参与施政的野心。他们强调自身家世背景，轻视来自不同背景的人，借以自我标榜。出身世族的卢程（923 年去世）是一个典型。当朱温大肆整肃唐朝文官时，卢程投奔到李克用阵营。其后，李存勖任命他为节度支使，但他却缺乏办事的能力。

> 庄宗尝于帐中召〔卢〕程草奏，程曰："叨忝成名，不闲笔砚。"由是文翰之选，不及于程。时张承业专制河东留守事，人皆敬惮。旧例支使监诸廪出纳，程诉于承业曰："此事非仆所长，请择能者。"承业叱之曰："公称文士，即合飞文染翰，以济霸国，尝命草辞，自陈短拙，及留职务，又以为辞，公所能者何也？"程垂泣谢之。②

一位文官既不能撰写文书，又不肯处理财政事务，面对宦官张承业（846～922）严厉质疑他有何才能时，卢程只能流泪道歉，等于承认自己一无所能。不过，尽管无法做出实质性贡献，卢程仍具有追求高阶职位的野心。他经常在其同僚或下属面前表现得极为高傲，浮夸地炫耀自己的家世，以求升迁。李存勖在同光元年（923）自立为帝，作为一位"复兴"唐室的统治者，他需要一位出身尊贵的文臣出任宰相，以实现唐室重建的口号。由于没有其他适合的人选，即使李存勖并不看重卢程，仍任命他担任宰相。③

---

① 《旧五代史》卷一二八《杨凝式传》，第 1683～1685 页。
② 《旧五代史》卷六七《卢程传》，第 887 页。
③ 《旧五代史》卷六七《卢程传》，第 887～888 页。

卢程与杨凝式的例子，反映了 10 世纪短命王朝的行政管理问题。许多皇帝有武人背景，使他们欠缺足够的知识去择取素质良好的官员；他们只能指派具备良好家世或名声的人出任高位，让他们的王朝看起来很"正统"。专注于军事事务的皇帝们，很少真正关切这些官僚在行政管理中的实际作用。只要这些文臣实现了他们有名无实的功用，皇帝们就不会吝于授予官衔。因此，尽管每个王朝都带了一些新面孔进入政府，中央官僚集团的延续仍是这些短命王朝一大特色，这些朝臣普遍悠游自在地供职于多个王朝。①

以这样的方式，这些文臣精英得以自绝于诡谲的权力斗争之外，而这正是武臣再熟悉不过的。他们有些人受到普遍的尊敬，连军事将领也罕能匹敌。冯道（882~954）的生涯提供了一个例子。冯道以坚守儒家原则及具有文学素养闻名，从后唐开始他的文官仕途。称许冯道为"真士大夫"的李嗣源，指派他为宰相。②在此之后，冯道往返于最高级的朝廷职位以及地方节度使之间，即使政局几度纷乱，却能始终保有官位。冯道的崇高声望甚至传播至中原王朝之外，当他在天福二年（937）作为晋的使臣，前往契丹朝廷时，契丹皇帝打算离开宫殿，亲自在城郊迎接冯道，以示尊敬。③后汉乾祐三年（950），当大将郭威（904~954）占据了首都，杀死后汉隐帝（931~951，948~951 年在位）时，他仍向官居太师的冯道行礼，承认他在政府中的崇高地位，而冯道

① 毛汉光曾经分析两百四十六位身处唐宋之间的文臣传记，发现有 86.6% 的人任职二朝以上，2.8% 的人甚至任职六朝，另有 8.5% 的人任职五朝。见毛汉光《中国中古政治史论》第八篇 "五代之政治延续与政权转移"，第 407~410 页。
② 《旧五代史》卷一二六《冯道传》，第 1655~1657 页。
③ 《旧五代史》卷一二六《冯道传》，第 1658 页。这个念头最后被契丹官员所劝阻，因为皇帝至郊外迎接臣子，将会违背礼节。

也像平时那样接受了他的致敬。① 接着，郭威派遣冯道至徐州迎接刚被指定继承皇位的刘赟（951年逝世）入京即位。不过就在刘赟抵达都城之前，郭威靠着禁军的支持公然夺取了皇位。听到郭威的举动，刘赟谴责冯道：“寡人此来，所恃者以公三十年旧相，是以不疑。”也就是说，冯道长期任官所建立的声望，具有某种公信力，致使刘赟相信郭威是真心拥戴自己即位。刘赟部将也对此大感愤怒，并怀疑冯道的忠诚，打算将他杀死。不过，刘赟阻止了他们，并说道：“勿草草，事岂出于公邪！”② 显示刘赟仍相信冯道不是有意欺骗。其后，刘赟被郭威的手下所杀，冯道则保住了他的性命与职位。这个事例显示了知名文臣的处境：他们享有地位，却缺乏实权；当政治冲突发生时，他们也因此得以保持中立，不受任何一方的责难。相较于武将们的生命总会受到敌对政治势力的威胁，部分文臣却享受着游赏、饮酒及作诗等惬意生活。③ 后周朝的中书舍人窦俨（919~960）曾上书世宗（921~959，954~959年在位），批评这些高官。

　　　自有唐之末，轻用名器，始为辅弼，即兼三公、仆射之官。故其未得之也，则以趋竞为心；既得之也，则以容默为事。但思解密勿之务，守崇重之官，逍遥林亭，保安宗族。④

---

① 《五代史阙文》，《周史·周太祖冯道》，第2458页。冯道的官衔是太师，乃官僚体系中的最高品秩，故郭威仍向他行礼。

② 《新五代史》卷一八《刘赟传》，第194页。

③ 一个例子发生在后晋时，三位高阶文臣卢詹、卢质和卢重皆居住于洛阳，经常一同游山玩水，以饮酒为乐，当时号为“三卢会”。见《旧五代史》卷九三《卢詹传》，第1231页。

④ 《册府元龟》卷四七六《台省部·奏议》，第5688页，参见《资治通鉴》卷二九三，显德四年九月，第9571页。这类只知追求高位，却无力处理朝政的宰相可以后唐的三位宰相马胤孙（953年逝世）、李愚与姚顗（866~940）为例，参见《新五代史》卷五五《马胤孙传》，第629~630页；卷五四《李愚传》，第621~622页；卷五五《姚顗传》，第630~631页。

认为从唐末起，中央政府对高阶文官的任命就不够慎重，部分官员取得高位后却不想参与决策，只想凭借崇高的地位，使自己和家人享受舒适的生活。

尽管仍有部分朝臣尝试恢复文官的实质影响力，但面临严重的阻碍。10 世纪前期的各个王朝，在权力运作上具有浓厚的私人色彩：皇帝并不尊重官僚体制，而将实际权力交给原有的节度使府幕僚，或自己的亲属，致使与皇帝缺乏私人联结的官员，很难取得实质影响力。尤有甚者，中央文官的政治权力，还受到武人与吏职出身官员的牵制；前者几乎掌控了地方政府与军队的要职，后者则把持财政事务的运作。相对于文士的文学与经学素养，出身吏职的官员精于财政、算学与技术性事务；作为财政"专家"，他们往往轻视文士。出身吏职，在后汉时担任三司使、同平章事的王章曾批评文臣："此等若与一把算子，未知颠倒，何益于事！"① 认为文官连算盘都不会用，实无益于国家大事。这样的评论展现了吏职出身官员对文士的轻蔑。

在一个缺乏强有力中央权威的时代，朝廷主要考量的是政权的延续，军事力量与财政支持因而至关重要。文人既然无法掌控这两个领域，其政治影响力自然严重减弱。后唐末帝李从珂（885~937，934~937 年在位）曾在清泰二年（935）责备他的高级官僚无法提供任何有价值的建议。宰相卢文纪（876~951）则回应道："臣等谬处台衡，奉行制敕。但缘事理，互有区分，军戎不在于职司，钱谷非关于局分，苟陈异见，即类侵官。"② 可见由于军务、财政都不在宰相的职务范围内，因此他们能提供建议的领域相当有限。卢文纪的话显示了高阶文官的尴尬处境：他们

---

① 《旧五代史》卷一〇七《王章传》，第 1410 页。
② 《旧五代史》卷四七《唐书二三·末帝纪中》，第 650~652 页。

在名义上是官僚群的领袖，事实上在皇帝最为关切的军队与财赋方面却毫无置喙的余地。

为了掌握实际的权力，许多 10 世纪的文人精英对于与军事相关的职务，有了异于以往的认知。不同于许多 9 世纪的文官不愿到地方任职，此时期的文臣开始认为离开京城，去担任节度使是一种殊荣。当卢质（867~942）在天成元年（926）自翰林学士承旨转任为同州节度使时，他的文臣同侪都视此任命为罕见的殊荣。显然，在那个时代，文人在朝中担任"学士"是很平常的事，朝中文臣转任"节度使"却是至为难得。宰相冯道特别赋诗一首，以纪念此事，其中两句是："视草北来唐学士，拥旄西去汉将军。"[1] 冯道在诗中把"将军"与"学士"对举，显示他认为这两个职务的地位可以相互比拟，这样的看法恐怕是 8、9 世纪的文官所不能想象的。

相较于 9 世纪那些珍视翰林学士职位，而视"将军"为一种污名而唯恐避之不及的官僚，10 世纪前半叶文臣对于军事工作态度有了戏剧性的转变。导致改变的主因是现实上的考量：掌控军队是通向权力之路。在 9 世纪，许多广泛涉入朝廷决策的翰林学士随后升任宰相。[2] 唐亡以后，重大的朝廷决策主要由枢密使决定，翰林学士的重要性因而衰落。相较之下，与军事权力相关的职位，例如节度使，影响力则大为增加，且鲜少授予文臣。理所当然地，官僚们也不再认为翰林学士要比在地方上担任节度使更优越。然而，只有极少数的职业文官僚能够担任节度使，且任期都很短，文官因而不可能在军事领域与武将

---

① 《旧五代史》卷九三《卢质传》，第 1228 页。同州接近西汉首都长安，因此冯道用"汉"这个字来代指同州。

② 翰林学士在唐代朝廷扮演的重要角色，见陈寅恪《唐代政治史述论稿》，第 21~23 页。

竞争。①

由于许多缺乏实际功用的文官，在王朝转换之际毫无羞耻地改变效忠对象，伤害了文官原有的崇高道德形象。10世纪的文官常被认为软弱胆小，缺乏掌理国政的雄心与能力。就像武官李业（950年逝世）对后汉隐帝刘承祐（931~951，948~951年在位）所说："先帝尝言，朝廷大事不可谋及书生，懦怯误人。"② "书生"一词，成为当时批判文人软弱无能的常用语，也反映在一位文臣附加在其上书末尾的自谦词中："臣书生也，不足以讲大事，至于不达大体，不合机变，望陛下宽之。"③ 尽管这些文字是撰写奏书时例行性的谦词，但仍反映当时认为"书生"缺乏能力是普遍的想法。文臣怯懦无能成为当时人们的普遍看法，且往往不将他们视为政权的可能威胁。后晋开运二年（945），枢密使冯玉（952年逝世）解除了桑维翰（899~947）的宰相职位，但他并没有依循传统，派遣桑维翰到地方上担任节度使。有位官员询问他何以做此决定，冯玉回答道："恐其反耳。"对方则笑说："儒生安能反！"④ 冯玉认为桑维翰可能谋反的想法被视为荒谬，因为"造反"一事已被认为超出了文臣的能力范围。

身处如此不利的环境，多数文臣远离军事与财政事务，不过他们依旧相信自身在政府中的作用，此种自信来自保持文治传统的延续。其中一个例子是冯道，每当皇帝询问他有关军务的意见时，他从来不提出实质性的意见。在他心中，他的政治角色与文

---

① 在10世纪前半叶，绝大多数能够出任节度使的文官都是由宰相转任。指派前任宰相为节度使，是唐代以来的传统，表示朝廷礼重这些曾居相位的官员。因此，宰相冯道、赵凤（935年逝世）、桑维翰都曾被任命为节度使职。不过相较于武官，他们出任节度使的时间很短。分见《旧五代史》卷一二六《冯道传》，第1658~59页；卷六七《李愚传》，第890页；卷八九《桑维翰传》，第1163页。

② 《资治通鉴》卷二八九，乾祐三年十一月，第9431页。

③ 《旧五代史》卷一二八《王朴传》，第1681页。

④ 《资治通鉴》卷二八五，开运二年十二月，第9301页。

职事务相关，而非军事。他向后晋皇帝石敬瑭（892～942，936～942 年在位）陈述自己的职责时说："臣本自书生，为陛下在中书，守历代成规，不敢有一毫之失也。"[1] 冯道保存传统体制的想法，代表着多数文臣在 10 世纪前半叶所做的努力。一些君王也有类似的想法，并对文人有所期待。后唐皇帝李嗣源曾经说："儒者所以隆孝悌而敦风俗"。[2] 李嗣源显然认为文臣精英的角色与维系传统道德有关。尽管文臣恢复传统的努力经常被批评为不切实际与迂腐，[3] 但他们仍坚持建立理想。在一个不安定的政治环境里，文士作为文化传统中介者的重要性受到质疑。但是，文人精英对理想的坚持，正是文化传统的唯一避风港。通过 10 世纪文士的努力，儒家文化与官僚传统才得以在政治动荡的浪潮中继续维持。

## 文治传统的延续

唐乾符二年（875）以后，由于中央权威的式微及军事强人的扩权，政府的正常运作被严重干扰。绝大多数收藏在长安的档案与书籍在动乱中遭到毁坏，经验老到的官员也在由唐入梁的政权移换中丧命，以至于到了 10 世纪前期，关于唐代传统的可信资料严重短缺，进一步导致礼仪与政治运作经常违背了传统的规范。尤有甚者，君王对于文职管理的关注有限，及藩镇的跋扈，使得重建一个有效率的官僚政府成为极其困难之事。但是，尽管身处如此艰困的环境中，部分文臣仍旧试着维护儒家传统与唐代的政治惯例。后唐明宗长兴二年（931），在宰相李愚（935 年逝世）的建议下，明宗（867～933，926～933 年在位）要求各级政

---

① 《旧五代史》卷一二六《冯道传》，第 1659 页。
② 《新五代史》卷五五《刘岳传》，第 632 页。
③ 《新五代史》卷五四《李愚传》，第 622 页。

府依照唐代的律令规定，恢复固有的职掌。

> 令百司各于其间录出本局公事，巨细一一抄写，不得漏落纤毫，集成卷轴，仍粉壁书在公厅。若未有廨署者，文书委官司主掌，仍每有新授官到，令自写录一本披寻。或因顾问之时，应对须知次第，无容旷阙。每在执行，使庶僚则守法奉公，宰臣则提纲振领，必当彝伦攸叙。……限两月内钞录及粉壁书写须毕。①

这是唐室中衰后，首次出现系统性恢复唐代制度的设想。通过将每个政府部门的相关规定执掌书写于官厅的墙上，朝廷希望每位官员熟悉执行其职务的正确程序与内容。但是，诏令颁布的两年后，明宗辞世，后唐政治陷入动荡不安，此一改革也就难有成效。一些朝廷仪式与行政程序依然违背传统，在明宗朝之后不断引发官员的谴责。② 在后唐灭亡后，恢复旧制度的尝试仍间歇性地出现。例如，后晋天福五年（940），一度废除翰林学士院，遵循《唐六典》的记载，将其职权移转回中书舍人之手。依照朝廷诏令所言，此一改变的动机是："今运属兴王，事从师古，俾仍旧贯，以耀前规。"③ 借恢复中书舍人原有职权的机会，朝廷想要宣示遵循古制的意向。

与维持文治传统密切相关的是历史记录的保存。每当朝代转换之时，保存前代的记录不仅是政府的例行工作，也是任何时代文人的重要任务。当朱温建立后梁，新建立的政府即着手编纂唐

---

① 《旧五代史》卷一四九《职官志》，第 2007 页；《新五代史》卷五四《李愚传》，第 622 页。

② 关于这些批评，见《旧五代史》卷一四九《职官志》，第 1992 页；《新五代史》卷五五《刘昫传》、《马胤孙传》，第 626、629 页。

③ 《旧五代史》卷一四九《职官志》，第 1991 页。

代历史，以及有关本朝的记录。朱温过世后，他最倚重的心腹敬翔接到命令，要他撰写一部完整记录朱温如何扩张势力，至其最终取唐而代之的编年史。[①] 由于唐政府收藏的书籍与档案多数已亡佚，后梁朝廷尝试从民间取得资料。即使军事危机一直延续，后梁政府修史的努力也并没有受到影响。当末帝龙德元年（921）二月，梁军正与李存勖的部队沿着黄河激战，梁廷依旧发布敕命，鼓励官员、士人上呈有关其祖先的传记至史馆，以协助编纂有唐一代的历史。[②] 类似的修史努力，在其后的政权也持续进行。官修的唐代历史最终在后晋开运二年（945）完成。在修撰前代历史的同时，本朝的历史则以皇帝为主体，将其在位期间的重要事件，以编年的方式整理成《实录》而保存下来。[③]

另一个与文治传统延续密切相关的事项是学校教育。在唐代，由于教育百姓被认为是政府的重要责任，除了在京城设置太学等官学外，各地州县曾广泛置学，并以国子监统筹教育事务。[④] 当中央权威在 9 世纪晚期逐渐式微时，官学系统随之失去功能。直至天成三年（928），后唐朝廷指派宰臣兼掌管国子监事务，国子监的功能才被重新恢复。[⑤] 后唐在都城重新建起三间官学，招收二百位学生。与唐代的学生数额相比，只恢复了一小部分，但已是重要的开始。[⑥] 可惜的是，这些恢复官学的努力仅是昙花一现，没有任何记录可以证明官学在后晋与后汉仍在运作。不过，

---

① 《旧五代史》卷一八《敬翔传》，第 250 页；（宋）陈振孙：《直斋书录解题》卷五《杂史类》"朱梁兴创遗编二十卷"条，上海古籍出版社，1987，第 148 页。

② 《旧五代史》卷一〇《梁书十·末帝纪下》，第 145～146 页。

③ 关于五代时期修史的成果，见《五代会要》卷一八，第 293～305 页。

④ 关于唐代官学体系的讨论，见 David McMullen, *State and Scholars in T'ang China* (Cambridge：Cambridge University Press, 1988)，pp. 35–43；高明士：《唐代东亚教育圈的形成——东亚世界形成史的一侧面》，"国立"编译馆中华丛书编审委员会，1984，第 174～84 页。

⑤ 《五代会要》卷一六《国子监》，第 274～276 页。

⑥ 高明士：《五代的教育》，《大陆杂志》43：6，1971，第 25、28 页。

尽管重建官学的成效相当有限，国子监执行的另一项工作却有效地促进了 10 世纪儒家教育的发展。长庆三年（932），遵循宰相冯道及李愚提议，国子监开始雕版印制九经，并计划将之贩售给百姓。天福八年（943），九经中的五部印刷出版；至广顺三年（953），整项计划完成。九经印制的工作跨越了二十二个年头及四个不同的朝代，体现了五代时期文官无视朝代更迭频繁，仍持续为维系文教做出贡献。儒家经典刊印，使学生更易于获取书籍，帮助儒家学术向更为广泛的读者群传布。① 因此，尽管官学教育在五代步履蹒跚，私人教育仍得以持续发展。

对于研习儒学的士子，科举考试为他们提供获得政治权力与社会地位的途径。依循唐代的传统，10 世纪前半叶的王朝每年举办考试，进用文官。② 即便在通过考试以前，参与科考的士子也受到官员们的敬重。例如，在后唐同光年间，中进士的桑维翰就是得到张全义的帮助。张全义是武人出身的高官，当时受封为齐王，担任河南尹，桑维翰的父亲桑拱则在其辖下担任客将。当张全义得知桑维翰将应举时，感到很高兴。

> 齐王曰："有男应举，好事，将卷轴来，可教秀才来。"桑相［桑维翰］之父趋下再拜。既归，令子侵早投书启，献文字数轴。王令请桑秀才，父教之趋阶，王曰："不可，既应举，便是贡士，可归客司。"谓魏公父曰："他道路不同，莫管他。"终以客礼见之。王一见甚奇之，礼遇颇厚。是年，王力言于当时儒臣，且推荐之，由是擢上第。③

---

① 关于国子监出版九经的详细讨论，参见高明士《五代的教育》，第 24～25 页。
② 有关 10 世纪前期科举考试的细节，见郑学檬《五代十国史研究》，上海人民出版社，1991，第 85～87、89～95 页。
③ 《洛阳搢绅旧闻记》卷二，第 3 页。

尽管自己是武人出身，张全义对将要应举的桑维翰给予特别礼遇，特别以客礼相见，并大力推荐，而使其得以中举。某些节度使不具备张全义的权势，无法直接帮助考生中举，但提供大量钱财，资助这些考生进京参与考试。①

五代时期科举考生的特殊地位也反映在他们的莽撞行为方面。每当考试结果公布时，考官往往封闭贡院大门，禁止人员出入，以防落第者抗议。② 考生胆敢公开抗议，原因在于政府不仅敬重他们，也容忍他们的失序行为。即便在后汉时期，执政官员多对文人存有恶感，但考生的抗议仍受到容忍。乾祐二年（949），曾有一位考生在贡院门外大声喧闹，激怒了宰相苏逢吉。苏逢吉下令逮捕此人，将其送至侍卫亲军马步司，要求都指挥使史弘肇加以杖责、黥面。不过，史弘肇之子史德珫提醒他："书生无礼，有府县、御史台，非军务治也。公卿如此，盖欲彰大人之过。"此番说辞促使这位考生被立即释放。③ 当时朝廷以严厉手段维持京城的秩序，犯罪者皆送至侍卫军司以军法审理，往往惨遭杀戮。④ 但是，科举考生的特殊身份却使史弘肇不敢任意以军法加以惩治，一如过去，抗议的考生得以全身而退。

由于参加考试可以带来特权与地位，对怀抱求取权势野心的人而言，研读儒经仍是通往官职与权力的重要途径。北宋太宗时代中进士的许骧（943～999）出身于一个商人家庭，他的父亲许唐在五代时至京城经商，见到科举考生时，忍不住赞叹："生子

① 例如：王易简（885～963）在后梁时从陕州至汴京应举，陕州节度使朱友诲赠予他二十万钱。见《宋史》卷二六二《王易简传》，第9064页。
② 《旧五代史》卷一二七《和凝传》，第1672页；《新五代史》卷五六《和凝传》，第639页。
③ 《旧五代史》卷一○七《史弘肇传》，第1407页；参见《资治通鉴》卷二八八，乾祐二年三月，第9408页。
④ 《旧五代史》卷一○七《史弘肇传》，第1404页；《资治通鉴》卷二八八，乾祐元年十月，第9402页。

当令如此!"遂决定耗费巨资，培养儿子从事举业。① 这则故事反映了社会上富人对于科举考生的钦羡。也因如此，参与科举的热情，虽在唐代灭亡后短暂受挫，却很快重新燃起。晚唐政治的动荡一度使得文士远离仕宦，考生的人数锐减。后梁开平四年（910），一位官员表示，他忧心考生的缺乏可能会让科举制度无以为继。② 不过，考生数量很快在后唐时代回升。③ 到了后汉乾祐二年（949），一位官员甚至抱怨参加省试的考生数量过于庞大，主张要求地方官员更加严格地筛选应举的士子。④

因此，军事力量在 875 年至 950 年的扩张，并没有毁灭中原的文治传统。官僚与文士尽管在政治上权力式微，却依旧享有声望与地位。坚守着对文治传统的信念，他们不屈不挠地试图复兴唐代的政治制度，并发展儒家教育。他们也热衷于与武人权贵合作，以求恢复文人的政治影响力，如同他们在 10 世纪 30 年代早期支持后唐明宗的儿子李从荣那样。正因如此，当 950 年以后，统治者致力于重建官僚政府及儒家帝国时，这些饱学之士已经做好了拥戴新领导者，借以终结武人统治的准备。

---

① 《宋史》卷二七七《许骧传》，第 9435~9436 页。
② 《册府元龟》卷六四一《贡举部三·条制第三》，第 7406 页。
③ 举例来说，朝廷在 927 年就因为考生数量超过预期，必须增加一名考官来处理试务，见《册府元龟》卷六四一《贡举部三·条制第三》，第 7408 页。
④ 《旧五代史》卷一四八《选举志》，第 1981 页。

# 第四章

# 文治政府的复兴（951～997）

## 统一帝国的恢复

广顺元年（951）郭威的即位开启了一个新时代。如同 10 世纪前期其他朝代的创建者，郭威在取得皇位之前，有一段长期的军旅生涯。然而，郭威的知识素养及对儒学的喜爱，却使他有别于之前的君主。尽管生长在一个贫困的家庭，且在年轻时便因犯下死罪被迫从军，郭威却在进入军队后开始读书习文。当他在乾祐元年统率后汉大军征讨抗命的藩镇时，其在军中的作为如下：

> 居常接宾客，与大将宴语，即褒衣博带；或遇巡城垒，对阵敌，幅巾短后，与众无殊。临矢石，冒锋刃，必以身先，与士伍分甘共苦。稍立功效者，厚其赐与，微有伤痍者，亲为循抚，士无贤不肖，有所陈启，温颜以接，俾尽其情。①

郭威的衣着与言行，反映了军旅生活与士人文化的结合，显示他

---

① 《旧五代史》卷一一〇《周书一·太祖纪一》，第 1448～1450 页。

试图表现自己能够兼顾文武两个领域，而非只懂得作战。郭威即位后，更力图展现对儒学的尊崇。他在广顺二年（952）抵达孔子的故乡山东曲阜，举行释奠礼。在仪式中，郭威准备下拜，随从劝阻他："仲尼，人臣也，无致拜。"郭威则回道："文宣王，百代帝王师也，得无敬乎！"因此，他以国君之尊在孔庙前行跪拜之礼。① 这是 10 世纪中原地区，第一次有皇帝亲自向孔子行释奠礼，重新宣示儒家学说作为帝王之师的权威地位。

相较于之前的短命王朝始终为各种内外军事威胁所困扰，而无力关注民政和文教，郭威的王朝拥有更为强大的军力来安定政局，使他得以对民政事务投入更多的关注。不过，后周政府享有的安定，实受益于之前四个短命王朝的努力。这些王朝尽管未能根本削弱跋扈的藩镇，但在限缩藩镇军力上获得重大进展。辖区广阔的节度使区在 10 世纪前半期一再遭到分割，以至于单一节度使不再能掌控广阔的地盘及强大的兵力。相对地，自后唐以降，朝廷持续扩大中央禁军的力量。契丹人在天福十二年（947）的短暂占据中原，更急剧削弱了各节度使的势力。契丹皇帝强迫多数后晋节度使离开辖区，前往汴梁朝觐，造成许多地区陷入无长官的状态。地方上的权力真空，使后汉王朝得以进一步扩张中央权威。② 当郭威在乾祐二年率领后汉禁军平定三位节度使的联手叛变后，权力天平向中央倾斜的态势已确立。乾祐三年（950）十一月，禁军变节投靠郭威，导致后汉隐帝的死亡与后周王朝的建立。

得到禁军支持的郭威，拥有强大武力，以致绝大多数的节度使不敢挑战郭威的篡位之举。唯有河东节度使刘崇（896~955）

---

① 《旧五代史》卷一一二《周书三·太祖纪三》，第 1482 页。
② 导致地方自立势力衰落的各种因素，见 Wang Gungwu, *The Structure of Power in North China during the Five Dynasties*, pp. 177 – 205。

为新王朝带来麻烦。刘崇是后汉隐帝刘承祐的叔父，在听闻郭威即位后，倚仗契丹的支持，宣布自己成为后汉王朝的继任者，在河东地区形成独立的政权，后世史家称为北汉。凭借契丹的军队，刘崇对后周发动数次进攻。然而，在后周广顺元年（951）惨遭郭威击败后，刘崇与契丹暂时停止行动。①

由于拥有压倒性的武力，郭威得以信心满满地将原有的后汉各节度使调离职位。广顺元年八月，朝廷下诏要求十二位节度使同时进行轮调，没有一位节度使敢抗命。② 此事显示了朝廷已有效地控制了地方行政。在广顺二年（952）五月，郭威亲自统兵平定了山东地区节度使慕容彦超（952 年逝世）的叛变后，自唐末以来即不断上演的藩镇反抗中央事件，终于在中原地区暂时销声匿迹。③ 这使郭威有多余心力进行内政的改革。

为了革除后汉的政治弊端，郭威很快地废除原有的残酷律法，并减轻百姓的赋税。④ 遵循儒家传统的郭威，在宫廷中树立起一种俭朴的生活风格，并禁止各地官员向宫中进献奢侈品。⑤ 郭威对于儒学的敬重，也使得文官的影响力有所扩张。宰相范质（911～964）与李穀（906～960）都是进士出身，并在朝政运作中担任要角。⑥ 郭威也致力于重整一度陷入失序状态的行政体系。例如，在后汉时期，州级地方长官依其任职地区的不同，所得的薪俸和其他待遇并不一致，以致在任命或迁转上产生许多争议。

---

① 《资治通鉴》卷二九〇，广顺元年十二月，第 9470 页。
② 《旧五代史》卷一一一《周书二·太祖纪二》，第 1474 页。
③ 《旧五代史》卷一一二《周书三·太祖纪三》，第 1479～1481 页；《资治通鉴》卷二九〇，第 9477～9478 页。
④ 《旧五代史》卷一一〇《周书一·太祖纪一》，第 1459～1460 页。
⑤ 《册府元龟》卷五六《帝王部·节俭》，第 18～19 页。
⑥ 《资治通鉴》卷二九〇，广顺元年六月，第 9461 页；卷二九一，广顺二年十月，第 9485 页。范质与李穀的传记，见《宋史》卷二四九《范质传》，第 8793～8796 页；卷二六二《李穀传》，第 9051～9056 页。

郭威下令依照官位品秩，将州级长官分为防御使、团练使和刺史三级，官位相同者享受一致的薪俸、待遇。① 这项改革恢复了官员品秩在唐代原有的功能，可以看出郭威恢复唐代行政传统的意图。

　　然而，尽管郭威削弱了各地节度使的势力，在恢复政局稳定方面取得重大的进展，但禁军的效忠与否仍是危害政治秩序的潜在威胁。郭威即位后，先后派王峻（953 年逝世）与王殷（953 年逝世）来掌管禁军。两人过去是郭威倚重的部属，也是协助他即位的主要共谋者。但是，王峻与王殷掌权后却变得专擅跋扈。很快地，他们的专横导致郭威及朝臣将其视为严重的威胁。953 年，他们接连被罢黜和处死。② 不过，尽管郭威尽力将可能的威胁者解除职位，当他在显德元年（954）正月病危之际，禁军中仍充斥各种流言，一些士兵抱怨犒赏不足，意图共谋反叛。郭威得知传言，召集禁军将领，斥责他们的玩忽职守。随后，抱怨的士兵皆遭逮捕处死，骚动才得以平息。③

　　郭威在骚乱平息后不久去世，由其养子柴荣（954～959 年在位）继位。新皇帝旋即面临了一个严峻的挑战。北汉国君刘崇认为柴荣是个经验不足的统治者，因而与契丹联手入侵。柴荣不顾高层文官反对，决定亲自指挥禁军抵御入侵。显德元年三月，双方在高平进行会战。作战一开始，后周军的东厢指挥官樊爱能（954 年逝世）与何徽（954 年逝世），便率领数千名骑兵自战场上撤离，将一千多名步卒留在战场，致使他们集体向北汉投降。为了扭转战局，柴荣亲率卫队投入战场。受此激励，后周军的主力奋勇进击，几乎将北汉军与变节的北周步卒全部歼灭。目睹北

---

① 《旧五代史》卷一一一《周书二·太祖纪二》，第 1472 页。
② 《旧五代史》卷一二四《王殷传》，第 1626～1627 页；卷一三〇《王峻传》，第 1712～1715 页。
③ 《资治通鉴》卷二九一，显德元年正月，第 9499 页。

汉军的惨败，契丹将领也率兵撤退。[1] 听闻柴荣获此大捷，何徽与樊爱能带着他们的军队返回后周的阵营。为了严惩叛逃，柴荣下令将何徽、樊爱能及七十几位将校全部处死。[2]

后周军队在高平之战中的叛逃，再次凸显皇帝与禁军之间主从关系的不稳。自后唐 (923~936) 以降，皇位的转移大抵依循着一个相似的模式：当一位才能、声望出众的武将与皇帝争夺权位时，绝大多数对皇帝领导能力没有信心的士兵选择变节。此种模式在之前的三场政权转移中一再上演：李嗣源在天成元年 (926) 推翻李存勖，李从珂在清泰元年 (934) 取代李从厚，以及郭威在乾祐三年 (950) 杀害刘承祐。在这三次皇位交替中，禁军都扮演着决定性的角色。禁军将士为了自身权势与利益，支持颇有声望的资深将领，推翻较为年轻且不得军心的皇帝。后周禁军仍抱持着类似的态度，当他们得知郭威即将过世时，普遍存在着一种不安全感。由于缺乏一位足以信赖的领导者，禁军对后周政权的忠诚度可以说是很低的。

柴荣显然了解他在军功上的欠缺会影响军队的效忠，因而坚持亲自指挥对北汉的作战。事实上，他的忧虑很快成为事实。由于对经验不足的新皇帝没有信心，何徽与樊爱能带兵退出了战场，意图等待胜负分晓后再决定效忠的对象。柴荣决定性的胜利证明了他的军事才能，因此何、樊二人重新回归后周，期待能像之前许多的抗命将领那样得到宽宥。然而，对于柴荣而言，对北汉军队的胜利，已在下属面前证明自己是可信赖的领导者，进一步维系此一地位的最好办法，便是严格地执行军纪。从此之后，强硬路线便成为柴荣重整军事体系的指导原则。他裁汰禁军中的

---

[1] 有关高平之战的讨论，见 Peter Lorge, "The Entrance and Exit of the Song Founders," *Journal of Sung-Yuan Studies* 29 (1999, Albany), pp. 47 – 49。

[2] 《资治通鉴》卷二九一，显德元年三月，第 9506~9507 页。

老弱，在全国境内招募骁勇之士作为补充，尤其看重曾为盗匪者。① 通过此种方式，后周政府拥有一支强大且有纪律的军队，这不仅能防止地方官的叛变，同时使柴荣能够遂行重建统一帝国的雄心。

柴荣以唐代为典范，建立一统帝国的意志，在其即位后即已显现。当他与大臣讨论亲自抵御北汉入侵计划时，宣称自己是效法英勇的唐太宗。② 在高平大捷后，柴荣对恢复唐代的领土范围更具信心。一群由郭威留下的文臣官僚，如王溥（923~982）、王朴（915~959）及李毅，成为柴荣在决策时最主要的顾问。这显示柴荣与 10 世纪前期绝大多数皇帝的差异，后者总是将权力交给亲属或者原有幕府僚佐，导致朝廷中的多数官僚地位边缘化。柴荣对于文官的仰重，得以拔擢更多能够提供不同意见及尽心效劳的才能之士。③

柴荣的领土扩张计划根基于王朴的提案，而以南方最强大的南唐为目标。④ 显德二年（955）十一月，宰相李毅成为讨伐南唐行动的主帅。⑤ 这是自唐末宰相张濬与韦昭度在大顺元年（890）失败的军事行动后，文臣出身的官员第一次有机会主导大规模的军事行动，代表文官再度插手军务。不过，李毅的南征并不成功。显德三年（956）正月，柴荣抵达淮河，亲自督战。由于不满李毅失败的指挥及保守的战略，他随即任命武将李重进（960年逝世）取代了李毅。从显德三年至五年（956~958），柴荣持续往返于都城汴梁与淮河流域。经过两年的作战，后周占有长江

---

① 《旧五代史》卷一一四《周书五·世宗纪一》，第 1511 页；《资治通鉴》卷二九二，显德元年八月，第 9518~9519 页。
② 《旧五代史》卷一一四《周书五·世宗纪一》，第 1511 页。
③ 柴荣征求官僚提供意见的事例，见《旧五代史》卷一一五《周书六·世宗纪二》，第 1526~1528 页。
④ 王朴的计划，见《旧五代史》卷一二八《王朴传》，第 1679~1681 页。
⑤ 《旧五代史》卷一一五《周书六·世宗纪二》，第 1534 页。

以北的地区，南唐国主被迫向后周称臣，并且年年进贡。①

　　在督战之外，柴荣持续关注行政改革。柴荣的知识素养使他得以挑选素质良好的文人协助筹划。② 中央威权的巩固，更有助于他推行全国性的改革。显德五年（958），柴荣派遣了三十四位官员至全国各地，重新厘定田租帐籍。③ 通过重编赋税资料，朝廷得以有效地防范地方官员课征非法的税目；如前章所示，地方官的横征暴敛，正是 10 世纪前期的重大政治弊端。另一项重要改革是针对司法体系。后周所继承的律法存在着许多矛盾，而且是由过时词语所书写，以致执法者感到模糊难懂。为了革新律法与矫正混乱，柴荣命令官僚编纂一部新的法典。这项工作在显德五年完成，命名为《大周刑统》。新编的法典在文字上清晰简洁，对于官员及百姓来说都很容易理解。④ 也因如此，赋税与司法一直是地方政府最主要的工作，在柴荣统治的五年之间有了明显的改善。此外，柴荣也开始逐步让朝廷决定地方政府中的重要人事，剥夺节度使任命僚属的权力。当节度使失去延聘文士为其服务的特权，地方上军事要员与文人、学者间的联系即遭到切断，进而阻止他们扩张权力的可能。⑤

　　柴荣复兴文治的雄心，不限于行政层次，他对学术与礼乐仪式也极为留意。举例来说，在史书的撰述上，尽管先前的王朝努力遵循为前代政权编纂《实录》的传统，但留下的成果存在不少阙漏。如后梁末帝朱友珪、后唐末帝李从珂，都没有完整的《实录》来记录其统治过程。柴荣下令史官填补这些空白，展现了他

---

① 柴荣征讨南唐的过程，见陶懋炳《五代史略》，第 339～343 页。
② 关于柴荣的知识素养，见《新五代史》卷一二《周本纪第十二》，第 117 页。
③ 《资治通鉴》卷二九四，显德五年十月，第 9587 页。
④ 《旧五代史》卷一四七《刑法志》，第 1963～1965 页。
⑤ 鈴木隆行：《五代の文官人事政策に関する一考察》，《北大史學》24（札幌，1984），頁 32－35。

意图弥补前代学术缺失的志向。① 至于礼乐制度，更是柴荣与文官密切关注的议题。在儒家的观念中，礼乐仪式乃是理想统治者在文治上的重要成就，与国家的盛衰密切相关。唐代的礼乐制度因 9 世纪后期的战乱，遭受严重的损害，在后周以前的朝代并没有着意加以重建，以致部分保存于宫中的乐器已经无人知道该如何演奏。② 柴荣有感于礼乐制度的衰败，多次要求文臣讨论仪式的执行细节，以确保符合儒家传统精神。③ 显德五年（958）年底，经由翰林学士窦俨的提议，柴荣下令编纂《大周通礼》与《大周正乐》，两部书分别搜集礼制与乐制的规章，从传说中的五帝时期开始，按朝代次序加以整理，一直至后周。④ 这些作为显示柴荣企图重建由文人主导的政府，并再次以儒学作为统治的核心原则，只是此一雄心最终因他的突然病逝而未能实现。

柴荣生命的最后半年耗费在讨征契丹的作战上。当后周大军全力攻击淮南地区时，契丹乘虚入侵北部边界。为了还以颜色，柴荣在显德五年五月派军攻打契丹，并决定在显德六年（959）三月亲自指挥大规模的北伐行动。后周大军很快就攻占了瀛州、易州和莫州，几乎没有遭遇任何抵抗。不过，柴荣突然身染重病，致使部队无法继续前进。⑤ 柴荣被迫在五月回到都城，一个月后辞世，皇位由他七岁的儿子柴宗训（953~973）继承。⑥

柴荣的骤逝导致后周王朝的终结。由于过于年幼，柴宗训无法掌控他父亲所建立的强大军队。显德七年（960）正月，朝廷

---

① 《五代会要》卷一八《修国史》，第 232 页。
② 《旧五代史》卷一四四《乐志上》，第 1923 页。
③ 《旧五代史》卷一四二《礼志上》，1905~1906 页；卷一四三《礼志下》，第 1911~1913 页。
④ 《旧五代史》卷一四五《乐志下》，第 1936~1937 页；卷一一八《周书九·世宗纪五》，第 1576 页。
⑤ 陶懋炳：《五代史略》，第 344~345 页。
⑥ 《资治通鉴》卷二九四，显德六年六月，第 9602 页。

接到了契丹与北汉联手进犯河北的报告，宰相们决定派遣大将赵匡胤（927~976）为主帅，率领禁军北上抵御。依循 10 世纪前期的多次先例，禁军转而支持杰出的将领而舍弃年幼的皇帝。当赵匡胤率军离开汴京时，士兵们发动了兵变，拥立赵匡胤为皇帝，并立即回师汴京。赵匡胤在京城的支持者打开城门，而城中驻军与官员几乎没有进行任何抵抗。年幼的皇帝被迫让位，赵匡胤建立了宋朝，成为太祖皇帝（960~976 年在位）。

禁军叛变的主要原因，是幼主即位所导致的权力真空，这与十年前的状况极为相似。尽管柴荣成功地扩展了他的疆域及中央权威，但他在位时期过于短暂，不足以建立稳定的传统。后周朝廷对于北汉与契丹的威胁并非毫无知觉，只是年幼的皇帝没有能力得到后周军队的效忠。为了保障自身的未来，禁军主动集结至具有崇高声望及非凡魅力的将领身旁。赵匡胤靠着他的军事功绩及在军人社群中的人际网络，赢得了禁军将士的支持。赵匡胤的父亲赵弘殷，自后唐以降长期在禁军供职。赵匡胤在后汉时加入禁军，并因高平战役中英勇的表现，成为柴荣最倚赖的一员武将，随后与父亲一同在征讨南唐的战役中扮演着重要的角色。当赵匡胤因为军事成就而一再受到拔擢时，也与其他禁军高级将领建立起紧密关系，甚至结拜为义兄弟。通过与这些人的合作，他得以在禁军中建立自己的势力。① 一旦赵匡胤得到了禁军的普遍支持，朝廷中的高层文官也就无法与他抗衡。面对武力的直接威胁，文臣新近得到的政治权威仍是不堪一击。宰相们只能感慨派任赵匡胤作为主帅的决定失当，并心不甘情不愿地接受此一结果。② 效忠于后周政权的节度使同样无力扭转大局，只有两位敢反对赵匡胤

---

① 有关赵匡胤所以能够赢得禁军支持之因素的讨论，见蒋复璁《宋代一个国策的检讨》，收入氏著《宋史新探》，正中书局，1966，第 24~26 页。

② （宋）李焘：《续资治通鉴长编》卷一，建隆元年正月，中华书局，2004，第 3~4 页。

称帝。①

　　第一场叛乱发生在建隆元年（960）四月，由潞泽节度使李筠（960 年逝世）发动。李筠的辖区紧邻北汉，他的叛变为北汉南进提供了大好机会。李筠与北汉结盟，企图进犯宋的都城汴梁。赵匡胤亲自率领讨伐军迎战，仅花了两个月的时间即击溃叛军，李筠兵败自杀。九月，另一场叛乱在南部的扬州爆发，由节度使李重进发起。在没有任何外援的情况下，李重进的微弱兵力其实不足以对赵匡胤构成威胁。不过，为了展现他的军事才能，赵匡胤再次亲赴战场。事实上，在赵匡胤到达扬州之前，先锋部队即已扑灭李重进的反抗，不过仍等到皇帝在十一月抵达之后，才正式占领这座城市。两场叛乱都仅维持两个月，说明了朝廷握有压倒性兵力。对于新皇帝来说，这两场短命的叛乱正好为他提供展现军事能力的机会。②

　　尽管赵匡胤终结了柴荣的朝代，但他几乎在各个层面都继承了柴荣的政策。因此，宋代的成就是在后周的基础上继续发展而成。如同柴荣，赵匡胤即位后的首要工作是强化他对禁军的控制，因为禁军武力实为其皇权的基础。即位后不久，赵匡胤将支持自己的禁军将领擢升至高位，但实际上则筹划以较为资浅的将领取代这些宿将的职位。在建隆二年（961）下半年，赵匡胤陆续凭借提供金钱赏赐、地方官职，以及与皇室联姻等手段，说服禁军的高级将领卸除兵权。③ 在有效地控制了军队后，赵匡胤得

---

① 例如，成德节度使郭崇认为赵匡胤的篡位是件让人哀伤之事，然而他不敢公然造反。见《续资治通鉴长编》卷一，建隆元年七月，第 19 页。

② 柳立言：《从御驾亲征看宋太祖的创业与转型》，收入《庆祝邓广铭教授九十华诞论文集》，河北教育出版社，1999，第 151～156 页。

③ 有关赵匡胤剥夺禁军将领兵权的过程，参见聂崇岐《论宋太祖收兵权》，收入氏著《宋史丛考》，中华书局，1979，第 263～271 页；关于这个议题晚近的讨论，见徐规、方建新《杯酒释兵权说献疑》，《文史》第 14 辑，1982，第 113～116 页；柳立言：《杯酒释兵权新说质疑》，《大陆杂志》80：6，1990，第 25～33 页；徐规：《再论"杯酒释兵权"——兼答柳立言先生》，收入《第二届宋史学术研讨会论文集》，中国文化大学，1996，第 401～413 页。

以信心满满地继续柴荣的未竟宏图，以武力统一全国。

在所有的独立政权中，北汉是赵宋最主要的威胁。位处河东的北汉距离宋的都城不远，又得到契丹支持。在镇压李筠之乱后，宋太祖打算立即向河东进兵。不过，他的谋士全都反对在没有充分准备下贸然行事。[①] 在大将张永德（928～1000）建议下，太祖命令边将持续骚扰北汉领土，以争取充裕时间，筹备大规模进击。[②] 与此同时，太祖派兵征服地处南方的几个弱小政权。建隆三年（962）后半年，割据湖南的周氏政权发生内乱，太祖趁机进攻湖南及邻近的荆南政权。经过几次零星的战斗，宋朝在乾德元年（963）三月征服了这两个政权。[③] 乾德三年（965）年初，太祖又迅速地赢得一场胜利，宋军仅花了六十六天便征服了占有四川的后蜀。[④]

等到开宝元年（968）七月，北汉国主刘承钧去世，宋太祖相信灭亡北汉的时机业已到来，遂立即派军攻打北汉都城晋阳，但契丹南下支援的部队在同年十一月击退宋军。为攻下晋阳，太祖于开宝二年年初进行全国性的军队与物资动员，亲自指挥大规模围城战。[⑤] 宋军围攻晋阳超过百日，血腥的战斗给双方都带来了重大伤亡，传染病的流行更增添了宋军的苦难。至闰五月，契丹援军突破宋军封锁，逼近晋阳城下；为避免陷入内外夹攻的困

---

① 参见梁伟基《先南征后北征：宋初统一全国的唯一战略（960—976）?》，《中国文化研究所学报》新刊号第 8 期，1999，第 81～82 页。

② 关于张永德的意见，见《续资治通鉴长编》卷一，建隆元年八月，第 21 页。在赵匡胤在位时期，宋军几乎年年攻打北汉，但规模大小不一，见梁伟基《先南征后北征：宋初统一全国的唯一战略（960—976）?》，第 93～100 页。

③ Edmund H. Worthy, "The Founding of Sung China, 950 – 1000: Integrative Changes in Military and Political Institutions," ( Ph. D. dissertation, Princeton University, 1976), pp. 46 – 49.

④ Edmund H. Worthy, "The Founding of Sung China, 950 – 1000: Integrative Changes in Military and Political Institutions," pp. 50 – 53.

⑤ 《续资治通鉴长编》卷一〇，开宝二年正月，第 216 页。

境，宋军仓促撤退，留下大量军需物资让敌军取用。①

对北汉作战的失败，促使太祖将征讨目标移转至位处南方的大国：南汉与南唐。② 与南汉的作战，始于开宝三年（970）九月，五个月后，宋军成功地迫使他们投降。对南唐的征讨始于开宝三年（970）十月，太祖命令宋军不要迅速进攻，使得战事拖延较久；但太祖耐心地等待南唐国君投降，也使得富庶的江南地区较少受到战争的破坏。开宝八年（975）十一月，南唐军队终于停止抵抗。③ 宋朝文官将南唐的归附视为极大的成就，建议太祖接受"一统太平"的尊号。然而，太祖拒绝此一提议，并说："燕、晋未复，遽可谓一统太平乎？"④ 显然在太祖心中，北汉与被契丹占据的燕云十六州尚未取得，他的政权仍无法达到和平与统一的理想状态。为了追求此一目标，太祖又于开宝九年（976）八月，派军征讨北汉，但他自己在两个月后突然去世，使得宋军的行动半途中止。

尽管太祖没能在征服南唐之后完成他的统一大业，但大多数地区确实已经重新归于一个中央政府的统治。因此，太祖得以进行一系列的政治改革，继续柴荣未能完成的工作，以重建一个官僚政府及儒教帝国。而这项抱负的实现过程，最终改变了文武官员的互动性质。

---

① 柳立言：《从御驾亲征看宋太祖的创业与转型》，第156~158页。
② 有关此战略转变的讨论，见王明苏《宋初的反战论》，收入淡江大学中文系主编《战争与中国社会之变动》，台湾学生书局，1991，第39~41页。
③ Edmund H. Worthy, "The Founding of Sung China, 950–1000: Integrative Changes in Military and Political Institutions," pp. 55–66.
④ 《续资治通鉴长编》卷一七，开宝九年二月，第364页。"晋"指的是都城位于晋阳的北汉，"燕"则指燕云十六州，这个区域在后晋天福元年（936）被割让给契丹。

## 文臣权力与地位的增长

在 10 世纪前半期，由于朝廷缺乏足够的实力来执行政策，君主即使敬重文臣，也很难扩张文臣的影响力。就像在前面章节提到的，后晋皇帝石敬瑭虽然敬重冯道、桑维翰等文臣，但他不能有效进行文治改革。不过，自后周时代开始，文臣的力量便随着中央权威的提升而扩展。由于得到皇帝越来越多的敬意与信任，文臣在决策过程中的涉入也日益加深，他们得以更坚定地说服皇帝听从他们的意见。冯道在显德元年（954）与后周世宗争论其亲征刘崇的计划时，所采取的批判论调，便是一个例子。世宗宣称："昔唐太宗之创业，靡不亲征。"冯道则应道："陛下未可便学太宗。"世宗又回说："刘崇乌合之众，苟遇王师，必如山压卵耳。"冯道则语带挖苦地回答："不知陛下作得山否？"[1] 作为一个历仕四朝、经验丰富的高级官员，冯道从来不曾以如此尖锐的口吻来劝诫君王。冯道展现的前所未有的气魄，部分反映出后周皇帝给予文臣较多尊敬与容忍的事实。

另一个反映文臣力量扩展的现象，是文人精英设法阻止武臣担任需要文学才能的职位。显德六年（959），当世宗拔擢具有胥吏背景的武官魏仁浦（911~969）出任宰相时，文官因为魏仁浦缺少进士科名而加以反对。[2] 尽管他们的反对无效，此事仍具有标志性意义：因为这是文臣集团自裴枢于唐天祐二年（905）被朱温处死后，首次敢反对武臣出任高阶文职。随着文臣势力的扩展，对某些官员而言，文职也较过去更值得珍惜。例如，魏丕（919~999）在柴荣镇守澶州时担任司法参军，他在处理司法案

---

① 《旧五代史》卷一一四《周书五·世宗纪一》，第 1511 页。
② 《宋史》卷二四九《魏仁浦传》，第 8802~8804 页。

件时审慎明察，受到柴荣的赞许。柴荣即位为帝后，改派魏丕担任武官，但魏丕不愿接受，"自陈本以儒进，愿受本资官"，柴荣则以"方今天下未一，用武之际，藉卿干事，勿固辞也"拒绝此一要求。① 魏丕的态度说明了，即使在后周时代，军事仍为国家发展的首要考量，但对儒者出身的官员而言，文职实有其吸引力。

尽管后周皇帝提升了文臣的权势与地位，文武势力间的许多重要变化仍要到赵匡胤即位后才出现。赵匡胤对文臣的态度与后周皇帝不尽相同。尽管柴荣想要重建一个官僚政府，他对文人精英的信任仍有所保留。柴荣倚重李毅、王朴等人，并不是因为他们具有文官身份，而是因为信任其所具有的才能。当这些官僚没能达到柴荣的预期时，他会毫不犹豫地重新任命武人取而代之。柴荣在讨伐南唐时，将李毅的军事统帅任务移交给老将李重进，就是个很好的例子。柴荣对于官员的出身背景毫不在意，也展现在他提拔魏仁浦出任宰相一事上。当文官们争辩缺乏科第的魏仁浦没有资格当宰相之时，柴荣坚持此一任命，回应道："顾才如何耳。"② 也就是说，他看重的是魏仁浦的才能，出身进士与否并不重要。

不同于柴荣，赵匡胤倾向于将手下官员截然划分成两类：文官与武官。赵匡胤将文臣视为一个独立群体，认为他们比武臣更有处理政治议题的能力与资格。一方面，赵匡胤坚定地相信读书能使人具有政治实用性，他在担任武将时曾对后周世宗说："臣无奇谋上赞圣德，滥膺寄任，常恐不逮，所以聚书，欲广闻见，增智虑也。"③ 由此可见，在取得帝位之前，赵匡胤已认为知识素养对于任何官员都十分重要，武臣若欠缺知识，则将无法以正确

① 《宋史》卷二七〇《魏丕传》，第 9276 页。
② （宋）王称：《东都事略》卷一八，《宋史资料萃编》第一辑，文海出版社，1979，第 4a 页。
③ 《续资治通鉴长编》卷七，乾德四年五月，第 171 页。

的方式统御百姓。他成为皇帝后，对文人顾问这么说："今之武臣欲尽令读书，贵知为治之道。"① 此外，赵匡胤手下博学的文臣更让他了解到学术的价值与重要性，促使他宣告："宰相须用读书人。"②

另一方面，赵匡胤认为读书人没有太多政治野心，即便偶尔会出现贪腐的行为，也不至于像武人那样造成严重的混乱。宰相赵普曾对赵匡胤论及后晋宰相桑维翰的贪财行径，匡胤回应道："措大眼孔小，赐与十万贯，则塞破屋子矣！"③ 认为像桑维翰这类的文人眼光短浅，即使贪图财物也很容易被满足。这也显示赵匡胤相信，将权力交付给文人要比倚重武人更为安全。产生此种信念的原因不难理解，五代时期没有一场政变将文臣送上皇位。正因如此，赵匡胤曾公开宣告自己对文臣的偏爱："五代方镇残虐，民受其祸，朕令选儒臣干事者百余，分治大藩，纵皆贪浊，亦未及武臣一人也。"④ 如前章所言，贪婪暴虐的武人节度使造成的后遗症，成为五代的既定印象。受到这个负面看法的影响，赵匡胤相信，若要建立政治稳定以及朝廷与地方间的新关系，必须以文臣取代武人在地方上的权位和职掌。

由于两位后周皇帝的努力，宋太祖所继承的中央政府已由文臣掌控。为了抑制武人权力，太祖进一步分割了中书与枢密院的职权：前者主掌民政而后者负责军政，这两个机构通常被称为"二府"，此一称呼显示了政治权力的分割。中书的最高职位宰相，逐渐成为文官的专利。对于武将和出身吏职的官员，枢密使是他们所能获得的最高职位。由于枢密使的职任范围现已缩小至军事议题，武人介入行政事务的可能性也因而骤减。

宋太祖改革的主要目标，在于继续削弱武官对地方政府的控

---

① 《续资治通鉴长编》卷三，建隆三年二月，第 62 页。
② 《续资治通鉴长编》卷七，乾德四年五月，第 171 页。
③ （宋）杨亿：《杨文公谈苑》，"用其长护其短"条，第 171 页。
④ 《续资治通鉴长编》卷一三，开宝五年十二月，第 293 页。

制，特别是那些任职于北方的节度使。他们之中有部分自后汉或后周时期便出任节度使之职，有些则是在太祖统治初期被委派，以补偿他们自愿从朝廷或禁军要职引退。为了避免引发一连串的人事异动，太祖并没有大规模裁撤这些节度使，而是采取渐进式的方式，夺取他们的权力。在心腹文官赵普（922~992）的建议下，太祖剥夺了地方自治的关键要素：节度使的军权及财权。太祖下令各地节度使将他们最勇敢强健的士兵迁调至禁军，此举让地方军在质与量上都产生了衰退。在财政事务方面，朝廷指派文臣至节度使区担任转运使。除了地方行政上的日常开销，太祖要求所有的地方收入皆应运往朝廷。节度使与刺史因而不再拥有庞大盈余供应他们自己的花费。[1] 在限制了他们的权力之后，太祖逐步地减少了节度使的数量。当节度使过世或卸任，朝廷往往不再指派继任者，而让这个职位就此消失。[2] 节度使权力的急剧衰微，在护国节度使郭从义（908~971）的抱怨中表露无遗。自后汉时代便担任节度使的郭从义，有感于入宋后自身权势的衰微，在乾德二年（964）对下属说："从义龌龊藩臣，摧颓如是，当为英雄所笑矣。"[3] 过去权势显赫的节度使，到了北宋成为"龌龊藩臣"，可见宋太祖对于地方官权力的削弱。

至于各州刺史的权力，太祖也采取两个办法加以削弱。一方面，当一位刺史过世或奉命执行其他工作时，太祖会委派一位带

---

① 关于太祖为削减节度使权力所采取的措施，参见蒋复璁写得很早却很有价值的文章，《宋代一个国策的检讨》，第 27~36 页。Edmund H. Worthy 的博士论文是有关此议题的另一重要学术成果，见 "The Founding of Sung China, 950-1000: Integrative Changes in Military and Political Institutions," pp. 276-77, 285-87。

② 举例来说，在太祖将昭义节度使李继勋（915~976）调任为天雄节度使之后，不再指派昭义节度使。见《续资治通鉴长编》卷一一，开宝三年四月，第 245 页。

③ 《续资治通鉴长编》卷五，乾德二年六月，第 128 页。郭从义的传记，见《宋史》卷二五二《郭从义传》，第 8850~8851 页。

有"知州"职衔的文臣去处理该州的行政事务。① 太祖对于这些新派任的地方长官十分信任，例如，开宝七年（974）太祖将德州刺史郭贵调任为权知邢州，而指派文臣梁梦昇作为德州"知州"。梁梦昇到任后，开始禁止郭贵的族人、侍从的各项非法行为。为了报复梁梦昇，郭贵向武将史珪（926～986）求助，当时史珪任职禁军，受太祖的倚重以打探宫外之事。史珪因而向太祖报告："今之文臣，亦不必皆善，只如梁梦昇权知德州，欺蔑刺史郭贵，几至于死。"史珪的诋毁却引来太祖的反驳："此必刺史所为不法，梦昇真清强吏也。"随后太祖下令宰相将梁梦昇的官位擢升为左赞善大夫，并继续在德州任职。② 太祖不经调查即赞赏梁梦昇的作为，反映了他正仰赖文臣削弱武官在地方行政上的影响力。

另一个削弱刺史权力的做法是指派朝臣担任各州"通判"，亦即州级行政工作的监督者。乾德四年（966），朝廷下令各州长官的命令必须经过通判的签署才能生效。在通判的制衡下，刺史不再能够独断专行。③ 不过，尽管太祖利用上述方法来削弱武官在地方上的权力，但在推动上采行温和渐进的方式，使得这整个过程不可能在其任内完成。当太祖过世时，仍有一批资深将领继续担任节度使，管辖二至五州不等的区域。④ 许多州府，尤其是沿边各地，仍由武人刺史统辖。要完全限制武人的政治影响力，以及扩张文臣势力，有待太祖的继任者。

太祖于开宝九年（976）驾崩后，他的弟弟赵光义（939～

① （清）徐松辑，陈援庵等编《宋会要辑稿》职官三七之一一《州牧》，中华书局，1957；《文献通考》卷三八《选举考·举官三》，第357b页。
② 《续资治通鉴长编》卷一五，开宝七年二月，第317页。
③ 关于通判角色的讨论，见苗书梅《宋代官员选任和管理制度》，河南大学出版社，1996，第83～89页。
④ Edmund H. Worthy, "The Founding of Sung China, 950–1000: Integrative Changes in Military and Political Institutions," p. 278.

997）继承其位，成为后来的太宗皇帝（976~997年在位）。太宗曾任职于后周军队，并在太祖篡位一事上扮演着关键的角色。在太祖即位的一年后，光义被提拔为开封府尹，且越来越深入地参与了朝廷的决策。开宝六年（973）被封为晋王之后，赵光义成了朝廷中最具影响力的官员。得益于深厚的权力基础，太宗得以在其兄突然过世时，宣告自己继承皇位，即便太祖从来没有正式将他指定为继承人。①

如他的兄长一样，太宗相信书本知识能够在政治上发挥重要的作用。他曾经对官员说："夫教化之本，治乱之源，苟无书籍，何以取法？"② 相信读书对于国家统治具有实用性，太宗不仅将阅读当成日常生活中不可或缺的部分，更鼓励臣下们效法。在太宗心中，搜集图书是建立理想政府的第一步。因此他不断通过赏赐钱财或官衔鼓励百姓献书给朝廷。当国家的图书馆累积了庞大数量的书籍时，太宗便下令对其中的大部分书籍进行校勘与出版。太宗对学术的推动具有很务实的目的：让他与臣子掌握蕴藏在书籍中的统治原理。③ 太宗既坚信文学素养在政治上的实用性，乃援引更多文人进入政府服务。

促使太宗重视文治与文臣的另一因素，则是他充满争议性的即位。身为皇弟，他违反了父死子继的皇位继承传统。更重要的是，太祖从来不曾正式指定继承人，是以太宗缺乏可信的说辞去正当化他不寻常的即位。因此，他与太祖旧臣之间有某种紧张关

① 关于赵光义的早年政治生涯，以及他充满争议的即位，参见蒋复璁很早的一篇研究：《宋太祖时太宗与赵普之政争》，《史学汇刊》5，1973，第1~14页。晚近涉及此议题的两本重要专著是：刘静贞《北宋前期皇帝和他们的权力》，稻乡出版社，1996，第62~63页；张其凡《宋太宗》，吉林文史出版社，1997，第15~45页。
② 《续资治通鉴长编》卷二五，雍熙元年正月，第571页。
③ 关于太宗推动学术研究以及致力于搜集图书、校勘及出版的动机，详见张其凡《宋太宗》，第104~123页；刘静贞《北宋前期皇帝和他们的权力》，第64~66页。

系，促使太宗焦虑地巩固皇帝权威。① 延续了太祖扩张中央权威
及削弱地方势力的政策，太宗进一步削弱武人出身节度使的权
力。太宗即位的第一年，即将七位武人节度使免职，且只授予他
们高阶官衔，而无任何具有实权的职位。② 对于悬缺的节度使，
太宗不再指派继任者，让节度使的数量进一步大幅缩减。太平兴
国二年（977）八月，朝廷下令仅存的节度使只能统辖本州，而
将其他的属州纳入朝廷的直接管辖范围。③ 因此，尽管还有一些
节度使存在，他们的影响力已等同一个州的知州，还要接受转运
使的监督。④ 武人刺史的影响力也大幅减弱，因为太宗持续派遣
朝廷官员出任"知州"，以取代他们的权力。即使是边区刺史也
有部分由文官出任。⑤

　　另外，太宗倾向倚重与自己有私人联结的官员掌管政府。在
他以晋王身份出掌开封府时，延聘了许多文人与武官作为其幕
僚。即位之后，这些潜邸旧人陆续被拔擢担任重要的职位。⑥ 不
过，这些过去的僚属在人数上仍然有限，要想拥有足够且堪信赖
的官僚，势必要广纳贤才，而太宗选择的取才管道是科举制度。
自8世纪开始，科举就被认为是读书人晋身仕途的重要途径。具
有进士科第的文臣享有较好的升迁机会及社会地位。及至9世纪，

---

① 刘静贞：《北宋前期皇帝和他们的权力》，第63～64页。

② 这七位节度使——向拱（912～986）、张永德、张美（918～985）、刘庭让（929～
987）、李继勋、石守信（928～984）及冯继业（927～977）——全都是太祖的爱
将。见《续资治通鉴长编》卷一八，太平兴国二年五月、闰七月、十一月，第
404页、409页、415页。

③ 《续资治通鉴长编》卷一八，太平兴国二年八月，第410～411页。

④ 在太宗朝，节度使已受到转运使的统辖。淳化四年（993），当太宗指派他的爱将
田重进（929～997）出任永兴军节度使，他特别交代陕西转运使郑文宝必须要善
待田重进。见《续资治通鉴长编》卷三四，淳化四年三月，第748页。

⑤ 例如，太平兴国四年（979），太宗指派了八位文人官僚出任北部边境沿边的"知
州"。见《续资治通鉴长编》卷二〇，太平兴国四年五月，第452页。

⑥ 关于太宗前僚属的讨论，见蒋复璁《宋太宗晋邸幕府考》，《大陆杂志》30：3，
1965，第15～23页。

进士出身者已在高层文官中占有多数。① 由于许多唐代官僚仍在
10世纪前半叶的北方王朝中任职，进士出身者仍在文官里保有特
殊的地位。正因如此，这些官员喜欢在各种公共场合炫耀他们进
士及第的身份，在后唐曾居相位的李琪（871~930）就是一个例
子。他在晋升成为高官后，常于座位旁放置一个刻有金字的牙
版，上面写着："前乡贡进士李琪。"②

　　由于地位特殊，进士出身的官员形成了具有独特伦理的集
团。比如说，进士会视录取自己的考官为"座主"，而以"门生"
自称。即使某位"门生"日后获得比"座主"更高的官位，但他
的"门生"身份并未改变，仍须视昔日的"座主"为师长。③ 因
此，科举中第者的私人伦理，可能会超越既有政治的上下阶级之
分，这反映出他们建基于科举制度上的强烈集体意识。因此，科
举制度不仅延揽了擅长文艺之士进入官僚体系，同时赋予了部分
文臣一个形成自我群体认同的符号。

　　宋太祖清楚地了解到科举制度的重要性，也倾向以此强化皇
帝的权威。他下令禁止科举及第者以考官的门生自称，并从开宝
六年开始亲自在宫廷测验考生，决定最后录取的名单，形成皇帝
主持"殿试"的传统。④ 通过这两项措施，皇帝自己成为所有中
举者的"座主"。皇帝与科举及第者的师生关系，使得当时称中
举者为"天子门生"。⑤ 因此，通过科举制度，皇帝创造了与新进
官僚的私人联结。对于太宗而言，这套系统完全符合他的需求：

---

① 拥有进士科第者在9世纪时期的地位，参见吴宗国《唐代科举制度研究》，辽宁
　　大学出版社，1992，第178~182页。
② 《新五代史》卷五四《李琪传》，第619页。
③ 五代时期，进士出身的宰相以门生之礼拜见过去考官的事例见《旧五代史》卷九
　　二《裴皞传》，第1219页。
④ 刘静贞：《北宋前期皇帝和他们的权力》，第31、45页。
⑤ 关于北宋皇帝与科举中第者之间崭新关系的讨论，见宫崎市定写得很早却很重要
　　的一篇文章，《宋代の士風》，《史學雜誌》62：2（東京，1953），頁64－65。

既延揽善文之士进入政府，同时又和他们建立私人情谊。

　　太宗即位后的三个月，亲自主持科举考试，总共录取了五百多名考生。如此大规模地授予科举功名是前所未见的，而且太宗立即授予及第者官职。让数量庞大的文士通过科举，且立即担任官职，成为太宗文治政策的一项特色。在他统治的二十一年里，太宗总共录取了5802名考生，其中包括1478名进士。进士科考试名列前茅者尤其受到重用，部分官员在取得进士功名的十余年后，便位居参知政事或者枢密副使。在皇帝的支持下，拥有科举功名者，与太宗之前的幕府成员，在端拱元年（988）之后掌控了中央政府。① 这个事实显示参与科举考试是争取政治权力与地位最快速且有效的途径。② 想要获取官职的人也因而倾向放弃了其他途径，例如从军或成为吏员，而专心准备科举。省试的应举考生因而在太宗朝大幅增加。太平兴国二年，五千三百多名考生参与太宗首次举行的省试，到了雍熙二年（985）参加省试的人数增加到一万多人。③ 在此情况下，文艺素养再次成为政治文化中的核心价值。

　　由于对政事的旺盛精力与热情，太宗成为一名极度勤勉、想要亲自掌握所有行政事务的皇帝，他无所不在的权威成为统治时期的一项特征。④ 在此情形下，在皇帝身边的官员们变得很有政治影响力。太宗不仅资助学术研究，他自己也投身其中。在政治事务之外，太宗喜欢集合高层文官一同讨论读书心得，并从事诸

---

① 有关科举及进士在太宗朝发挥之作用的讨论，见 Peter Bol, *This Culture of Ours: Intellectual Transitions in T'ang and Sung China*,（Stanford: Stanford University Press, 1992），pp. 54 - 55, 154 - 155。张其凡：《宋太宗》，第98～103页。

② 太宗自己承认："夫设科取士之门，最为捷要。"见《续资治通鉴长编》卷二六，雍熙二年正月，第594页。

③ 《续资治通鉴长编》卷一八，太平兴国二年正月，第393～394页；卷二六，雍熙二年正月，第594页。

④ 刘静贞：《北宋前期皇帝和他们的权力》，第41～60页。

如作诗或书法等文艺活动。太宗经常赠予文臣他的诗作与书法，以展现自己与他们的亲密联结。① 这些文化活动不仅提升了能文之士的地位，也进一步强化了他们的政治影响力。比如说，当皇帝与他的文臣们讨论历史时，统治原则经常成为他们的主题。文人官僚能借着这些机会，说服皇帝相信他们立基于儒家学说的政治理论：强调文治及民生的重要性。② 由于皇帝对民政事务越加留心，文臣的影响力也很自然地赶上了他们的武人同僚。

太宗与文臣的紧密关系，导致武官被疏远。尤有甚者，太宗在他的武人臣僚面前，从不讳言他对文学素养的喜爱，因为他相信即便是一名很好的军事统帅，也需要读书。太平兴国八年，太宗在任命潜邸旧人王显担任宣徽南院使兼枢密副使时，特别对他说："卿世非儒门，少罹兵乱，必寡学问，今典掌万机，固无暇博览群书。"特别赐予王显《军戒》三篇，要他熟读。③ 这显示太宗既想重用王显出掌要职，又担心他的军人背景使他缺乏足够的学识，乃嘱咐他读书。到了淳化三年（992），太宗召集禁军的高阶将领至秘阁饮宴、观书，因他想要让"武将知文儒之盛也"。④ 在此情势下，武人逐渐意识到，具备军事才能的价值与武官的政治地位都趋向衰落，因而有所不平。武将曹翰（924~992）在写给太宗的诗中，正体现此种感受。某次太宗在宫廷中宴请群臣，却只要求文臣赋诗庆贺。曹翰告诉皇帝，自己幼年时也曾学诗，太宗笑而答曰："卿武人，宜以刀字为韵。"曹翰援笔即书：

---

① Peter Bol, *This Culture of Ours*: *Intellectual Transitions in T'ang and Sung China*, pp. 151-154.
② 其中一个例子可见《续资治通鉴长编》卷二三，太平兴国七年五月，第519~520页。
③ 《续资治通鉴长编》卷二四，太平兴国八年正月，第538页。
④ 《续资治通鉴长编》卷三三，淳化三年九月，第739页。

三十年前学六韬，英名常得预时髦。曾因国难披金甲，不为家贫卖宝刀。臂健尚嫌弓力软，眼明犹识阵云高。庭前昨夜秋风起，羞睹盘花旧战袍。[1]

曹翰在诗中抱怨，当年习武从军，所建立的功业使自己厕身名人之列。现在自己的臂力仍足以拉开硬弓，眼力尚可以辨视阵云，却是无事可做，只能在秋风拂过庭院时遥想过往荣光，而不敢面对早已高高挂起的旧战袍。对于武将而言，写诗向来不是他们展示自我能力的方式，现在却必须借此在皇帝面前表达心声。在新的大环境里，武人的黄金时期早已成为过去，而必须面临被儒学、文艺同化的压力。

讽刺的是，尽管曹翰对自己晚年的遭遇颇感不平，但当他在淳化五年（992）过世时，文臣王禹偁私下写了一首诗，批判曹翰一生的作为以及朝廷给予他的各种礼遇。在诗中，王禹偁宣称曹翰出身微贱，只是靠着攀附后周世宗而得以执掌兵权。曹翰在作战时贪财好杀，犯下诸多罪行，却享受富贵荣华直到老死，朝廷并给予各种死后的哀荣。王禹偁感叹，相对于曹翰，儒者得到的待遇与俸禄都显得微薄。[2] 由此可见，尽管在北宋初年，武人的权势与待遇已大不如前，但仍然拥有足以让文臣钦羡的名利。王禹偁对曹翰的批判，反映了北宋初期武臣仍有其影响力与一定的政治地位的事实。

## 外患威胁与武官的政治舞台

在 10 世纪后半叶，文官的力量在中央与地方政府都有着显著

---

① （宋）吴处厚：《青箱杂记》卷六，中华书局，1985，第 63 页。
② （宋）王禹偁：《小畜集》卷四《金吾》，收于《四部丛刊初编·集部》，第 175 册，台湾商务，1965 景常熟瞿氏铁琴铜剑楼藏宋刊本，第 21 页。

的增长，不过职业军人依然在政治舞台中保有某些空间。宋太祖与武人在情感上的联结，是维持武官权势的重要因素。尽管赵匡胤在即位后有意识地将政治权力移转给文人，并视文官为政治上的盟友，但他在情感上或理智上从未将文臣视为自己的同类。赵匡胤与文臣精英在感情上的疏远，体现在他与文人谋士赵普的对话中。当太祖发现吴越的统治者用大量黄金贿赂赵普时，他语带妒忌地评论道："彼谓国家事皆由汝书生尔。"① "汝书生"一词，反映了太祖在概念上将文人视为一个独特且与自己不同的群体。

相对地，太祖的一些言行显示他与武臣间的情感联结。由于生长于军人家庭，且长期任职于禁军，太祖与多数武官的背景相似。太祖即位后，让自己的亲属与高阶武官建立了一个缜密的婚姻网络，这样的决定固然是为了说服位高权重的武将自动交出兵权，但仍旧展现了太祖与武将间的社会性联结。② 太祖也经常给予所倚重的将领不合常规的赏赐。例如，当太祖命令官员为洺州防御使郭进（922～979）建筑宅第时，要求使用甋瓦，在制度上这是亲王与公主才能享受的待遇。一位官员因而根据礼制，加以反对。太祖很愤怒地反驳："郭进控扼西山逾十年，使我无北顾忧，我视进岂减儿女耶？亟往督役，无妄言。"③ 待一名武将与自己的儿女相同，正反映了太祖与武人的私人情感联结。

仰仗宋太祖的支持，部分武官得以享有超过其职位的影响力。加上太祖仰赖一批禁军将校为自己打探宫廷以外的事务和情报，以致这些武官得以乘机弄权，通过传递虚假的报告来陷害同僚，或取得不当的利益。尤其以史珪、石汉卿（969 年逝世）二

---

① （宋）司马光：《涑水记闻》卷三，第41页。
② 有关赵宋皇室成员与高阶武官之联姻的讨论，见 Edmund H. Worthy, "The Founding of Sung China, 950 – 1000: Integrative Changes in Military and Political Institutions," p. 278.
③ 《续资治通鉴长编》卷一一，开宝三年八月，第249页。

人的行事最为嚣张。许多文武官员皆厌恶史、石二人的作为，却不敢加以揭发。①

即使是那些愿意参与军事事务的因素是：文人精英对军事事务漠不关心。当文人权势在 10 世纪 50 年代开始恢复时，文人对于军事参与的热情却开始衰退。尽管如李毅、王朴、赵普等文官在后周世宗及北宋太祖的军事扩张中扮演着重要的角色，然而他们在文官群中只是少数。举例来说，后周世宗在显德二年（955）要求二十多名文臣各自提出重新一统中原的规划，唯有王朴及另外三名官员提及用兵作战，其他官员则都主张"修文德"应优先于用武。② 官员对于"修文德"的普遍支持，源自他们意欲将统治的重心导向文治与行政。诚如包弼德（Peter Bol）所指出的，分析 10 世纪后半叶文人精英撰写的文章，可以发现其中大多数人的主要关怀，都在于强化人们对于文治及文学的兴趣，以使之超越武事。③

即使是那些愿意参与军事事务的文官，他们自身的优越感往往成为一种阻碍，导致他们与武将难以合作。宰相李毅在显德二年主持讨伐南唐的作战是一个例子。自豪于自己作为官僚领袖的地位，李毅鲜少与属下将领讨论作战策略。当武将前来谒见时，他们必须先向李毅谦卑地行礼，因而引发部将的不满。李毅与其属将间缺乏沟通，最终导致军事任务的失败。④ 因此，文人官僚的自我认同，成为阻碍他们有效地掌管军务的一个因素。

当宋太祖授予文官更多的政治权力时，也试图让部分文臣承担军事工作。他曾说："唐李靖、郭子仪皆出儒生，立大功，岂

---

① 《续资治通鉴长编》卷四，乾德四年八月，第 101 页；卷十，开宝二年五月，第 222 页；卷十五，开宝七年二月，第 316～317 页。
② 《新五代史》卷三一《王朴传》，第 343 页。
③ 参见 Peter Bol, *This Culture of Ours*, pp. 155 – 160。
④ 《续资治通鉴长编》卷三二，淳化二年正月，第 710～711 页。

于我朝独无人耶?"① 为了找到像李靖一般的人才，太祖在开宝五年（972）要求宰相赵普推荐具有军事才能的儒臣，赵普因而推荐左补阙辛仲甫（927~1000）。太祖召见辛仲甫，测试他的射箭技能。满意于辛仲甫的表现，太祖任命他为西川兵马都监。② 尽管接受了这项委派，辛仲甫仍旧提醒太祖，经史方面的素养才是自己的专长，而非武艺："臣不幸本学先王之道，愿致陛下于尧、舜之上，臣虽遇昌时，陛下止以武夫之艺试臣，一弧一矢，其谁不能?"③ 辛仲甫的话现示，他的想法已和唐代初期的才兼文武传统不同。初唐的"才兼文武"，赋予了文学知识与军事技能相同的地位，认为二者皆有助于国家统治。相较之下，辛仲甫尽管精熟于武艺，却只肯定经史素养的价值。辛仲甫的话反映出文武之学在将近两个世纪的分流后，文士已相当坚持文史之学优于军事技能的理念。10世纪的文人或许会因为曾在武将的麾下而专精于武艺，正如辛仲甫就是在担任节度使郭崇的幕僚时学习骑射；部分文臣也承认在政治动荡的时代，军事才能具有价值。不过，多数文臣相信文治比军事更为重要，并不想要长时间承担军事职务。

从现实的角度来看，宋初的文臣也缺乏与职业武官争夺军事统率权的强烈动机。由于北宋皇帝已十分有效地控制住军队，并将行政权力逐步转移给文臣，出掌兵权与否不再攸关文官群的整体影响力。不同于8世纪后期的文官努力争取指挥军队的机会，希望借此与武将争夺政治主导权；北宋文臣依靠君主的支持即得以享有权力，甚至参与军事决策。在此情况下，北宋文臣缺少争取兵权的迫切感，即使太祖与太宗尝试指派才兼文武的文官担任

---

① 《续资治通鉴长编》卷一〇，开宝二年九月，第231~232页。
② 《续资治通鉴长编》卷一三，开宝五年十二月，第293页。
③ （宋）文莹：《玉壶清话》卷一，中华书局，1984，第10页。

军职，却很少有官员能够达到他们的标准。①

总而言之，当 10 世纪的后半叶文人精英在行政上恢复影响力时，他们在军事事务上的参与仍受到许多制约。宰相李谷曾短暂指挥征讨南唐之战，是 10 世纪文官领导大规模军事行动的唯一事例。此后，宋太祖征服南方诸国，所委任的主帅皆为职业武官。② 虽然在太祖朝，少数文臣曾能在军事作战中表现出色，但他们并不愿意长期投身军旅。因此，相较于职业军人，文臣的军事贡献可以说是无足轻重。③ 在与军事相关的决策过程中，文官的影响力也明显逊于在民事或行政上所能发挥的效能。举例而言，身为太祖最倚重的文臣，赵普的意见几乎在各个议题上深刻影响朝廷的决策。④ 然而，在统一全国的作战策略上，太祖却没有接受赵普先征服南方诸国，而保留北汉作为与契丹之间缓冲的建议。⑤ 此外，赵普曾反对武将提出的恢复燕云十六州之计划，但也不能

---

① 太宗展现他偏爱具有军事才能之文官的一个事例，见《续资治通鉴长编》卷二八，雍熙四年五月，第 637 页。

② 这些主帅是慕容延钊（913～963）、王全斌（908～976）、潘美（921～987）与曹彬（931～999）。他们的传记分见《宋史》卷二五一《慕容延钊传》，第 8834～8835 页；卷二五五《王全斌传》，第 8819～8825 页；卷二五八《潘美传》、《曹彬传》，第 8990～8994、8977～8983 页。

③ 在太祖朝，诸如王明（919～991）、段思恭（920～992）和董枢（974 年逝世）等文臣，都在防守边疆或征伐南方诸国时获致成功，但只有王明转任为武官。相较于职业军人，文臣对北宋领土扩张所做出的贡献实属有限。见《宋史》卷二七○《王明传》、《段思恭传》、《董枢传》，第 9266～9267、9272、9278 页。

④ 有关赵普在太祖朝扮演的角色之讨论，见张其凡《赵普评传》，北京出版社，1991，第 42～54 页。

⑤ 自 11 世纪后半叶以降，许多史家主张太祖接受赵普的建议，坚守着先征服南方独立王国再进攻北汉的战略。现代学者多半继承这样的意见，张其凡为赵普所写的传记就是一个例子。参见张其凡《赵普评传》，第 111～119 页。然而，梁伟基的新研究，举出许多证据，说明太祖在进行统一的过程中并未坚持固定的策略，而是采取弹性的做法，赵普的意见对于中国的再度一统没有发挥决定性的影响。见梁伟基《先南征后北征：宋初统一全国的唯一战略（960－976）？》，第 73～100 页。

改变宋太祖对于收复燕云的期待。① 这些事实显示，太祖主要仰赖武人来拟定并完成军事任务。

正因仰仗西、北两方沿边武臣，太祖对待他们的方式，与对待内地的武人节度使迥然有别。太祖往往让某位武将长期驻守沿边要地超过十年，并为他们提供足够的后勤资助。这些武将不仅享有指挥部属的大权，也能自由地从事边境贸易，以赚取足够的财物应付各种军事开销。② 这些边将的权力之大，可由太祖对洺州刺史郭进的态度看出。郭进以严格的纪律约束部队，下属只要犯错就可能被处以死刑，每当太祖派遣士兵前往郭进的驻地时，总不忘警告他们："汝辈当谨奉法，我犹赦汝，郭进杀汝矣！"③太祖显然希望士兵理解，一旦因违法而遭郭进处死，即使自己贵为君王也不能干预。

因为与将领间紧密的联结，太祖有时会纵容武将的违法行径。两位禁军将领王继勋（977 年逝世）与马仁瑀（933 ~ 982）之间的冲突是一个例子。王继勋自恃皇后之弟的身份，经常欺凌其他同僚，多数武将对王继勋的傲慢忍气吞声，但大将马仁瑀却经常与之发生口角，甚至还想对他动粗，两人的仇隙越结越深。当乾德元年，太祖准备大阅禁军时，王、马二人各自命令下属准备棍棒，计划借机斗殴。太祖得知此一消息，下令取消校阅。但是，他并没有惩罚这两位粗鲁的武将，仅将马仁瑀调离京城，以防止两人进一步冲突。④ 太祖尤其宽容沿边的武将，只要这些将领能够有效地守护疆土、保国卫民，太祖鲜少针对他们欺压百姓

---

① 据说赵普曾说服太祖不要接受大将曹翰所提出的恢复燕云十六州计划，见（宋）宋敏求《春明退朝录》卷 a，中华书局，1997，第 15 页。事实上，太祖从不曾放弃收复十六州的目标。见《续资治通鉴长编》卷一七，开宝九年二月，第 364 页；（宋）王辟之《渑水燕谈录》卷一，中华书局，1981，第 3 页。

② 《续资治通鉴长编》卷一七，开宝九年十一月，第 384 ~ 385 页。

③ 《续资治通鉴长编》卷四，乾德四年九月，第 106 页。

④ 《续资治通鉴长编》卷四，乾德四年八月，第 102 ~ 103 页。

或收取非法利益的行为加以惩处。曾有民众至京城，向太祖控告关南兵马都监李汉超（977 年逝世）向百姓借钱却不归还。

> 太祖召谓之曰："尔之乡里，亦尝为契丹所钞掠乎？"曰："然。"上曰："自汉超帅彼，有之乎？"曰："无之。"上曰："昔契丹掠尔，不来诉；今汉超贷尔，乃来诉也！"怒而遣之。乃密召汉超母，谓之曰："尔儿有所乏，不来告我，而取于民乎？"乃赐白金三千两。自是，汉超奋必死之节矣。[1]

太祖显然认为，李汉超的职责在于防范契丹南侵，只要他能胜任此一任务，向百姓借钱不还的事即可宽容，甚至给予他额外的赏赐，以弥补其财务上的匮乏。

由于太祖的宽容，武官介入民政的情况在北宋建立后大幅减少，但在太祖朝仍未全然绝迹。例如，武将马仁瑀曾试图干预科举，要求知贡举薛居正（912～981）录取他属意的考生。薛居正假装同意，却并未真正执行。当马仁瑀发现他推荐的考生并未录取时，遂在为新登第进士举办的闻喜宴上辱骂薛居正。御史中丞刘温叟弹劾马仁瑀的失当言行，太祖却置之不理。[2] 太祖之所以宽容马仁瑀，可能是因为马仁瑀既是拥立自己即位的功臣，又是他倚重平定南方诸国及对抗契丹的大将。[3] 这个例子显示，尽管

---

① （宋）田况撰，张其凡点校《儒林公议》卷上，中华书局，2017，"李汉超帅军于高阳关"，第 33 页。欧阳修也记录了李汉超为民所诉之事，但内容与田况所录有所出入，见《归田录》卷一，中华书局，1997，第 8～9 页。司马光则记载了一个内容类似的故事，但被百姓控诉的主角由李汉超改为沧州节度使张美。这些故事显示太祖对于守边武臣的宽容与信任成为一种典范，而不断被宋代文人传颂。

② 《续资治通鉴长编》卷四，乾德四年八月，第 102 页。

③ 马仁瑀的事迹见《宋史》卷二七三《马仁瑀传》，第 9344～9345 页；卷二五七《李处耘传》，第 8961 页。

文官在太祖朝享有较多的皇帝支持，但他们还是未能完全免于武人的羞辱。憎恶文人的武臣也利用机会排挤文官。例如，翰林学士一直参与皇帝在便殿慰劳节度使的宴会，但在太祖开宝年间，素来讨厌文人的阁门使梁迥（928~986）对太祖说："陛下宴犒将帅，安用此辈预坐？"导致太祖停止该传统，直到太宗朝，翰林学士才再度参与此种宴请节度使的聚会。①

等到宋太宗即位，情势有了明显的改变。相对于太祖给予武将自主权，太宗对于本身的军事才能相当自负，希望军事统帅完全听命行事。每当派遣武将前往战场时，太宗通常会提供详细记载军队配置及行动细节的"阵图"，要将领依图行事，以确保前线将领遵循指令行事。尤有甚者，太宗在即位后下令禁止所有官员从事货物贸易，等于剥夺沿边武将的财政自主权，并派遣监军去控制这些原来享有自主权的大将，遂使沿边武将受到监军的掣肘。例如，前述深受太祖信任的郭进，在太平兴国四年被任命为石岭关都部署，却因无法约束监军田钦祚的非法行为，反而受其凌辱，愤而自缢。② 郭进的悲剧，显示边将在太宗统治下地位与权力的削弱。

尽管太宗一再限制武臣的权力，但仍有部分武臣保有相当的影响力。一方面，与太祖相仿，太宗同样仰赖一群武臣，主要是他即位前的武人僚属，打探宫廷以外的事务。③ 另一方面，太宗扩张领土的雄心，使他与倾向反战的文臣经常意见相左。在军事规划上，太宗不得不仰仗武人，促使高阶武官仍保有参与决策的影响力。分析太宗一朝发动对外战争的过程，即足以说明这一点。

---

① 《宋史》卷二七四《梁迥传》，第9357页。
② 关于宋太宗对于边区将领的控制，参见吴晗《阵图和宋辽战争》，收入氏著《灯下集》，三联书店，1961，第31~38页；林瑞翰《宋代政治史》，正中书局，1989，第54~62页。
③ 蒋复璁：《宋太宗晋邸幕府考》，第22~23页。

在即位之后，太宗很快便接续太祖未竟的统一大业。太平兴国三年（978），南方最后两个独立政权吴越及漳、泉二州的统治者，奉太宗之命入朝，宋朝随后毫无困难地将他们的领土并入。① 此后，太宗着手准备征讨北汉及燕云十六州，但该计划引发文官的反对。就战略观点而言，北汉与燕云十六州对于国家北部的边防至关重要，因为这两个地区控扼着通往黄河流域的交通要道。太宗曾对宰相说明，宋军唯有夺回十六州，并在古北口等战略要道上屯兵置寨，才能根本阻绝契丹的入侵。② 正因燕云十六州在地理位置上如此重要，太祖与太宗才不断计划北征行动。不过，辽与北汉皆拥有相当的军事实力，北宋君臣深知，唯有投入庞大的人力与物资，北伐才有可能成功。正是有这种考虑，让支持并吞南方诸国的文官，一再质疑对北方用兵的必要性。由于缺乏军事背景与知识，文官多从经济因素而非战略观点来考量北伐的意义。早在太祖时代，即有文官宣称：不论北汉或燕云十六州，都幅员不广、人口寡少，对宋这样的大国，征讨北方两处蕞尔之地并无必要。③ 在太宗计划攻击北汉时，反对者也持相同的论点，指北汉是："虽巢穴尚存，而危困已甚，得之不足以辟土，舍之不足以为患。"不过，此种论点不足以说服太宗，在曹彬等武将的支持下，太宗决定御驾亲征，并吞北汉。④

从北周世宗及宋太祖失败的军事行动中得到教训，宋太宗了解宋军若要征服北汉，必须先切断契丹的支援。因此，大批宋军首先北上，阻截可能南下的契丹军队。太平兴国四年（979）三

---

① Edmund H. Worthy, "The Founding of Sung China, 950 – 1000: Integrative Changes in Military and Political Institutions," pp. 70 – 73.
② 《续资治通鉴长编》卷二四，太平兴国八年十一月，第557页。
③ 见范质《上太祖谏伐河东》、李光赞《上太祖谏伐河东乞班师》，收于（宋）赵汝愚《宋朝诸臣奏议》卷一二〇，上海古籍出版社，1999，第1314～1315页；《续资治通鉴长编》卷一〇，开宝二年闰五月，第224～225页。
④ 《续资治通鉴长编》卷二〇，太平兴国四年正月，第442～443页。

月，一支契丹军队南下至晋阳附近，被宋军在石岭关歼灭。这场胜利切断了北汉与其唯一盟友间的联络，让太宗得以率领他的人马围攻晋阳。经过一个多月的激战，北汉国主最终在四月兵败投降。① 石岭关与晋阳城的胜利，让太宗深信宋军具有击败契丹的实力。在占领晋阳后，他旋即下令大军往幽州进发。尽管宋军顺利取得几场战役的胜利，得以包围幽州，但契丹的援军很快扭转了战局。七月，由太宗指挥的部队在幽州城外被击溃，太宗负伤南逃。其他的宋军也因失去指挥中枢，随之溃散。②

为了报复宋的攻击，契丹自太平兴国四年开始入侵宋的北部边境；宋军则伺机还击，持续对契丹发动骚扰性的攻击。沿着两国边界，战斗持续进行，使得北宋文官忧心大宋将陷入战乱和动荡。由于太宗对文臣信任有加，文官也就勇于批判太宗的强硬对外政策。反战的文官一方面谴责镇守边界的武将对契丹挑衅，造成连年的攻战；另一方面劝诫太宗应该更加留心于文治和内政议题，不要只想以武力让蛮夷屈服。③

面对文官强烈的反弹，太宗宣称："朕每读《老子》，至'佳兵者，不祥之器，圣人不得已而用之'，未尝不三复以为规戒。"强调作战是不得已的选择，自己并非穷兵黩武之君。为了展现他对和平的期望，太宗在太平兴国七年（982）颁布了一道诏书给沿边的地方官，禁止他们恣意进犯契丹。④ 然而，这道诏书最终

---

① 关于太宗对北汉的征服，参见 Edmund H. Worthy, "The Founding of Sung China, 950 - 1000: Integrative Changes in Military and Political Institutions," pp. 78 - 79。

② 有关幽州的军事行动，见 John Labadie, "Rules and Soldiers: Perception and Management of the Military in Northern Sung China (960 - CA. l060)," (Ph. D dissertation, University of Washington, 1981), pp. 52 - 53；程光裕：《宋太宗对辽战争考》，台湾商务印书馆，1972，第 48～65 页。

③ 文官的主张，见《续资治通鉴长编》卷二一，太平兴国五年十二月，第 484～485 页；卷二二，太平兴国六年九月，第 496、498～499 页。

④ 《续资治通鉴长编》卷二三，太平兴国七年十月，第 528 页。

证明不过是安抚反战派的姿态。自信于宋军的实力，太宗持续地对周边政权采行进攻策略。① 他联络与契丹邻近的国家，诸如高丽、渤海，意图组成一个反契丹联盟。② 热衷于领土扩张的太宗，又在太平兴国五年（980）派军攻打南方的交趾，接着在太平兴国七年并吞了党项人的土地。③ 对于他最主要的目标——燕云十六州，太宗仍在等待适当的时机，发起一场军事行动。

到了雍熙三年（986），太宗相信再度北伐的机会已然到来。几位武将向他报告，契丹内部正充斥着贪腐与权力斗争，宋军可利用此种纷扰，一举收复燕云十六州。④ 为了避免引发文官群起反对，太宗秘密地与少数武将及枢密使研议军事计划，即使宰相也不曾预闻其事。⑤ 雍熙三年三月，太宗动员了三十万大军，兵分三路北上。辽的沿边守将缺乏兵力抵御如此大规模的进犯，因此有许多州县很快落入宋军之手。然而，宋军一连串的胜利，导致行军速度过快，产生粮运不继的问题。相对地，辽朝快速进行全国性动员，得以集结足够的兵力发动反击。由于欠缺粮饷，东线的宋军不得不在五月南撤，辽军利用这个机会进行追击，在岐沟关击溃宋军。这场惨败，迫使太宗下令所有军队退守回他们先前的据点。⑥

担心契丹接下来会报复，太宗在岐沟关战败后的一个月，任

---

① 太宗对宋军的信心，在他与官员的对谈中展现无遗。见《续资治通鉴长编》卷二四，太平兴国八年九月、十一月，第553、557页。

② 廖隆盛：《宋太宗的联夷攻辽外交及其二次北伐》，《台湾师大历史学报》10，1982，第85～88页。

③ 有关对于交趾的征讨，见吕士朋《宋代之中越关系》，《宋史研究集》16，"国立"编译馆，1986，第267～269页。党项的议题则在后文讨论。

④ 《宋会要辑稿》蕃夷一之十，太宗雍熙三年；《续资治通鉴长编》卷二七，雍熙三年正月，第602页。

⑤ 《续资治通鉴长编》卷二七，雍熙三年六月，第618页。

⑥ 程光裕：《宋太宗对辽战争考》，第105～126页。

命了一批资深武官为沿边的知州，希望他们能抵御契丹的入侵。[①]
然而，这项举措没有效果，宋军接连在陈家谷与君子馆战役中惨
败，名将杨业与数万名士兵战死沙场。[②] 歼灭大批宋军之后，契
丹军直到雍熙四年（987）的年初仍在河北各地肆虐。缺乏充足
兵力的北宋地方官，被迫动员未经训练的平民参战，然而这样的
做法只是让更多的百姓蒙受身家财产的损失。[③]

面对接二连三的军事挫败，文臣呈上了许多批评北伐决策的
奏疏。他们声称，皇帝的错误在于听信小人的建议，而无视文官
的意见，皇帝应该严惩那些力主开战却兵败沙场的武将。[④] 主张
弭兵的文臣更进一步宣称，由于宋军缺乏击败契丹的实力，继续
作战只会激怒敌人，导致永无休止的战乱，唯一的解决之道是谦
卑地向契丹谋和，建立长期的和平关系。不过，并非所有的文臣
都主张向契丹求和。部分文臣虽然反对北伐，但仍相信宋军的战
力。他们认为消极的防守乃最佳战略，呼吁增设陂塘、水田作为
防御设施，驻守边境的军队在契丹入侵时应正面迎击，敌军撤退
时则不加以追击。[⑤]

在太宗朝，文臣们的反战言论充斥着儒家与道家的价值观：
强调政府理当嘉惠百姓，重视人命更甚于领土扩张。[⑥] 不过，尽
管北宋文臣很少明确承认，在他们充满道德词语的背后，有着很
强的政治考量。太宗只与武将讨论军事策略的事实，让文臣对自

---

① 《续资治通鉴长编》卷二七，雍熙三年六月，第 618~9 页。
② 这两场战役的过程参见曾瑞龙《经略幽燕（979—987）——宋辽战争军事灾难的
战略分析》，中文大学出版社，2003，第 249~260 页。
③ 《续资治通鉴长编》卷二八，雍熙四年正月，第 631 页。
④ 《续资治通鉴长编》卷二七，雍熙三年五月，第 615 页；卷三〇，端拱二年正月，
第 673~674、676 页。
⑤ 有关北宋官员在"主和"与"主守"上的分歧意见，参见陈芳明《宋初弭兵论的
检讨（960—1004）》，《宋史研究集》9，"国立"编译馆，1977，第 75~81 页。
⑥ 赵普在雍熙三年（986）进呈的手疏是此种意识型态的范例，见《续资治通鉴长
编》卷二七，雍熙三年五月，第 614~617 页。

己在政治决策过程中的角色感到忧心。就像之前后晋的宰相桑维翰一样，北宋文官担心与契丹之间无止境的战争，可能导致军人势力的扩张。由于缺乏统御军队的能力与兴趣，文人精英无法取代武人来应付战争，唯一能避免武官扩张其权力的方法，便是阻止战争的发生。事实上，以对契丹的政策而言，太宗在雍熙四年（987）以后便逐渐转向文臣这方，显示文臣的反战主张逐渐发挥影响力。

雍熙三年（986）北伐的悲剧性结局完全超出太宗的想象，使得他深切懊悔自己的决定。太宗既对麾下武将的表现深感失望，也意识到在战场上击败契丹十分困难，因此转而留心文臣的意见。次年，太宗下令五位具有军事才能的文官转任武职，也显示他有意让更多的文臣参与军事事务。[①] 在端拱二年（989）以后，太宗显然放弃了进攻契丹的念头。在文官的建议下，他禁止武将向契丹挑衅，并重开边市，甚至尝试与契丹朝廷商谈停战协定。[②] 不过，太宗的努力并没有带来想要的结果。契丹的入侵无论在时间或规模上都难以预测，不断造成军事及平民的损失。由于无法取得主动，北宋朝廷只能在沿边驻守为数庞大的军队，被动防御契丹的攻击。尤有甚者，一个新的外在威胁在太宗主政的后期出现，党项政权逐渐在西北边境成形，构成北宋难以解决的困局。

在五代时期，党项一直与中原王朝维持着和平的关系。党项首领被册封为节度使，成为中原诸政权皇帝的藩臣，实际上则维持自治。宋朝建立以后，双方仍维持这种关系，直至 10 世纪 70

---

① 《续资治通鉴长编》卷二八，雍熙四年五月，第 637 页。

② （宋）李埴：《皇宋十朝纲要》卷二，《宋史资料萃编》第一辑，文海出版社，1980，第 15a 页；（元）脱脱等：《辽史》卷一三《圣宗本纪》，鼎文书局，1980，第 145 页。

年代晚期，党项内部因争夺领导权而发生冲突。① 宋太宗在太平兴国五年（980）册封李继捧（1004 年逝世）为定难军留后，但他无法有效进行统治。饱受族人内斗困扰的李继捧，在太平兴国七年（982）年至汴京向太宗要求移居京城，由宋廷派人统治他辖下的四州八县之地。然而，继捧的族弟李继迁（963~1004）反对这项举动，并率领追随者北逃至地斤泽。与其他游牧部落结盟的李继迁，遂开始建立自己的势力。雍熙元年（984），宋军袭击地斤泽，但继迁幸运地逃脱，并继续争取其族人的支持，企图夺回党项故地。

由于李继迁的手下熟悉地形，又具有高度的机动性，宋军即使在数量上拥有压倒性的优势，却无法捕捉其主力加以歼灭。每当大批宋军进击时，李继迁或者假意归降，或者带领他的人马进入沙漠中躲藏。一旦宋军主力撤退，他又继续攻击边境。由于西部边疆距离北宋经济核心区非常遥远，长期在此维持庞大驻军，成为宋廷与其人民的沉重负担。面临这一困境，太宗于端拱元年（988）接受赵普的建议，指派李继捧重新统治他先前奉上的土地，但仍不能阻止李继迁的进犯。到了至道二年（996），李继迁势力日益强大，开始围攻西北边界的战略要塞灵州。为固守这个重要的据点，太宗发动大军征讨，文臣群起反对，但无效果，一名反对者甚至被贬官。② 宋军虽兵分五路进讨，却无法获得预期的成果。直到太宗在至道三年（997）三月过世时，宋军仍持续在边境与党项作战。③

---

① 有关党项与中原政权在五代及宋初时期的关系，见 Herbert Franke and Dennis C. Twitchett ed. , *The Cambridge History of China*, vol. 6（Cambridge：Cambridge University Press, 1994），pp. 164 – 167。

② （宋）文莹：《续湘山野录》，中华书局，1984，第 72 页；《续资治通鉴长编》卷三九，至道二年五月，第 834~838 页。

③ 关于宋朝与党项部族在太宗时期的互动关系，参见李华瑞《宋夏关系史》，河北人民出版社，1998，第 18~29 页；*The Cambridge History of China*, vol. 6, pp. 168 – 170。

　　总而言之，太宗虽然消灭了一些独立政权，北宋仍旧无法摆脱外在军事威胁。在此情况下，尽管皇帝想要将更多的政治权力交付给文臣，武人的重要性依然无法被忽视。为了维持强大的武力，部分文官也承认给予军人权力与地位的必要性。[①] 端拱二年，太宗要求文武官员上奏"备边御戎之策"，右拾遗王禹偁提出"艰难选举，抑儒臣而激武臣也"的建议，因为：

　　　　自陛下统御，力崇儒术，亲主文闱，志在得人，未尝求备。大则数年便居富贵，小则数月亟预官常。或一行可观，一言可采，宠锡之数，动逾千万，不独破十家之产，抑亦起三军之心。臣亦其人，固自言耳。但恐授甲之士，有使鹤之言，望减儒冠之赐，以均战士之恩。[②]

可见太宗以科举大量取士，又让进士出身的文臣快速取得高阶职位，享受各种优待，不免打击了军人的士气。即使王禹偁自己身受其利，仍主张为了应付边患，必须削减文臣的恩赏，转赐给武人。由此可见，沿边的紧张情势，无疑成为维持武人地位与影响力的主要因素。北宋君臣若想进一步扩张文人权力以完全压制武人，寻求永久解决外来威胁的方式成为首要之务。

---

① 有关文臣建议太宗减少干预边将行动的例子，见《续资治通鉴长编》卷三〇，端拱二年正月，第 672、675 页。

② 《续资治通鉴长编》卷三〇，端拱二年正月，第 672~673 页。

# 第五章

# 文臣的全面性胜利（998～1063）

## 绥靖政策与和平再临

至道三年（997）三月，宋太宗过世，他的儿子赵恒（968～1022）继位，是为真宗皇帝（997～1022年在位）。北宋的第三任皇帝生长在一个和平的大环境中，且精通儒学。在继承皇位之前，真宗曾担任行政职务，但对军事工作相当陌生。[1] 就像他的父亲，真宗热衷于学术及文艺活动，重视文化素养的价值更甚于作战技能。发生于咸平五年（1002）的一件事，足以说明这一倾向。当时代州的官员推荐一位剑术名家至京城，希望朝廷予以重用。但真宗下令将此人遣返家乡，因为他担心："若奖用此，民间悉好剑矣。"[2] 可见在真宗心中，尚武不应成为民间普遍的风气。不幸的是，这位"好文"皇帝所面临的首要问题，却是外来的军事威胁。

宋与党项的战争，是耗费真宗大半心神的第一道难题。从西

---

[1]  有关真宗所受的文艺教育及行政训练，参见刘静贞《北宋前期皇帝和他们的权力》，第92～95页。

[2]  《续资治通鉴长编》卷五二，咸平五年五月，第1131页。

边传来的紧急军情甚至会占用他吃饭与休息的时间。① 正当党项军几乎耗尽赵宋在西边的资源之际，契丹又制造更为严重的威胁。咸平二年（999）九月，契丹皇帝亲率大军进犯河北，这是自淳化元年（990）以来首次大规模入侵。在此之后，契丹军几乎年年入侵河北地区。② 赵宋陷入两面作战的困局，给真宗带来沉重的压力。

由于事必躬亲是太宗治国的特色，作为继承人的真宗就被期待成为一名自信、勤勉，且有决断力的统治者。一开始，真宗努力地想达成这个目标。然而，温和的性格造成真宗很难达到父亲的高度。③ 理想与实践间的鸿沟，成为真宗主持政务的难题。尽管有意亲自解决各种政治难题，真宗却缺乏做出决断的自信心。他在面对军事问题时所显现的困窘，只是其中的一面。

宋太宗由于自负于自己的军事才能与经验，喜欢独断地决定作战策略，只有少数官员有机会与他讨论军事计划。相反，真宗则缺乏类似的自信，因而倾向听取文武官员的各种意见。登上皇位之后，他指派老将曹彬出任枢密使，并以文臣向敏中（949～1020）为枢密副使。④ 向敏中曾经是太宗商议党项问题时的重要顾问，该任命反映了真宗有意平衡文武精英的军事政策意见。此外，为了听取各种声音，真宗也让宰相充分参与军事决策，并经常询问边将们的意见。⑤ 但是，这种广纳建言的倾向有其缺点，

---

① 《续资治通鉴长编》卷五六，景德元年七月，第 1243 页。
② 参见柳立言《宋辽澶渊之盟新探》，收录于《宋史研究集》23，"国立"编译馆，1995，第 75～84 页；刘静贞《北宋前期皇帝和他们的权力》，第 115 页。
③ 关于真宗之性格，以及他所承受追随太宗典范的压力，参见刘静贞《北宋前期皇帝和他们的权力》，第 91～101 页；Karl Olsson, "The Structure of Power under the Third Emperor of Sung China: the Shifting Balance after the Peace of Shan-Yuan," (Ph. D. dissertation, the University of Chicago, 1974), pp. 39–42.
④ 《续资治通鉴长编》卷四一，至道三年八月，第 876 页。
⑤ 关于太宗与真宗在处理军事问题上的差异，见刘静贞《北宋前期皇帝和他们的权力》，第 115 页；柳立言《宋辽澶渊之盟新探》，第 75～84 页。

官员们纷杂的意见经常导致真宗在做出决策时犹豫不决，从而错失适时采取适当措施的时机。

在党项议题上，真宗朝官员的争论聚焦于灵州城的弃或守。此城是李继迁自至道二年（996）以来最主要的攻击目标，持续的战斗严重破坏了灵州地区的农业生产，导致驻军与居民的生计必须仰赖陕西运送来的粮食。为了执行运补任务，宋军需要长途跋涉，通过杳无人烟的地区，极易受到党项军的伏击。如此一来，尽管宋廷派遣了大量的军队保护运输部队的安全，仍只有一小部分的粮食能成功运抵灵州城下。在此困境下，部分文官主张，灵州的失陷只是时间的问题，继续防御灵州只是浪费人力与物资。朝廷应通过谈判，主动将灵州割让给李继迁，以换取双方的停战。① 然而，自太宗时期，党项就被北宋君臣认为只是一个小蛮族部落，而非强劲的敌手。② 任何对党项的让步都会成为朝廷的耻辱。从实际层面考量，灵州附近区域是完美的牧场，割让灵州将增加党项的实力，有利于其未来持续的进犯。一旦失去灵州，宋廷与西部其他游牧民族的联系也将受到严重干扰，特别是吐蕃与回鹘，这两个部族是宋军战马的主要供应者。③ 正因如此，即便有臣僚持续主张割让灵州，真宗仍不愿放弃。咸平四年（1001）十月，真宗特别指着宫殿墙上的灵州地图，对大臣说："此冯业所画，颇为周悉，山川形胜如此，安得知勇之士为朕守之乎？"④ 他强调灵州地理位置的重要，期待有良将加以固守。

尽管不愿意放弃灵州，真宗却缺少有效手段去解救这座岌岌

① 有关防御灵州的困难，见《续资治通鉴长编》卷三九，至道二年五月，第835～836页；卷四一，至道三年正月、七月，第860～861、874页；卷四二，至道三年十二月，第894～895页；卷四七，咸平三年九月，第1026页。
② 李华瑞：《宋夏关系史》，第352页。
③ 关于控制灵州的重要性，见《续资治通鉴长编》卷四四，咸平二年六月，第947页；卷五〇，咸平四年十二月，第1092页。
④ 《续资治通鉴长编》卷四九，咸平四年十月，第1078页。

可危的愁城。咸平四年年底，战况更加恶化，真宗再度向群臣征询意见。经过漫长的辩论后，真宗决定派出一支为数六万的远征军前往增援灵州。然而，宋廷迟缓的决定已无补于大局。咸平五年（1002）三月，宋军尚未出发，灵州已落入李继迁之手，并成为党项人的政治中心。[①] 由于无法以武力压制党项，宋廷决定联合吐蕃与回鹘的军力来牵制李继迁。北宋的主要盟友是实力强大的吐蕃首领潘啰支（1004 年逝世），通过提供官职、金钱与武器，宋廷成功地与吐蕃结成同盟。李继迁为了拓展疆土，于咸平六年（1003）年末进攻吐蕃，却遭到潘啰支部队的袭击，兵败受伤，不久之后死去。[②] 李继迁的身亡对党项政权的发展是个严重的打击，他的儿子德明（981～1031）继位，选择停止与宋军作战，宋廷因而得以集中力量对付契丹。

自太宗朝以降，契丹的威胁就成为北宋群臣最为关切之事。咸平二年（999）之后，防范契丹的入侵成为群臣表章与君臣对谈中最主要的议题。有鉴于先前军事行动的失败，发动北伐以收复燕云十六州的主战意见在真宗时期几乎销声匿迹。[③] 相对地，派遣使臣洽谈和议的计划在真宗继位后即被提出，连雍熙三年的北伐主帅曹彬，也主张和谈，并相信两国能达成协议。[④] 这反映了宋朝文武官员对与辽军作战普遍感到悲观。然而，北宋君臣对

---

① 《续资治通鉴长编》卷五〇，咸平四年十二、闰十二月，第 1095～1103 页；卷五一，咸平五年三月，第 1118 页。《宋史》卷四八五《夏国传上》，第 13988 页。

② 关于赵宋与吐蕃的结盟，见廖隆盛《北宋对吐蕃的政策》，《台湾师大历史学报》4，1976，第 145～153 页；Luciano Petech, "Tibetan Relations with Sung China and with the Mongols," in Morris Rossabi ed., *China among Equals* (Berkeley: University of California Press, 1983), pp. 175–176。

③ 在真宗朝，唯一主张收复燕云十六州的建议是由中阶武官张耆（1048 年逝世）在景德元年（1004）所提出。不过由于高阶官僚与将领全都表示反对，因此真宗并没有接受这项提案。见《续资治通鉴长编》卷五八，景德元年十一月，第 1282～1283 页；《宋史》卷二六八《王显传》，第 9232 页。

④ 《续资治通鉴长编》卷四四，咸平二年五月，第 945 页。

和谈的期望，随着咸平二年契丹的大举入侵而破灭。[1] 当主动北伐与外交协商都不再可行时，消极防御成为宋廷的唯一选择。

面对移动迅速的契丹骑兵，宋军要想在契丹进犯前做好防备是相当困难的。为了有效应付不可预知的进攻，边境的将领需要自主管理权；宋太祖给予边将指挥军队与管理财政的权力，证明能有效防御契丹的进攻。不过，宋太宗却采取截然不同的做法，通过颁布阵图以及指派监军，事无巨细地指挥军队行动，期望武将成为言听计从的傀儡。继承这两个相互矛盾的传统，真宗的军事调度在两个极端之间游移。一方面，他会仔细地与朝臣及边将讨论军事调遣，接着做出最后决定，并提供阵图给沿边武将遵行。等到契丹最可能进犯的秋季将临，朝廷派遣的使者会到各地视察阵图的执行状况。[2] 另一方面，真宗也承认统帅有必要依据战场上的实际条件，对原先的决定做出权宜性的改变。[3] 如此一来，一旦战斗开始，宋军将领往往面临抉择：是遵行皇帝原先的调遣，还是根据实际状况做出自认适合的决定？[4] 事实上，皇帝诏命成为部分怯弱武将拒绝出战的借口。[5]

真宗的基本战略是，在敌人主力可能会进犯的路线上预先布置重兵。一旦双方的主力正面对决，其他区域的驻军则由侧翼攻

---

[1] 柳立言：《宋辽澶渊之盟新探》，第 91～93 页。

[2] 这些使者被称为"押阵使臣"，见《续资治通鉴长编》卷五三，咸平五年十一月，第 1162 页。

[3] 关于真宗在设计抗辽策略上所做的各种努力，参见柳立言《宋辽澶渊之盟新探》，第 80、87～88、99～101 页。

[4] 例如，咸平四年（1001）主帅王显（932～1007）的先遣部队没有依照阵图部署。尽管他的军队最终击败了契丹的入侵者，王显仍旧上章请罪，只因他的手下没有遵照皇命行事。见《宋史》卷二六八《王显传》，第 9231～9232 页。

[5] 发生在咸平六年（1003）四月的望都之战便是一个例子。当时契丹攻击望都，武将王超请求大将周莹（951～1016）驰援望都，然而周莹却回应道，若没有皇帝的授权，他的人马绝对不会离开他们的原有驻地。见《宋史》卷二七八《王超传》，第 9465 页；《续资治通鉴长编》卷五四，咸平六年五月，第 1191～1192 页。

击契丹，或者切断他们的补给线。通过这样的分进合击方式，真宗希望能取得一场决定性的胜利，就此杜绝敌人未来的进攻。不幸的是，契丹统帅不断变更进犯的时间与路线，使得真宗的反击很难成功。咸平二年至六年（999～1003），尽管宋军赢得了几场战争的胜利，但他们也同样遭受几次严重的挫败。所有的战斗都发生在赵宋境内，造成了大量的伤亡与财物损失。① 真宗在咸平六年表达了他的沮丧之情："今外敌岁为民患，既不能以德服，又不能以威制，使边民横被杀伤，骨肉离异，为人父母者，其得安乎！"② 显然，长期的交锋对北宋极为不利。

对于自己构思的军事策略，真宗相当有自信，他认为战场上不尽如人意的结果，都是缺乏有才干的武将及未能落实战略所致。寻找智勇之将成为真宗的一大难题。③ 直到宋辽罢兵之后，真宗在大中祥符三年（1010）依然抱怨将领的过失："自顷契丹入寇，备御之策，无日不讲求，而将帅不能决胜。"④ 既然对武将感到失望，那么御驾亲征成为真宗的一个选择。

另一个促使真宗考虑亲自统兵的因素，在于由单一武将指挥大军所带来的潜在危险。知开封府钱若水在咸平三年（1000）提醒真宗："五代以来，为将北征者，大则跋扈，小则丧师，皆布于旧史，陛下之所知，不可不慎之，不可不戒之。"⑤ 由于怀有这样的忧虑，宋廷一直很警惕将过多的军士交付给一个武将统领。⑥

---

① 关于咸平二年至六年（999～1003）间发生的宋辽战役，见柳立言《宋辽澶渊之盟新探》，第77～84页。

② 《续资治通鉴长编》卷五五，咸平六年十二月，第1219页。

③ 真宗抱怨良将难寻的事例，见《续资治通鉴长编》卷六十，景德二年五月、七月，第1335、1350页。

④ 《续资治通鉴长编》卷七三，大中祥符三年三月，第1661页。

⑤ 《续资治通鉴长编》卷四六，咸平三年三月，第1001页。

⑥ 一个事例发生在咸平五年。当已统率六万名士兵的大将王超，向朝廷请求将另外四个军团由他指挥时，他的请求被真宗及宰臣回绝。见《续资治通鉴长编》卷五二，咸平五年六月，第1137页；卷五八，景德元年十月，第1277页。

驻防汴梁的禁军人数超过了二十万，远超其他地区的驻军。<sup>①</sup> 对于皇帝而言，这支军队至为重要，绝不能落入一个武将之手。不过，如果皇帝御驾亲征，就可以尽量调动军队，进而让宋军在对付契丹军时拥有数量上的绝对优势。职是之故，真宗很期盼自己可以遵行太祖与太宗的前例，亲自参战且立下功勋。

咸平二年（999），当真宗首次面对契丹的进犯时，他决定亲自参战，借以展现他处理军事威胁的能力。他亲率禁军渡过黄河，抵达河北南部的战略要地大名。然而，由于契丹的攻势局限于河北北部，距离真宗的军队相当遥远，他错失了真正作战的机会。<sup>②</sup> 在此之后，真宗曾两度计划亲自指挥边境守军，不过都被他的高层文官及武将所劝阻。<sup>③</sup> 然而，武将的平庸表现持续刺激着皇帝采取积极行动。当景德元年（1004）年初西部战线的压力因李继迁的身亡而缓解时，真宗再次计划率军开赴河北，并期待能打下一场决定性的胜仗。

景德元年上半年，宋廷的政治气氛也因为宰相李沆（947～1004）的去世而有所改变。李沆是真宗即位前的老师，后来成为他最信任的宰臣。作为政治上的保守主义者，李沆始终反对在内政或对外政策上采取过于积极的做法。<sup>④</sup> 接替李沆职位的人是以

---

① 当真宗在咸平二年（999）于汴梁阅兵时，有二十万名士兵参与了此次大阅。见《续资治通鉴长编》卷四五，咸平二年八月，第960页。在北宋时期，于都城驻守重兵是一项基本军事原则，见王曾瑜《宋朝兵制初探》，中华书局，1982，第32～33页。

② 柳立言：《宋辽澶渊之盟新探》，第78～79、93～94页。

③ 咸平五年（1002）与六年（1003），真宗曾两度提到他亲自率军对抗契丹的计划，不过都被官僚所劝阻。见《续资治通鉴长编》卷五二，咸平五年六月，第1138页；卷五五，咸平六年七月、十二月，第1206、1219～1220页。

④ 《续资治通鉴长编》卷五六，景德元年七月，第1243～1244页；（宋）杨亿：《武夷新集》卷一〇《文靖李公墓志铭》，收入《景印摛藻堂四库全书荟要》第368册，世界书局，1986，第1～9页；《宋史》卷二八二《李沆传》，第9537～9541页。

强悍行政能力与性格积极进取闻名的寇准（961～1023）。寇准的晋升在某种意义上代表着保守氛围的消失，真宗亲自统军的理念终于在官僚中得到强力的支持。

当时临近秋天，宋廷为了准备对付即将到来的辽军入侵而忙碌。九月，真宗要求宰臣及枢密使商议他前往河北的最佳时机。[①]几周以后，契丹发动了一场在规模上前所未见的进犯，辽圣宗及萧太后指挥超过三十万的大军南下。敌军的数量完全超乎赵宋君臣的想象，致使某些文官建议皇帝应该南逃。尽管真宗没有接受此类意见，但他同样慑于敌军的实力，并开始犹豫是否要执行率领禁军开赴前线的计划。不久，契丹表达有意协商的信息，使得真宗重新燃起和平的希望。十月，真宗派遣曹利用（971～1029）为使臣，前去契丹阵营，并吩咐他协商的底线是付钱换取和平，而不是割让土地。

在协商进行的同时，契丹军队仍持续攻击。他们的首要目标是所谓的"关南"地区，即后周世宗在显德六年（959）收复的区域。经过两周左右的失败进攻，契丹放弃围攻宋军所固守的城池的计划，转为长驱深入，逼近黄河沿岸。地处黄河南岸的汴梁城直接受到威胁。寇准坚持真宗应率领禁军渡河至北岸的澶州，以阻止敌军继续前进。受到寇准的鼓舞，真宗在十一月挥军北上。畏惧契丹军的强盛，许多文官坚持主张朝廷应当南迁。然而，寇准与禁军主帅高琼（935～1006）告诫真宗，他的南逃将会打击士气，导致禁军瓦解。真宗了解情势危急，决定赶赴澶州，尽管他依旧担心胜利的可能性。[②]

幸运的是，就在真宗抵达前夕，宋军成功地将澶州城外的契

---

① 有关赵宋政府在景德元年（1004）就准备工作进行的讨论，见柳立言《宋辽澶渊之盟新探》，第98～100、108～109页。

② 《续资治通鉴长编》卷五八，景德元年十一月，第1284～1287页；《五朝名臣言行录》卷4c，第2～3页。

丹军击退。契丹主帅萧挞凛（1004 年逝世）负伤而死。契丹军受此损失，停止攻击行动，整体局势转而有利于赵宋。然而，宋军并没有乘此机会，发动反击以逐退契丹人。显然，真宗仍旧缺乏发动决战的信心，且担忧任何作战的失败都可能导致无法挽回的结果。双方既陷入军事上的僵局，于是很快进行谈判达成停战协定。

由于真宗慷慨地提供金钱和物资作为交换和平的条件，协商进行得相当顺利。双方最后协议，宋方每年交纳岁币白银十万两、绢二十万匹，并保证辽军撤退时的安全；辽方同意维持两国现有的边界。双方停止在沿边地带建造新的防御工事，并禁止庇护逃亡者与罪犯。宋军将领建议在敌军撤退时加以追击，渴望和平的真宗对此请求置之不理。① 在十二月月底，双方互换誓书，达成后世所谓的"澶渊之盟"，契丹军随即安全撤退回境。

真宗之所以决定以金钱换取和平，主要是因为缺乏成功抵御契丹进攻的自信。他登上皇位已经八年，花费极多的时间和精力处理军事问题，却没有任何显著的成效。为了解决契丹问题，他在景德元年（1004）年初着手准备一场决定性的会战，然而契丹前所未见的大规模攻势粉碎了他天真的期待，使他对军事对抗感到绝望，而寻求一个简单的办法解决眼前的危机。反对和议的寇准，曾提出不同的构想，并对真宗保证："如此，可保百年无事。不然，数十岁后，戎且生心矣。"真宗则应说："数十岁后，当有能扞御之者。吾不忍生灵重困，姑听其和也。"② 真宗的话承认自己欠缺成功阻止契丹进攻的能力。尽管意识到盟约并不能保证长久的和平，他仍决定将这个问题留给后人处理。真宗渴望解决眼

---

① 《续资治通鉴长编》卷五八，景德元年十二月，第 1291 ~ 1293、1296 ~ 1297、1299 页。柳立言认为正是这些附加条件，而非岁币，对赵宋带来最为负面的影响，见氏著《宋辽澶渊之盟新探》，第 121 ~ 122 页。

② 《续资治通鉴长编》卷五八，景德元年十二月，第 1298 页。

前危难的焦虑，也展现在岁币数量的决定上。曹利用结束谈判后，真宗派遣一名宦官询问他岁币的总额。曹利用没有回答，仅仅举起三根手指头。当宦官回报，真宗误以为三根手指代表三百万银绢，忍不住失声道："太多！"但他旋即加了一句："姑了事，亦可耳。"① 显然，和平已成为真宗最关切的事情，不论付出的经济代价有多高。

对于军事作战失去信心及兴趣的真宗，在与契丹订结完澶渊之盟后，同样也对党项采行和谈政策。李德明在景德元年（1004）年初继承党项的领导权，宋廷遣使提出多项严苛的要求，包括对宋称臣，归还灵州以及解散党项军队。前宰相向敏中被派至陕西，以处理双方协商事宜。② 与此同时，真宗拒绝武将曹玮（973～1030）敦请发动远征以歼灭李德明势力，并吞党项疆土的上奏。③ 景德二年（1005），李德明的使臣呈上一份正式文书，表达他称臣的意向。依据之前的要求，真宗向使者提出七项条件，以交换宋方提供的五项报酬，包括官衔、丰厚的赏赐，以及边境贸易的特权。④ 尽管李德明很渴望得到经济上的利益，他也深知宋方的七项条件将会大幅削弱其军事实力。因此，他持续通过进献贡物来宣示臣属的地位，但对七项要求置若罔闻。怀疑李德明诚意的边将，再次要求出兵进攻，但真宗坚持以外交协商解决分歧。⑤ 然而，李德明一再采取拖延战术，使得宋廷不可能通过协商削弱其军事实力。不愿诉诸武力的真宗，也只好有所让步。景德三年（1006）五月，真宗主动减少条件，仅仅要求李德明将他的亲弟与长子送至汴梁作为人质，并停止攻击与宋结盟的西方部

① 《续资治通鉴长编》卷五八，景德元年十二月，第 1292 页。
② 《续资治通鉴长编》卷五六，景德元年二月、五月，第 1228、1236 页。
③ 《续资治通鉴长编》卷六三，景德三年五月，第 1402 页。
④ 《续资治通鉴长编》卷六〇，景德二年五月，第 1345～1347 页。
⑤ 《续资治通鉴长编》卷六三，景德三年五月，第 1402 页。

族。向敏中对此种让步大表支持，对真宗说："姑务羁縻，以缓战争可也。"① 由于将姑息奉为原则，所以当双方在十月达成协议时，赵宋几乎撤回了所有的要求，仅要李德明进呈称臣的誓表并与其他游牧部族维持和平。如此一来，李德明不仅保存了他的军事实力，还从赵宋那方取得官衔、薪俸，以及丰厚的赏赐。②

在澶渊之盟以后，真宗显然已经无意再用军事手段处理对外关系，即便面对的是较为弱小的政权。景德三年（1006），交趾国爆发党争，促使一批越南官员祈求赵宋介入调停。地方官员向真宗报告，只需动用少数的军队即可征服这个南方邻国，但真宗否定了这个计划，声明他的职责仅仅在于守护继承自祖先的领土。③ 真宗完全放弃对周边国家用兵的立场，无疑是北宋文臣自太祖朝以来致力于宣扬弭兵所取得的重大胜利。在真宗去世之前，此项政策大致上维系北方及西方边界的和平。一方面，契丹与党项的领导人对于宋方提供的经济利益感到满足，不想发动战争，以免危及此项重要收入。④ 另一方面，真宗坚持姑息政策，甚至无视某些明显违反协定的状况，只求避免开战。在处理党项的问题上，真宗的姑息倾向尤其明显。尽管宋曾要求党项停止攻击其他西方游牧部族，然而李德明却执意向西扩张领土。吐蕃与回鹘一再向宋廷控诉李德明的军事行动，真宗却从未采取有效的对策。⑤ 宋与党项之间也爆发了几次小规模的军事冲突，但真宗

---

① 《续资治通鉴长编》卷六三，景德三年五月，第1403页。

② 《续资治通鉴长编》卷六四，景德三年九月、十月，第1427~1429页；《太平治迹统类》卷五，第25~26页。

③ 吕士朋：《宋代之中越关系》，第275~276页。

④ Tao Jing-shen, *Two Sons of Heaven: Studies in Sung-Liao Relations* (Tucson, The University of Arizona Press, 1988), p. 32；杜建录：《西夏与周边民族关系史》，甘肃文化出版社，1995，第55~56页。

⑤ 《续资治通鉴长编》卷六五，景德四年三月，第1448~1449页；卷六六，景德四年九月，第1490页；卷六九，大中祥符元年八月，第1554页；卷七○，大中祥符元年十二月，第1580页。

并未因此惩罚李德明，甚至将这些冲突归咎于北宋边将的失职。[1]
由此看来，西部边境和平的维持，不过是真宗一再让步的结果。

不过，随着和平的达成，真宗开始萌生一种矛盾的情绪。一方面，他对于终结外来攻击而感到自豪，因为这不仅为百姓带来经济上的繁荣，且也减轻了自己与臣僚的压力。在此情况下，真宗能够将注意力移转到学术及礼仪事务上，例如，编纂类书及改革礼乐仪式。同时，真宗有更多时间在宫中召开宴会，臣僚也享有更多的假期和休闲。[2]真宗甚至指示宰相王旦（957～1017）置妾，鼓励他进行更多的娱乐消遣。[3]但是，真宗了解和平的代价不仅在于每年北送的钱财，更有损于王朝的尊严。根据儒家的理想，中国的皇帝应当是天下唯一的领导人；受到他的道德感召，所有外族都将臣服。然而，赵宋与契丹之间的外交关系显然与此理想有所冲突。真宗承认契丹皇帝与自己拥有相同的地位，如此一来，他不再是天下唯一的领袖。[4]

为了解决这个矛盾，真宗转而从事一系列的仪式活动，希望借此说服子民及外族，自己才是"天命"的唯一指定者。举行仪式的工作始于大中祥符元年（1008）。真宗宣告有一封"天书"降至他的宫殿，内容为上天对他的恩泽。为了酬谢天命，皇帝亲自从事一系列献祭天地的仪式。接着，真宗积极投入崇奉道教的活动中，耗费诸多人力、物力以建造新的宫观，并亲自祠祀致敬。在各种仪式之外，真宗亲自撰写许多文字阐释他至高无上的权威，同时与那些批评他的宗教热情已违背儒家原则的官员进行

---

① 《续资治通鉴长编》卷七四，大中祥符三年八月，第1684页；卷九三，天禧三年三月，第2139页；卷九五，天禧四年六月，第2199页。
② 《续资治通鉴长编》卷六四，景德三年九月，第1425页；卷七六，大中祥符四年十月，第1739页。
③ （宋）苏辙：《龙川别志》卷上，中华书局，1982，第74页。
④ 刘静贞：《北宋前期皇帝和他们的权力》，第117～118页。

争论。① 热衷于写作及礼仪，真宗越来越少关注其他的政治事务，这也反映在以下的事件中。

大中祥符九年（1016），知秦州曹玮得知由吐蕃首领唃厮啰（997~1065）率领的军队将要入侵，遂向朝廷请求派遣援军。然而，真宗正在筹备致祭道教最高神祇玉皇，认为在京城调动军队是不祥之兆，因而拒绝了曹玮的请求。曹玮为此愤而请辞，但真宗不为所动，转而要求翰林学士李迪（971~1047）推荐曹玮的继任人选。李迪考量到真宗不愿调动京城的禁军，乃力主派遣陕西境内其他驻军增援秦州，以满足曹玮的作战需求。真宗最终接受李迪的想法，使曹玮获得足够的援军，得以在九月将攻击者彻底击溃。② 真宗任性地为了宗教活动将国防考量置于一旁，显示军事议题已不再是他的首要关怀。此外，最终说服真宗改变做法的是一位文官而非武臣，体现出武人影响力在澶渊之盟后的式微。

## 武人权势的没落

尽管真宗是一位热衷儒教与文学活动的人，不过他即位之后持续性的外来威胁，致使武官的地位与权力并没有因为他的即位而衰落。也因为武臣的实际重要性，真宗还特别授予他最信赖的几位武将特殊的奖赏与恩赐。③ 武臣除了如前文所述那般得以担任沿边的重要职守外，还可参与决策。当涉及外交关系或边疆防御议题时，真宗常会征询武臣的意见。

不过在仰赖武人服务的同时，真宗也试图扩大文人在军事议

---

① 有关真宗对于宗教活动之热情的讨论，见刘静贞《北宋前期皇帝和他们的权力》，第126~137页；张其凡《宋真宗"天书奉祀"闹剧之剖析——真宗朝政治研究之二》，收于氏著《宋初政治探研》，暨南大学出版社，1995，第206~251页。
② 《续资治通鉴长编》卷八八，大中祥符九年九月，第2012~2013页。
③ 柳立言：《宋辽澶渊之盟新探》，第86~89页。

题上的影响力。如前所言，相较于他之前的皇帝，真宗确实让文臣在军事事务上享有更广泛的参与权。受到皇帝的鼓舞，一些文人精英倡议任用"儒将"。他们将当时武将平庸的表现归咎于欠缺儒学素养，建议真宗指派具备儒学涵养的官员担任统帅。① 不过，尽管真宗确曾尽力寻找理想中的"儒将"，但多数的文人精英仅能谈论军事策略，缺少真正的能力或兴致去担任武职及统领军队。② 对于这个事实甚感失望的真宗，如此评论道："朕尝见儒人谈兵，不过讲之于樽俎砚席之闲，于文字则引孙、吴，述形势皆闲暇。清论可也，责之于用，则临事罕见有成效者。"③

由于对文人的能力有所怀疑，皇帝鲜少指派文官出任重要的军事职位。钱若水（960～1003）是少数被真宗认为确实具备军事能力的高阶文臣，因而在咸平五年（1002）被委派为并代经略使，负责河东地区的边防。④ 然而，钱若水不习惯艰苦的戎马生活和河东北部寒冷的气候，不久即身染重病。一年之后，真宗被迫将他召回京城，但钱若水依然在三个月后病逝。⑤ 钱若水的悲剧，反映出一位文官改换军职所承担的高度风险。

景德元年（1004），真宗在对契丹备战时，指派了几位文臣前去驻守战略要地。例如，接替钱若水职位的人是雷有终（947～1005），他曾在咸平三年（1000）率兵成功地平定四川地区的叛乱。⑥ 参知政事王钦若（962～1025）被派遣至大名，主持这座重

---

① 《续资治通鉴长编》卷四二，至道二年九月，第881页；卷四五，咸平二年十二月，第977～978页。

② 《续资治通鉴长编》卷四六，咸平三年三月，第1002页。

③ 《玉壶清话》卷七，第73～74页。

④ 《续资治通鉴长编》卷五一、五二，咸平五年四月、七月，第1124、1140页；《玉壶清话》卷七，第74页。

⑤ 《武夷新集》卷九，《钱公墓志铭》，第6～12页。

⑥ 《宋史》卷二七八《雷有终传》，第9457～9462页。

要城市的防御工作。① 然而，真宗依然对这些文人精英的军事能力心存怀疑。当寇准敦促他亲临战场之时，真宗质疑他："卿文臣，岂能尽用兵之利？"② 职是之故，寇准必须寻求禁军统帅高琼的支持。最后靠着高琼与王应昌这两位武臣的大力说服，真宗才亲临河北前线。③

景德元年的军事紧张使得武人权势得到了暂时性的恢复，从军也突然成为士人追求功名的选择。当真宗领军前往河北时，有一百多名在解试中落第的考生宣称"素习武艺"，要求从军参战，真宗召集他们测试，结果"能挽弓者才三人"。④ 这个例子再次显示北宋文人普遍缺乏军事技能。对于武官而言，当下的危机让他们得以宣泄对文臣的不满。在真宗到达澶州南城后，高琼坚持他应渡过黄河，抵达北城。副枢密使冯拯（958~1023）斥责高琼的无礼。高琼回道："君以文章为二府大臣，今虏骑充斥如此，犹责琼无礼，君何不赋一诗咏退虏骑邪？"⑤ 讥讽冯拯只会写作诗文，面对敌军则毫无作为。这是真宗朝的武人最后一次有机会斥责文人在面对现实问题上的无能。

当决定以金钱换取和平后，真宗完全拒绝武臣的主战提议。部分武臣认为朝廷与契丹、党项达成的和平协议并不可靠。然而，真宗与执政官员对这些警告置若罔闻，甚至质疑武官提出此类言论的真正动机。景德四年（1007），当真宗提到部分武臣反对与契丹缔结和平关系时，冯拯回应道："边方不宁，武臣幸之以为利。"⑥ 也就是说，武官只是为了一己私利，才会反对和议。

---

① 《续资治通鉴长编》卷五七，景德元年闰九月，第1267页。
② 《东都事略》卷四二，第1页。
③ 《续资治通鉴长编》卷五七，景德元年十一月，第1284~1285页。
④ 《续资治通鉴长编》卷五七，景德元年十一月，第1281页。
⑤ （宋）司马光：《涑水记闻》卷六"高琼请幸北城"，中华书局，1989，第114页。在宋代，"二府大臣"一词是指中书及枢密院的正、副长官。
⑥ 《续资治通鉴长编》卷六七，景德四年十二月，第1514页。

真宗对边将也有类似的批评："边臣利于用兵，殊不知无战为上。"① 显然，在皇帝的支持下，绥靖政策成为朝廷的主流，武人的反对意见则被解释为谋求私利。真宗在大中祥符元年（1008）与臣子的另一场对话同样展现出他对武人的轻鄙："武臣无事之际，喜谈策略，及其赴敌，罕能成功。好勇无谋，盖其常耳。"② 相较真宗先前对于武臣的敬重，以及对其建言的审慎考虑，皇帝这时看来显然已改变了他的态度。

外患的减少使真宗减少了在国防方面的投入，并裁减沿边武将及驻军的数量。若有武官执意反对，真宗毫不犹豫地予以撤换。举例来说，真宗在景德三年（1006）十一月以周莹取代孙全照（952～1011）担任邠宁环庆都部署，即因孙全照拒绝执行裁减陕西驻军的指令。八个月后，真宗又因为相同的理由撤换周莹，并指责他不肯减少驻军是因"无心息民"。③

当军事威胁解除后，真宗对北边及西边地方长官的人选也有不同的考虑。在过去，处理军事事务的能力无疑是沿边地方官最需具备的能力。甚至有武臣主张沿边各地的长官皆应由武人出任。④ 现在，那些勇猛好斗的武将已经失去他们的价值。因应和平的新情势，地方官需要的能力是精熟法律与处理民政，这些皆非武人所长。因此，地方上的要职逐渐转移至文官手中。部分武臣虽继续担任知州，其权力也遭到削减。大中祥符五年（1012），真宗下令武人知州不再负责监督辖区内的科举考试，而由通判、幕职等文臣决定解试的录取名单。⑤ 担心武臣知州不善于治民，

---

① 《续资治通鉴长编》卷八三，大中祥符七年十一月，第1904页。
② 《续资治通鉴长编》卷六八，大中祥符元年三月，第1528页。
③ 《续资治通鉴长编》卷六四，景德三年十一月，第1433页；卷六五，景德四年六月，第1463页。
④ 《续资治通鉴长编》卷五七，景德元年九月，第1260页。
⑤ 《续资治通鉴长编》卷七八，大中祥符五年八月，第1781页。

真宗倾向让通判主导各州的民政事务。① 因此，指派文官担任武人知州的通判，成为必须落实的政策。大中祥符六年（1013），真宗下令清查所有由武臣担任知州或知军地区的通判职缺，要求执政立即将其补实。② 武官知州的文事职权受到进一步的削弱。

当武官逐渐在地方上丧失影响力时，他们在朝廷中的权力也日益缩减。由于朝廷的氛围已经全然转向文治，武臣的处境越来越不利。从景德三年至天禧三年（1006~1019）担任枢密副使的武臣马知节（955~1019）就必须在此种不利的环境中力争。当真宗与多数朝臣全心投入天书、符瑞的仪式时，马知节力陈"天下虽安，不可忘战去兵之意"。这让他在执政臣僚中显得十分不合时宜。③ 盛行于朝廷的文学风气同样给马知节带来压力。由于行政工作的减少，真宗经常与高阶臣僚一同饮酒赋诗。尽管马知节的文学素养让他得以应付此类要求，但他显然不喜欢参与此类活动。④ 凭借着他的文学能力，马知节得以参与学术相关的讨论，且喜欢批评文臣同僚的短处。比如说，当真宗在大中祥符元年（1008）想要为了过世的皇后延长一年几筵之礼时，一些文官宣称这样将会违反男子为过世妻子服一年之丧的儒家礼仪。对此，马知节驳斥道："今士大夫未及周岁，已再娶矣，尚肯设几筵乎？"⑤ 挖苦文臣常在妻子去世后不到一年即再娶，暗示持反对意见者只是对去世的妻子缺少情义，而非真正在意儒家经典的规

---

① 《续资治通鉴长编》卷六〇，景德二年六月，第1349页。
② 《宋会要辑稿》职官四七之六〇，真宗大中祥符六年。
③ （宋）王安石：《临川先生文集》卷八七《检校太尉赠侍中正惠马公神道碑》，收于《四部丛刊初编·集部》第199~201册，台湾商务印书馆，1965年景上海涵芬楼藏明刊本，第547页。
④ 关于马知节的文学能力，见《续资治通鉴长编》卷九四，天禧三年八月，第2165页；《临川先生文集》卷八七《检校太尉赠侍中正惠马公神道碑》，第548页。马知节曾经回绝真宗要他赋诗的命令，但在真宗的坚持下，他最终还是作了一首诗。参见《续资治通鉴长编》卷六五，景德四年三月，第1447页。
⑤ 《续资治通鉴长编》卷六八，大中祥符元年四月，第1534页。

定。此类直率的批评，让许多同僚对马知节感到畏惧，同时也为他招来恶名。① 马知节尤其厌恶枢密使王钦若的奸诈，几度在真宗面前直言批判。大中祥符七年（1014），真宗将王钦若和马知节一同罢免，改派马知节为颍州防御使，并公开谴责他只知批评其他官员，却毫不在意自身的失当行为。②

真宗指派接替马知节朝官职位的官员，是武臣曹利用。身为成功议定澶渊之盟的使臣，曹利用在景德二年（1005）之后获得了迅速的升迁，也成为真宗赖以剿灭国内叛乱及御守西疆的武将。在真宗的支持下，曹利用在大中祥符七年（1014）成为枢密副使。③ 然而，缺乏足够文学素养的曹利用，受到文官的鄙视。每当曹利用与宰相寇准持有不同意见时，寇准就斥责他："君一夫尔，岂解此国家大体耶！"④ 可见，曹利用虽是经历丰富的官员，他的武官身份仍是文臣用以贬抑他的话柄。不过，曹利用随后利用文臣内部的党争，以及与刘皇后的密切关系得以掌握大权。

当真宗的健康自大中祥符九年（1016）以后渐趋恶化时，在大中祥符五年（1012）被册立的刘皇后，就成为皇权的实际行使者。尽管出身寒微，刘皇后却拥有足够的知识素养及政治兴趣参与朝政。成为皇后之后，她很快就得到真宗的信任，开始插手政务。当皇帝不再有精力掌管朝廷事务时，刘皇后便联合一些大臣，将她的影响力拓展至朝廷。相对地，另一批朝臣则相互合作以防范皇后影响力的扩张。刘后的盟友以参知政事丁谓（966～

---

① 有关马知节的正直名声，见《临川先生文集》卷八七《检校太尉赠侍中正惠马公神道碑》，第548页。

② 《续资治通鉴长编》卷八二，大中祥符七年六月，第1882～1883页。

③ 《续资治通鉴长编》卷八三，大中祥符七年七月，第1889页；《宋史》卷二九○《曹利用传》，第9706页。

④ 《续资治通鉴长编》卷九五，天禧四年六月，第2196页。

1037）为首，枢密副使曹利用则是其重要助手。天禧二年（1018），刘皇后与丁谓成功地将他们所厌恶的宰相寇准、李迪逐出朝廷。皇后因而得以在朝廷中巩固势力，成为实质上的统治者，直到她在仁宗明道二年（1033）去世为止。①

另一位得到刘皇后支持，出任枢密院长官的武官是张耆。在真宗即位以前，刘氏是他在藩邸中最宠爱的女人。太宗不满其子耽溺于刘氏之美，下令将刘氏驱逐出府。当时张耆是真宗藩邸的僚属，乃将刘氏迎到他的家中居住，直到太宗过世。② 感激张耆过去的帮助，刘皇后在掌握朝政后，便很快地对张耆加以提拔：他先在大中祥符九年（1016）出任枢密副使，接着又在仁宗天圣三年（1025）升任为枢密使。③ 由于张耆的权位全然来自他与皇后的私人关系，他无法赢得文人同僚的尊重。天圣七年，宰相王曾（978~1038）在刘太后面前称张耆为"赤脚健儿"，显示了对他的轻鄙。④

在刘皇后掌政时期，曹利用与张耆是最具影响力的武臣。而在丁谓于乾兴元年（1022）被逐出朝廷之后，枢密使曹利用身为经验最老练的执政官员，俨然变成朝臣的实质领袖。然而，他的武人身份始终阻碍他成为宰相。⑤ 天圣三年（1025），曹利用要求在上朝时站在百官之首，遭到宰相王曾的阻止，曹利用为此愤愤

---

① 真宗于乾兴元年（1022）过世之后，刘皇后以太后的身份摄政，直到她在明道二年过世。有关刘皇后主政的过程，参见刘静贞《北宋前期皇帝和他们的权力》，第138~177页。

② 关于张耆与刘皇后关系的细节，见《宋史》卷二九〇《张耆传》，第9711页；卷二四二《真宗章献明肃刘皇后》，第8612页。《涑水记闻》卷五，第100~101页。

③ （宋）李攸：《宋朝事实》卷一〇，中华书局，1985，第163页；《东都事略》卷五〇，第3页。

④ 《续资治通鉴长编》卷一〇七，天圣七年二月，第2495页。"健儿"是宋代文士对军人的鄙称。

⑤ 天禧四年真宗考虑在丁谓及曹利用之间择一人为相，他最终选择丁谓，只因为他是一名文官。见《续资治通鉴长编》卷九五，天禧四年七月，第2207页。

不平，但也无可奈何。① 在北宋的政治结构中，枢密使的权力及地位在宰相之下，这与五代时期正好相反，曹利用虽得到刘太后的宠信，仍无法改变此一结构。

对于那些与皇帝或皇后没有特别关系的武人来说，大环境带来的挑战无疑十分严峻。部分武官为此想通过参与文事来获得影响力。然而，由于欠缺知识素养，这些努力经常招来相反的效果。老将石普（1035 年逝世）的悲剧就是一个例子。在大中祥符九年时，石普已官居河西节度使，亦即武臣的最高阶官位，但实际职掌是知许州。对于只能掌有一州之地感到不满，石普尝试通过上书议论政事来扩大自己的影响力。其时真宗正崇奉道教，在各地设醮，石普劝诫应停止这些宗教活动，以免耗费国用，因此激怒真宗。他又上书预言吐蕃将入侵陕西，又预测是年九月会有日蚀，被枢密使王钦若指为"欲以边事动朝廷"。真宗恼怒石普一再越权议事，乃将他召回京师审问，到了九月，石普预言的日蚀并未发生，真宗下令将他流放至广西贺州，并对大臣说："普出微贱，性轻躁，干求不已，既懵文艺，而假手撰述，以揣摩时事。"② 由此可见，欠缺文艺知识又具政治野心的武人，想模仿文官上书论政，却反而引来君主的不满，视之为"干求"权位，而予以严惩，以杜绝类似的行为。

显然，澶渊之盟的签订，是北宋武官权势的分水岭。随着军政重要性的降低，武官失去了一个得以发挥其长才的舞台。到了仁宗时代，欧阳修感慨："国家臣一四海，休兵革，养息天下以无事者四十年。而智谋雄伟非常之士，无所用其能者，往往伏而不出。"③ 在承平时代，具备军事才能者缺乏发展的机会，也就无

---

① 见《续资治通鉴长编》卷一○三，天圣三年十二月，第 2394 页。
② 《续资治通鉴长编》卷八八，大中祥符九年十一月，第 2027 页。
③ 《欧阳修全集·居士集》卷四一《释秘演诗集序》，世界书局，1963，第 284～285 页。此文作于庆历二年。

法提升自己的地位。相对地，文人精英则拥有绝佳的契机去发挥政治影响力，并提倡儒学与文艺的价值。

## 不容挑战的文官优势

真宗在景德二年（1005）以后的绥靖政策，让多数的百姓得以在其统治期间免于战争之苦。真宗于乾兴元年（1022）二月的过世，也没有改变这个和平局势。年仅十三岁的仁宗即位，因过于年幼而无法实行统治。刘太后因而继续着她对朝廷的支配，一面与大臣合作管理政事，一面教育年幼的皇帝。仁宗自幼即为博学的官僚所环绕，接受文艺与儒学的教育。① 所以，当他在明道二年（1033）开始独立进行统治时，他很自然地亲近文臣精英，而与武官有所隔阂。

在景德二年之后的承平时期，一些根基于儒家政治理论的行政改革被推行。御史台与谏院官员影响力的扩大就是一个显著的转变，这符合君主应广开言路的儒家理想。尽管台官与谏官自建国之初即已设置，皇帝却经常派遣这些官员到各地执行任务，而非在朝廷论政。直到真宗朝晚期，御史与言官的数量才增加，并发挥监察失职官员、批评朝廷施政缺失的功能。② 尽管台、谏官的品秩要远低于执政大臣，但他们的意见在决策过程中变得越来越具有影响力，成为制衡执政官员的力量。执政与台、谏官间的冲突，成为仁宗朝政治的一大特点。③ 自真宗朝以降，台、谏官

---

① 关于仁宗所受教育的细节，见黄燕生《宋仁宗、宋英宗》，吉林文史出版社，1997，第19~24页。

② 有关北宋监察制度之转变的讨论，见白钢主编《中国政治制度通史》卷六，第479~480页；贾玉英《宋代监察制度》，河南大学出版社，1996，第32~33页、第118页。

③ 关于仁宗时期台谏官的讨论，见 James Liu（刘子健），*Ou-Yang Hsiu: An Eleventh-Century Neo-Confucianist*（Stanford: Stanford University Press, 1967），pp. 59-64。

的职位几乎成为进士的专利，这使得一批资浅文臣得以享有前所未有的权力。①

相对于越来越多的文臣参与决策过程，武人的权势持续衰落。对于文官，尤其官居高位者，武职的唯一吸引力便是拥有较高的收入。在几则官员由文阶转至武阶的例子中，文官都是为了享有较高的收入或较轻松的工作而做出的此种决定。这些要求经常会引来批评，为了较高的收入而放弃文职被视为贪婪的行为。②因此，多数仁宗朝的文官将转任武职视为一种降级或侮辱，这由陈尧咨的例子可知。

陈尧咨成长于文官家庭，与两位兄长皆考中进士，在真宗朝成为朝廷的高官。在文学才能之外，陈尧咨也以善射闻名。真宗认为陈尧咨的才兼文武十分难得，想要尧咨出任节度使，让他在契丹使臣面前展示箭术。当尧咨向母亲禀报此事时，陈母十分生气地说："汝策名第一，父子以文章立朝为名臣，汝欲叨窃厚禄，贻羞于阀阅，忍乎？"显然，在陈母看来，其子想要接任武职只是为了俸禄，这将玷污陈家作为文臣世家的清誉。出于这个原因，陈尧咨婉拒了皇帝的提议，真宗也就此放弃原先的计划。③

然而，在真宗死后，刘太后于天圣五年（1027）将陈尧咨改换为观察使，知天雄军。陈尧咨坚拒这一任命，太后为此改变只在双数日会见官员的惯例，在奇数日召见陈尧咨，强调："天雄，

---

① 真宗朝以降，所有的台、谏官都是文臣，且绝大多数拥有进士功名，见贾玉英《宋代监察制度》，第88~94页、第135~138页。
② 李维（964~1034）是其中一个例子。他因为厌倦翰林学士繁重的业务，而在天圣四年（1026）请求转任武阶，因而招来言官的批评。见《续资治通鉴长编》卷一〇四，天圣四年三月，第2402~2403页。
③ （宋）文莹：《湘山野录》卷b，第39页；《续资治通鉴长编》卷一〇五，天圣五年八月，第2446页。

朝方会府，虏人视守臣为轻重，非文武兼材不可。"① 陈尧咨不得已接受任命，但特别请求："臣本儒生，少习俎豆，今荷圣恩，易以武弁，愿佩金鱼以示优异。"陈尧咨显然以自己的儒者身份自豪，要求朝廷授予象征较高品秩的金鱼袋，以自别于其他武将。朝廷不仅接受他的请求，还每年多给他一百万的公使钱。② 这个例子清楚显示，转任武职有损于陈尧咨的权益与声誉，朝廷必须授予他代表更高地位的金鱼袋与更多的公使钱作为补偿。

当文职变得比武职更受敬重时，主政大臣乃设法将自己厌恶的文官转换成武职。出身军人家庭的进士刘平（973~1040），即是此种做法的受害者。真宗欣赏刘平的行政能力与真诚人格，想要将他拔擢至朝廷的高位。然而，宰相丁谓却将刘平视为政敌。为了阻止刘平升迁，丁谓向真宗建议，刘平身为武将之子，应当被派遣至西北边境任职。天圣元年（1023），朝廷将刘平转换为武官，派往陕西担任知邠州。刘平知悉自己的换官乃是丁谓设计的阴谋，乃与丁谓产生嫌隙。③

陈尧咨与刘平的例子展现了文人对改换武官的排斥。不过，有些士人认为文官转任武职，可以终结武人对军务的垄断。尽管陈尧咨很不情愿地出任武职，但此举得到了一些文人的赞扬。穆修（979~1032）称赞陈尧咨："使刚粗匹夫，号名主将者，观之、闻之，色死气丧，俯首听命，知将帅之道，不在于彼而在吾儒也。"④ 由此看来，部分文人因鄙视武人，认为只有儒者才懂得

---

① （宋）叶梦得撰，宇文绍奕考异，侯忠义点校《石林燕语》卷四，中华书局，1984，第52~53页；《续资治通鉴长编》卷一〇五，天圣五年八月，第2446页。

② 《渑水燕谈录》卷五《官制》，第62页；《续资治通鉴长编》卷一〇五，天圣五年八月，第2446页。

③ 参见何冠环《败军之将刘平（973—1040后）——兼论宋代的儒将》，《中国文化研究所学报》8，1999，第104~110页。

④ （宋）穆修：《河南穆公集》卷二《上大名陈观察书》，收入《四部丛刊初编·集部》第176册，台湾商务印书馆，1967年杭州叶氏藏述古堂影宋本，第11页。

"将帅之道"，乃乐见文臣出任军职。基于同样的考量，甚至有仁宗朝的文官宣称武臣不应参与军事政策的谋划。例如，景祐三年（1036），朝廷计划减少陕西地区的驻军数量，陕西都转运使王沿（1044 年逝世）建议削减戍卒数万，与知枢密院事李谘（982～1036）意见相左。仁宗为此下令询问陕西各地都监的看法。王沿为此上奏反对："兵机当在廊庙之上，岂取则小人哉？"① 属于中阶武职的都监，居然被王沿指为不能对政策发表意见的"小人"，显示出文人精英的高度优越感。当文官意图将影响力拓展至军事领域时，宝元二年（1039）年初党项人的进犯，提供了重要的契机。

尽管与宋廷在景德二年（1005）达成和平协定，党项的领导人李德明却从未放弃扩张领土的野心。他的战略是与宋维持和平，借以集中军力对付西方的蕃部。随着西向扩张的成功，党项聚积了大量的经济资源，并厚植他们的军事力量。当李德明之子李元昊（1003～1048）在明道元年（1032）继承其位时，乃不再满足于屈居宋的属臣。在彻底征服河西地区后，李元昊于宝元元年（1038）自立为帝，派遣使者至汴梁，要求宋廷承认他的地位。北宋君臣被李元昊僭称帝号之举所激怒，乃试图以武力让李元昊屈服。②

当宋廷准备对党项开战时，具有作战经验的宿将几乎都已过世。枢密副使王德用（979～1057）是唯一曾立下战功，拥有崇高声望的武将。③ 然而，对于仁宗及其文臣来说，正因王德用声望太高，很难放心让他指挥军队作战。听闻李元昊自立为帝后，

① 《续资治通鉴长编》卷一一九，景祐三年八月，第 2798 页。
② 关于党项的西向扩张，以及李元昊对宋政策之讨论，见 *The Cambridge History of China*，vol. 6，pp. 179–187；李华瑞：《宋夏关系史》，第 40～46 页。
③ （宋）欧阳修：《欧阳修全集·居士集》卷二三《武恭王公神道碑铭》，第 162～165 页。

王德用请求率军讨伐，但仁宗拒绝了他的请求。三个月后，王德用被免除枢密副使之职，接着降调为随州知州。王德用的失势，是因为有文臣担心王德用在军中的声望，以及长期执掌枢密院，会对既存的政治秩序构成威胁。① 显然，边患的出现造成文臣忧心政权的稳定，但这种焦虑促使他们猜忌而非信任知名的老将。

在剥夺名将权力的同时，北宋文官试图亲自处理这场危机。两名资深文臣夏竦（985~1051）与范雍（981~1046）前往陕西主持军务。负责实际作战的则是进士出身、曾任文官的武将刘平。刘平的军事能力与文官背景，使得他受到文官的赞扬，仁宗也称许他为"诗书之将"。刘平本人也很自负，深信自己可以轻易击退党项的入侵。康定元年（1040）正月，李元昊突然领军进犯延州，刘平立即率所部驰援。由于低估敌军的实力，刘平的行动过于仓促且大意，在三川口遭到党项军的伏击。刘平兵败被俘，手下的兵马也多数被歼。②

三川口的惨败迫使仁宗重新部署陕西地区的人事。康定元年（1040）二月，武将夏守赟（1042年逝世）及宦官王守忠（1054年逝世）成为西疆的新统帅。然而，这项决议很快便遭到文臣的反对，他们宣称夏、王两人皆不适任。③ 五月，仁宗将夏、王两人召还朝廷，并指派夏竦出任经略安抚使，并由颇具声望的文官韩琦（1008~1075）与范仲淹（989~1052）担任副使。④ 显然，文臣依旧自信能够应付李元昊带来的危机，并说服仁宗让宰相与枢密院官员共议边事，到了庆历二年（1042），更以宰相兼任枢

---

① 《续资治通鉴长编》卷一二三，宝元二年正月、五月，第2894、2907页。
② 参见何冠环《败军之将刘平（973—1040后）——兼论宋代的儒将》，第115~123页。
③ 《续资治通鉴长编》卷一二六，康定元年二月，第2971~2972页。
④ 《续资治通鉴长编》卷一二七，康定元年五月，第3013~3014页。

密使。① 如此一来，宰相同时负责军政与行政，进一步落实了文官掌控军队的原则。

仁宗与多数官僚在康定元年仍对宋军的实力相当自信，尝试以一场大规模的攻击迫使李元昊屈服。在韩琦的策划下，大将任福（1041 年逝世）率领大军出击，却在康定二年（1041）二月兵败而死。② 此次失利迫使宋廷改采守势，因而再次变更指挥体系。康定二年（1041）十月，朝廷召还夏竦，分陕西为四路，指派范仲淹、韩琦、庞籍（988～1063）和王沿出任安抚使，掌管各路的军、民事务。在四位文臣安抚使之下，由四名武官担任安抚副使。③ 此次任命后的六个月，在宰相吕夷简（979～1044）的主导下，仁宗下诏将四位安抚使换武阶为观察使。④ 吕夷简主张，由于安抚使职司统兵，不应维持他们原有的文阶官。此外，由于武阶官的薪俸较高，若不改换武阶，这些安抚使的薪俸将少于部分辖下武官。⑤ 吕夷简的主张看起来相当合理，而且文臣一旦派任军职，改换武阶官是行之有年的惯例。⑥ 不过，在这些光明正大的理由背后，吕夷简真正的动机却让人怀疑。由于化解党项进犯成为国之要务，文官安抚使若立下战功，将有入朝执政的可

---

① 康定元年（1040），仁宗下令"枢密院与宰臣同议边事"。庆历二年（1042），下令宰相兼任枢密使，宰相因而同时控制中书与枢密院，直到庆历五年（1045）因战争结束才恢复旧制。见梁天锡《宋枢密院制度》，黎明文化事业，1981，第 19～20 页。

② 关于任福之败的细节，见李华瑞《宋夏关系史》，第 171～173 页。

③ 《续资治通鉴长编》卷一三四，庆历元年十月、十一月，第 3190～3191 页、第 3196 页。

④ 《续资治通鉴长编》卷一三五，庆历二年四月，第 3241 页。

⑤ 《儒林公议》卷上"范仲淹帅环庆抗章"，第 60 页。

⑥ 支持吕夷简的谏官张方平（1007～1091），在奏中即强调此点。参见《续资治通鉴长编》卷一三七，庆历二年闰九月，第 3298～3299 页。张方平提出用以支持吕夷简主张的前例是钱若水。咸平五年（1002），真宗拜工部侍郎钱若水为邓州观察使，随后派他出任并代经略使，见《续资治通鉴长编》卷五一，咸平五年二月，第 1115 页；卷五一，咸平五年四月，第 1124 页；卷五二，咸平五年七月，第 1140 页。

能，对吕夷简的宰相之位构成威胁。若将他们改换为武官，则未来功劳再大，也不可能入朝为相。①

换官的命令旋即引起安抚使们的反对，范仲淹的抗议尤其激烈。作为吕夷简的头号政敌，范仲淹对于隐藏于改官命令背后的动机十分敏感。② 他先后呈交三份书表，坚拒这一诏令。范仲淹主张，他原有的文职头衔"龙图阁直学士"代表他是以朝廷近臣的身份，前往陕西督导边防，致使边将不敢挑战他的权威。若接受新任命的武阶，他的身份就转变成地方官员，既失去原有的优越地位，也将丧失与朝廷官员争论军事决策的资格。尤有甚者，"观察使"是朝廷经常用来授予归顺蕃族首领的官衔，若接受此官，会招来蕃部的轻视。范仲淹还说，假使朝廷坚持此项决定，他情愿为了违抗皇命，身陷图圄之中。③ 范仲淹的说辞显示地方上的军事官员在地位上已相当低，且影响力小；对于廷臣来说，从文阶转为武阶是不能接受的。面对范仲淹的顽抗，朝廷最终取消了任命，而让陕西诸路安抚使维持本来的文官官职。④

范仲淹拒绝转任武官，是北宋文武关系发展中的划时代事件。文臣统兵的惯例在陕西建立，此后更成为全国性的政策。文臣担任边区的军事统帅，指挥军事行动，武官则位居其下，承命奉行。边区的武官鲜少能参与决策，也根本没有机会面见皇帝。宝元二年（1039），直集贤院富弼就批评："伏闻西鄙用兵已来，

---

① （宋）陈长方：《步里客谈》卷上，收入《丛书集成》初编，中华书局，1991，第1页；《石林燕语》卷四，第53页。
② 范仲淹与吕夷简之间的冲突，见 James Liu, *Ou-Yang Hsiu: An Eleventh-Century Neo-Confucianist*, pp. 29–38。
③ 范仲淹的三篇上表，见（宋）范仲淹《范文正公集》卷一六，收于《四部丛刊初编·集部》第176、177册，台湾商务印书馆，1965年景江南图书馆藏明翻元天历本，第127~131页。
④ 《续资治通鉴长编》卷一三六、一三八，庆历二年五月、十月，第3266、3312~3313、3315页。

不住差移武臣往彼，每有过阙下而求见者，多不许见。"三年之后，知谏院张方平又说："况自西鄙用兵已来，三年于兹，立功将士如〔狄〕青等，未尝得一到京辇，仰望天颜。"① 由此可见，武官在政治结构中居于文臣之下的从属地位。

在文臣的主导下，宋军的防御策略仍无法遏阻党项的进攻。相较于对手，赵宋的统帅及军人显然欠缺经验与训练。更严重的是，宋集权中央的政治结构，加诸军事统帅各种限制，范仲淹曾指出这是宋朝在边境防御上的明显缺点。范仲淹认为，汉、唐的边将拥有充裕的后勤支援以及统率军队的自主权；不受朝廷的干预，他们可以延聘需要的贤才，并以自己的方式训练士兵。由于可以自主决定采取攻势或守势，他们可以基于地方上的实际情况做出适宜的决定。因此，有才能的武将得以善用敌人的缺点赢得胜利。② 在范仲淹看来，中央政府的过度干预，是宋军在战场上表现不佳的主要原因。自太宗朝以降，朝廷持续性地削减边将权力，导致干练的武将难以抵御外敌的进攻。当文臣掌管军务时，自己也成为这种政策的受害者。缺乏足够的力量与资源，尽管前线的官员持续努力改善防务，宋军仍旧没能赢得任何决定性的胜利。反之，大批宋军又在庆历二年（1042）于定川寨遭到围歼，这使得北宋君臣的强硬政策有所软化，文官开始强调和谈的好处，进而筹划外交协商。③

当求和的声音在宋廷逐渐壮大时，李元昊也开始寻求重回和平的可能。尽管党项赢得了一连串的胜利，但战争仍然严重消耗了他们的经济资源，进而导致生活条件的恶化。此外，李元昊又

① 《续资治通鉴长编》卷一二四，宝元二年九月，第2933页；卷一三五，庆历二年四月，第3240页。
② 《续资治通鉴长编》卷一二七，康定二年五月，第3013页。
③ 自康定二年年末，宋廷求中和声浪即逐渐增强，见《续资治通鉴长编》卷一三四，康定二年十月，第3192~3194页；卷一三五，庆历二年正月，第3218页。

与契丹国君产生嫌隙，乃倾向与宋和谈。通过协商，双方在庆历四年（1044）年达成和议。赵宋与党项恢复和平关系，并以巨额的岁赐换取党项名义上的归顺。①

党项战争对于北宋文武势力关系的消长具有重大的意义。文官决定了应对党项的政策，并在军事领域建立起文官支配体系。派遣文官主导边区防务，随后成为全国性的政策。随着武官最后的舞台为文臣所占据，文士的政治优势也就确立。蔡襄（1012~1067）的一段话表露了文臣对武人权力的侵夺。

> 今世用人，大率以文词进。大臣，文士也；近侍之臣，文士也；钱毂之司，文士也；边防大帅，文士也；天下转运使，文士也；知州郡，文士也。虽有武臣，盖仅有也。②

由于文官已习于掌控各种重要的职位，即使任命武官担任边区的长官，也可能引起谏官的反对。显然，以武臣出掌边区虽是北宋立国以来的常态，至此时已不再为文臣所认可。例如，朝廷在庆历四年派遣武将狄青（1008~1057）出知渭州，统领泾原路的兵马。此一任命最终因为谏官余靖（1000~1064）的强烈反对而被撤回。余靖坚持指派一位文臣取代狄青，或者至少委任一位文臣分享其权力。他还强调："求一士而分其任，纵无奇才，比于专委一夫，不犹愈乎？"③认为即便是一位平庸的文臣，也会比只委派一名武将来得更好。余靖的话蕴含对武人的严重歧视，在此种歧视下，希冀获得重任的武官将面临严酷的挑战。

---

① *The Cambridge History of China*, vol. 6, pp. 188 - 189；李华瑞：《宋夏关系史》，第56 页。
② （宋）蔡襄：《蔡襄集》卷二二《任材》，上海古籍出版社，1996，第 384 页。
③ 余靖连上四份奏章反对狄青的任命案，见《续资治通鉴长编》卷一五〇，庆历四年六月，第 3626~3633 页。

当文官掌控了军事指挥权后，他们的仕宦生涯就可能往返于朝廷与边区之间。例如，仁宗在庆历三年（1043）因为范仲淹及韩琦在陕西地区的功绩，召他们入朝担任执政。① 范、韩二人的生涯看起来与初唐"出将入相"的传统有些相似。然而，11 世纪的情况与 7 世纪已大不相同。一方面，只有文官才享有在文武二职中交替工作的权利，武人不再有机会担任高阶文职；另一方面，文官虽然可能统率军队，但仍然不太看重军务与士兵。范仲淹在他的奏章中明确地告诉皇帝，身为一名儒生，他并没有兴趣长期从事军职。② 韩琦则对部将说："东华门外，以状元唱出者乃好儿也。"③ 也就是说，唯有具备儒学教养并取得科举功名的人才值得尊敬。显然，范、韩二人的戎马经验丝毫没有改变他们对于儒学价值及文官职位之优越性的信仰。如果将韩琦、范仲淹的经历视为"出将入相"传统在 11 世纪的重现，则此现象只不过展现了文人对军事、行政权力的宰制，而非文武官员的平等地位。

因为文臣，尤其是进士出身者，掌控了政府，武官无论才能多高或贡献多大，都无力挑战文臣压倒性的优势。狄青是 11 世纪战功最著的北宋武将，也成为文臣主要的猜忌对象。行伍出身的狄青，在对党项的战争中展露才能。他的贡献及能力吸引了安抚使范仲淹的注意。范仲淹不仅托付给狄青重要任务，也嘱咐他培养学术素养。狄青因而开始研读儒家经典与历史文献，这使他能够有效地与文士们沟通，并以其军事才能赢得他们的尊敬。以战略知识闻名的文官尹洙（1001～1047）便是其中一个例子。与狄青讨论完统率军队的原则后，尹洙甚为称许狄青的能力，且认为

① 范仲淹与韩琦在庆历三年四月被任命为枢密副使。范仲淹很快又在八月成为参知政事。见《续资治通鉴长编》卷一四〇，庆历三年四月，第 3363 页；卷一四二，庆历三年八月，第 3417 页。
② （宋）范仲淹：《范文正公集》卷一六《让观察使第一表》，第 128～129 页。
③ （宋）王铚撰，朱杰人点校《默记》卷上，中华书局，1991，第 16 页。

他的能力即便是古时名将也不能轻易超越。① 狄青的才能也吸引了皇帝仁宗的注意，这使他得以迅速晋升，并在皇祐四年（1052）成为枢密副使。② 然而，狄青的成就并不能改变他出身卑微的身份。御史中丞王举正上奏反对，指出："〔狄〕青出兵伍为执政，本朝所无，恐四方轻朝廷。"左司谏贾黯也说："国初武臣宿将，扶建大业，平定列国，有忠勋者不可胜数，然未有起兵伍，登帷幄者。"③ 反对者特别针对狄青出身基层士兵的背景加以抨击，只是这些意见并未动摇仁宗的决定。

就在同一年，由西南边境的蛮族首领侬智高领导的叛变，令仁宗君臣大为震惊。侬智高原本仅率领五千人的军队，然而宋在西南地区的驻军寡少，让叛军在广西各地肆虐，接着围攻宋在岭南的政经中心广州。④ 宋廷再次派遣文官前去镇压，先是杨畋（1007~1062），接着是余靖与孙沔（996~1066）。⑤ 然而，宋军屡遭挫败，而侬智高的人马却很快增加至两万人。由于局势不断恶化，宰相庞籍意识到必须派遣经验丰富的武将主持战事，乃向仁宗推荐狄青。当皇帝任命狄青做统帅时，谏官的反对声浪旋即出现，他们力主武臣不应该享有不受牵制的军队统帅权。由于庞籍曾在陕西担任安抚使，了解武将行事受到文官监督的弊病，因此说服皇帝，让狄青在没有任何文官牵制的情况下，统领他的人马。在庞籍的支持下，狄青得以调动陕西的精锐骑兵，以对付侬

① （宋）王珪：《华阳集》卷四七《狄武襄公神道碑铭》，收于《景印文渊阁四库全书》第1093册，台湾商务印书馆，1983，第17页；（宋）余靖：《武溪集》卷一九《宋故狄令公墓铭（并序）》，新文丰出版公司，1976年常熟瞿氏藏明成化本，第5页。
② 《华阳集》卷四七《狄武襄公神道碑铭》，第14~15页；《武溪集》卷一九《宋故狄令公墓铭（并序）》，第1~2页。
③ 《续资治通鉴长编》卷一七二，皇祐四年六月，第4153页。
④ 《续资治通鉴长编》卷一七二，皇祐四年四、五月，第4142~4146页。
⑤ 《续资治通鉴长编》卷一七二，皇祐四年六月，第4147页；卷一七三，皇祐四年八月，第4168页。

智高手下的步卒，还可享有充分的权力去命令及惩处他的手下。①
皇祐五年（1053）正月，狄青的人马在昆仑关击溃侬智高的部
队，侬智高被迫潜逃至大理国躲藏。一场持续年余的危机至此得
到化解。②

　　狄青的成功，是仁宗朝对抗外族进犯的第一场重大胜利。为
了奖励狄青的成就，仁宗计划将枢密使高若讷（997～1055）调
职，以擢升狄青为枢密使，这个想法遭到庞籍强烈的反对。庞籍
认为，枢密使是武将能够得到的最高职位，一旦狄青位居此任，
未来就没有可以进一步奖赏他的官职。更何况，行伍出身的狄青
在任命为枢密副使时，已引起文官的抗议，更进一步的晋升，势
必引发狄青与文臣间的更多冲突，终将对狄青的仕途造成伤害。
不过，参知政事梁适（1000～1069）却在仁宗面前提出相反的意
见。梁适之所以支持狄青担任枢密使，全出于个人利益的考量。
身为枢密使的高若讷具有晋升宰相的资格，成为梁适争取相位的
竞争者。相对地，狄青的武人身份使他不可能成为宰相。对梁适
来说，通过拔擢狄青而使高若讷去职，将可扫除争取相位的障
碍。面对执政大臣的不同意见，仁宗原本接受了庞籍的想法，但
梁适并未放弃。他通过宦官的帮忙，向仁宗表示，如果狄青不能
得到相称的奖赏，未来将不再有人愿意为朝廷而战。宦官们的一
再进言，终于改变了仁宗的心意。皇祐五年五月，狄青最终成为
枢密使。③狄青的晋升是执政大臣内斗的结果，正反映出无论有
什么样的才能与贡献，狄青只能静待文臣来决定他的命运。即使
在成为枢密使之后，狄青的未来仍旧取决于文官的意向。

　　如同庞籍所预料，狄青的高位引来了文臣的敌视。狄青脸上

----

① 《续资治通鉴长编》卷一七三，皇祐四年九月、十月，第4174～4176页。
② 关于昆仑关战役的过程，见陈峰《武士的悲哀——北宋崇文抑武现象透析》，陕
　　西人民教育出版社，2000，第218～219页。
③ 《续资治通鉴长编》卷一七二，皇祐五年五月，第4207～4209页。

的刺青持续地提醒文官他卑微的出身。仁宗考量到刺青的侮辱性含义，曾下诏要狄青以药物将其去除。不过，狄青回绝了皇帝的提议，并回答道："陛下擢臣以功，不问门地阀阅。臣所以有今日，由涅尔，愿留此以劝军中。"① 基于这个理由，据说狄青经常以酒洗面，以使刺青更加明显。② 狄青有意宣扬战功的价值，使得他深受军人的欢迎，却更加惹怒文官。更重要的是，之前的三名文臣统帅都无法压制叛军，狄青只以昆仑关一战即解决了侬智高之乱，不免让文士感到难堪。为了守护文官支配军务的正当性，一些文士并不承认狄青的成就。刘敞（1019~1068）对狄青的战功有以下的评论：

> 初讨智高，使杨畋以起居舍人行，其后两将败没，贼势益炽，畋以故谪守鄂州。及狄青率诸军至邕，一战破之，议者以为文士不足用，而宿儒伟贤亦不能自解，非知言者也。杨畋之官素微，又其行以使者往，而所与俱者蒋偕、张忠之徒，官皆在畋右，或宿将自负，颉颃作气，招之不来，麾之不往，且安得有功？青两府，本起行阵，能得士卒心，其势固重，而朝廷亦深借以权，州郡得擅调发，幕府得擅辟置，将校得擅诛赏，以此督战，亦安得无功？使两人易地而处，巧拙等耳。③

刘敞认为，将杨畋与狄青相比，主张"文士不足用"是昧于时势。在他看来，狄青的成功在于朝廷授予他全部的统帅权力，假使杨畋能享有相同的待遇，他也可以立下相同的功业。刘敞又说：

---

① 《续资治通鉴长编》卷一七二，皇祐四年六月，第4153页。
② 《石林燕语》卷七，第103页。
③ 《续资治通鉴长编》卷一七四，皇祐五年二月注引，第4197~4198页。

初议发蕃落部马击侬贼，殊怪之，何则？自古诗书所载，皆云华夏异宜，水陆异习，步骑异便。以曹操之善将，蹶于乌林，故不得不怪也。何意以此取胜哉？骠骑将军所将常选，然亦有天幸，未尝败衄，近之矣。①

主张西南方的自然条件并不适合骑兵的行动，狄青却靠着陕西蕃部的骑兵赢得胜利，只能归因于"天幸"。也就是说，狄青的成功并非靠着军事才能，只是运气使然。

尽管文人基于对武人的嫉妒，试图贬抑狄青的能力及贡献，不过狄青的军事功绩与快速升迁，却成为流布于军人及百姓间的传奇。身为知名武臣，狄青在公众场合的现身往往吸引众多旁观人潮，甚至达到阻碍道路交通的地步。关于狄青家中出现祥瑞的谣言也在京城流传。② 这些现象都招来文臣更多的猜疑与敌视。狄青也明白，文臣对他的敌视来自他的军人背景。狄青曾将自己与著名的文臣韩琦进行比较，并埋怨道："韩枢密功业官职与我一般，我少一进士及第耳。"③ 处在这么不受欢迎的情境下，狄青小心翼翼避免犯下任何错误。由于政敌难以找到可以弹劾他的口实，遂让狄青担任枢密使达四年之久。直到仁宗身染重病，文臣恐惧政权不稳，才全力铲除狄青。

嘉祐元年（1056）正月，仁宗突然身罹重病，有六个月的时间无法与群臣朝会。④ 为了预防政治中枢的真空，宰相与谏官秘密地计划说服皇帝册立储君。尽管这个议题对于政府来说至关重

---

① 《续资治通鉴长编》卷一七四，皇祐五年二月注引，第4198页。
② 《续资治通鉴长编》卷一八三，嘉祐元年八月，第4435页。
③ 《默记》卷上，第16页。
④ 《续资治通鉴长编》卷一八二，嘉祐元年正月，第4394页；卷一八三，嘉祐元年七月，第4423页。

要，狄青与另一位枢密使王德用却完全没有被告知，直到立储之事已获得多数廷臣支持，两人才有所耳闻。王德用对此颇不以为然，翰林学士欧阳修在听闻王德用的反对意见后，语带轻蔑地回应："老衙官何所知！"① 显然，无论担任什么样的职位，武官被刻意排除在立储一事之外，文臣认为他们根本不够资格与闻国家的机密大事。

不过，尽管许多文臣很热心地想确立储君，仁宗的回应却很冷淡，他显然仍期待获得亲生子嗣，而无意收养宗室之子为储君。帝位继承人的不确定，加上皇帝健康的恶化，使得文臣对政权安定感到忧心，而天灾的降临更增强了此种恐惧。从嘉祐元年六月开始，持续的大雨给北方带来了严重水患。到了七月，彗星出现于天际，更使人相信动乱即将来临。在恐慌的情绪下，文臣致力于去除可能危及现有政治秩序的威胁。军人对于狄青的爱戴，让他成为文官急欲除之而后快的目标，持续地上奏要求将狄青免职外放。例如，欧阳修说狄青虽无过失，"而不幸有得军情之名，且武臣掌国机密而得军情，岂是国家之利！"② 可见，文臣要求狄青去职的理由并非基于具体事实，全出于主观上的猜忌，得到军人支持的武臣对政权是潜在的威胁。到了八月，狄青被解职，外放陈州。七个月后，狄青在陈州过世。③

在狄青遭到外放后的三个月后，王德用也在御史赵抃的接连指控下，被迫辞去了枢密使一职。批评者指摘王德用贪污徇私且健康欠佳，不应继续担任枢密使。然而，根据南宋史家李焘

---

① 《续资治通鉴长编》卷一八三，嘉祐元年七月，第4424页。王德用在至和元年（1054）三月被召还朝廷担任枢密使，取代因病请辞的王贻永，见《续资治通鉴长编》卷一七六，至和元年三月，第4255页。
② 《续资治通鉴长编》卷一八三，嘉祐元年七月，第4426页。
③ 《续资治通鉴长编》卷一八三，嘉祐元年七月、八月，第4426~4429、4435页；卷一八五，嘉祐二年三月，第4473页。

（1115~1184）的考证，赵抃之所以批评王德用，很可能是因为他曾经反对建储。①

狄青与王德用的罢职，显示不论他们的职位多高，武官都缺乏抵挡文臣批评的能力或资源。对于在仁宗朝出任枢密院长贰的武官而言，维系职位的最好方法，是将自己定位为朝堂上无所作为的装饰。王贻永（1056年逝世）的生平提供了一个范例。在枢密院担任要职长达十五年的王贻永，被形容是"常远权利，归第则杜门谢宾客，迄无过失，人称其谦静"。② 可见，文人们欣赏王贻永的谦虚谨慎与远离权力。王贻永的消极不作为，使得他虽然长期担任枢密院的高官，却没有任何实质成就被记录下来。唯一被史家记录的事件是：在庆历年间，深受仁宗信任、位居入内押班的宦官杨怀敏曾向执政官员提出赏罚数十名官员的建议，多数官员畏惧杨怀敏的权势，只有王贻永发怒地回应："押班如此，腾倒人太多，宁为稳便！"致使杨怀敏难堪地离去。这个结果使其他文臣甚为满意，并说道："常得此老发怒，大是佳事。"③ 这个评论意味着王贻永鲜少在廷议时表达他的意见，这显然是他能够长居此位的主要原因。由此看来，仁宗朝武官的处境与五代前期的宰相颇为类似。

狄青与王德用于嘉祐元年因谏官的弹劾而去职之后，在仁宗朝余下的时日里，武官不再担任枢密院的长贰。④ 也因如此，所有重要的朝廷职位都转入文臣之手。在仁宗剩余的统治时间里，朝臣一直因皇帝健康的欠佳以及储位的虚悬而感到不安，这也导

① 《续资治通鉴长编》卷一八四，嘉祐元年十一月，第4451~4452页。
② 《续资治通鉴长编》卷一七六，至和元年三月，第4254页。
③ 《续资治通鉴长编》卷一七六，至和元年三月，第4255页。王贻永的传记，见《宋史》卷四六四《外戚中·王贻永传》，第13561~13562页。
④ 嘉祐元年以后的枢密使与枢密副使名单，见梁天锡《宋枢密院制度》，第976~978页。

致文官更加猜忌武人，以求稳固捍卫他们的权力。当文官彻底掌控枢密院后，他们不仅决定了军事政策，也把持了武臣的任免大权，文官的压倒性力量至此达到了最高峰。

经过了一百多年的政治演变，一个全由文人支配的政权，终于在仁宗朝晚期得到确立。当文官将武人屏除在政治权力之外后，官员的文武身份就成为影响其职涯发展的一个重要因素。在此情况下，文武官员的区别不再只是职务上的不同。随着文武之别的日渐显著，及二者紧张关系的加剧，文化上的区别也在两个阵营之间浮现。

# 第六章

# 文武对立的深化

## 文武身份的二元对立

随着文人势力自后周广顺元年（951）以降的扩张，文武官员在政治和文化领域的分化更加明显。然而，在 10 世纪的下半叶，官员们并没有因此而分裂成两个对立的阵营。这是因为武官仍然与文臣共享政治舞台，文武两种仕宦途径同样吸引对政治权力拥有雄心者投身其中。文武官位的转换不会引发反对的声音，显示双方之间仍有交流。受到文人文化的影响，武官之子可能会参与科举考试，成为文官。例如，陈若拙（955～1018）于太平兴国五年（980）考取进士第二名。他的祖父陈思让（903～974）是一位名将，在太祖时代曾担任节度使，父亲陈钦祚也是武官，曾任长州刺史。① 反过来说，宰相之子也可能担任武职。比方说，王朴是后晋朝的进士，在后周成为世宗最为倚重的文臣。不过，王朴的四个儿子，有两位是武官，另外两位则考中进士，在北宋

---

① 《宋史》卷二六一《陈思让传》，第 9038～9041 页。

担任文官。① 宋太祖时代的参知政事刘熙古也是一个例子。刘熙古的长子成为武臣，但他的另一个孩子则考上科举，担任文官。② 在宋太宗时代，文人可能会出任武官，然而依旧认为自己是儒生，这显示文人与武人的文化差异不必然决定一个人的仕宦生涯。③ 然而，隐藏在这些事例背后的是文武身份的对立逐渐因为两个因素而强化：文人精英试图通过与武人的区分来突显自身的尊严，以及北宋皇帝对于文武臣僚的不同态度。

文治的恢复强化了北宋文人的自信与自尊。在皇帝与军事要员之前，他们敢于要求相应的尊重，并借以宣扬儒家理念。发生在宋太祖与翰林学士窦仪（914~966）之间的事件可以为例。太祖某次在宫中内苑闲坐时，下令召见窦仪，以便草拟制书。当窦仪抵达苑门之外，他注意到太祖并未穿着鞋帽，乃拒绝进入苑内。当太祖得知窦仪因为自己未穿鞋和戴帽而不肯入见时，立即退回室内，穿上正式的衣帽。随后，窦仪面见太祖，建议他"创业垂统，宜以礼示天下"。此后太祖在会见朝臣时必然穿着正式的服装。④ 窦仪的言行显示，文官敢于坚持儒家的礼仪，要求皇帝给予适当的尊重。

文人官僚为求获得皇帝的敬重，有意强调他们的道德理念，以及对王朝的无私奉献。太宗曾对文臣钱若水说："士之学古入官，遭时得位，纡金拖紫，跃马食肉，前呼后拥，延赏宗族，此足以为荣矣，岂得不竭诚报国乎？"也就是说，士人既因获得官

---

① 王朴诸子的仕宦，见《宋史》卷二七四《王仁传》，第9364页。

② 《宋史》卷二六三《刘熙古传》，第9100~9101页。

③ 其中一个例子是柳开（947~1000），他在开宝六年（973）考中进士，于雍熙四年由文官转为武官。不过担任武职的柳开，在一封写给长官的信中仍称自己是"儒学议兵"，见（宋）柳开《河东先生集》卷六《上王太保书》，收于《四部丛刊初编·集部》第174册，台湾商务印书馆，1965年景上海涵芬楼藏校钞本，第45页。

④ 《续资治通鉴长编》卷七，乾德四年十一月，第182页。

衔而拥有财富、权力，自应竭力为国家报效。钱若水反驳道："高尚之人，固不以名位为光宠；忠贞之士，亦不以穷达易志操。其或以爵禄荣遇之故而效忠于上，中人以下者之所为也。"[1] 显然，钱若水想对太宗强调，文士并非为了贪图财富与权力才效忠君主，因为高尚的人将谨守道德标准，不因名利而改变立场；只有下等人才会为现实的利益，而向君主输诚。钱若水甚至因此想要辞去官职，以证明物质上的利益绝非他任官的动机。显然，具有理想的文士鼓吹这样的理念：投身仕途是为实践儒家理想，而非追求权力所带来的名利。

强调对道德原则的坚持，文士借以区隔自己与其他出身背景的官员。咸平二年（999），孙何建议真宗选拔儒学之将，强调儒者识忠孝之理、事君之道，比那些没受过教育的武夫更适合指挥军队。[2] 通过宣称自己更具道德性与忠诚度，文官试图说服皇帝，文士比其他人更值得信任，也更有资格获得尊重与权力。文官的努力得到了宋代皇帝的认同与支持。如前所言，受儒家学说的影响，北宋皇帝视文士为协助统治的得力助手，同时也倾向接受文人的价值观，一个发生在宋太祖时代的事件可以为例。太祖曾命文臣梁周翰（929～1009）监管绫锦院，不久之后梁周翰便因杖责一名锦工过当而遭到控诉。太祖为此大怒，下令也将梁周翰施以杖刑。梁周翰对此抗议道："臣负天下才名，不当如是。"借提醒太祖自己乃是知名文士，梁周翰成功逃过杖罚。[3] 太祖接受梁周翰的辩解而赦免其刑，显示太祖认同知名文士应享有礼遇，施以杖刑乃是不称其身份之举。

当君主给予文臣越来越多的尊重时，对于文官的进用也日趋

---

① 《续资治通鉴长编》卷四一，至道三年六月，第868页。

② 《续资治通鉴长编》卷四五，咸平二年十二月，第977～978页。

③ 《续资治通鉴长编》卷一二，开宝四年十月，第272页。

审慎。就像前文提到的，自从北宋太祖亲自覆试考生，皇帝主持"殿试"，亲自挑选举子成为宋朝科举的传统，展现了国君对文官选拔的重视。在任命文官时，君主也会考量文艺才能以外的因素。例如，太宗曾把一位精通书法的水军士兵召至御书院，下令以药物去除他脸上的刺青。宰相宋琪（917～996）请求立即授予此人文官职位。太宗不表赞同："爵禄非所惜也，顾此人面痕尚在，岂称冠带乎？"① 在太宗心中，黥文是耻辱的象征，在黥文去除前，不应指派为具有崇高地位的文官。有鉴于部分宋代武臣脸上带有刺青的事实，太宗显然对文官抱有较高的标准。由于文人精英追求自尊及皇帝的慎选文臣，文官的地位与声望日趋隆重。

相对于文臣地位的提升，武官的命运则是背道而驰。太宗朝以降，低阶武职逐渐被视为"贱职"。② 北宋朝廷经常通过授以武官头衔作为笼络国内外潜在威胁的方法，例如，边境上输诚的蛮族领袖，在惯例上皆获得武官头衔。宋太宗也曾因高阶武官的子弟在地方倚仗权势，鱼肉乡里，下令诸州政府将这些人送至京城，前后共约百人，"悉补殿前承旨，以贱职羁縻之"。③ 以"殿前承旨"这样的低阶武官作为交换，太宗将这些豪强移出其根据地，使他们不再有机会伤害百姓。这些政策造成武官数量大增，而将夷狄或素行不良的豪强者纳入武职，让人们更加轻视这些职位。相较于任用文官上的谨慎，太宗显然没有给予武职太多的尊重及注意。

太宗既以相异的标准对待文武官员，导致他将武职作为不合格文官的替代出路。至道二年（996），太宗将钱昱（943～999）由工部侍郎之职转调为郢州团练使，因为钱昱在文职上的

---

① 《续资治通鉴长编》卷二四，太平兴国八年十一月，第560页。
② 关于北宋低阶武官地位下降的讨论，参见赵雨乐《唐宋变革期之军政制度——官僚机构与等级之编成》，第192～227页。
③ 《续资治通鉴长编》卷一八，太平兴国二年三月，第401页。

表现不佳。太宗对宰相说："昱，贵家子，无检操，不宜任丞郎。"① 显然，在太宗心中，一位没有操守的文官只能充任武职。淳化五年（994），进士出身的大理评事陈舜封上殿奏事，太宗发现他的言谈举止颇有俳优之风，因此询问他的家庭背景。在得知陈舜封的父亲是教坊的伶官后，太宗说："此真杂类，岂得任清望官！"随即将陈舜封改任为武官。② 由是可知，太宗认为一个在文化上不属于"士类"的人，没有资格担任重要的文职，即便他受过教育且拥有进士功名，仍只能担任武官。将"杂类"排除于文官之外，太宗显然有意维持文官群在文化上的"纯净"。

太宗的继任者也采取类似的做法。例如，景德二年（1005），真宗因为河北在前一年遭受契丹的攻击，而为当地士人举行科举考试，并亲自主持。在考试中，真宗特别欣赏李正辞的文章，有意擢其为上第。然而，在得知李正辞曾经犯罪且受过杖刑后，真宗改变心意，仅任命他为三班奉职这样低阶的武官。③ 显然，真宗认为有犯罪记录的人并不适合文职，但可以任武职。当国君在文官派任上采取较高的道德标准，并将不够格的文官转调武职时，武臣的地位与声誉变得较文臣为低，就不令人意外了。

澶渊之盟缔结后，真宗不再措意军事，更进一步影响了武臣的地位。相信和议的效力，文臣漠视军事的重要性，对于武人的批评也日益尖锐。对武人而言，在战场上立下功劳，是其对国家的贡献，使他们合理地享有权力和地位。宋太祖时期，老将侯章曾对轻视他的官员提出反驳。

---

① 《宋会要辑稿》职官六一之四，太宗至道二年。
② 《续资治通鉴长编》卷三五，淳化五年三月，第 774~775 页。
③ 《续资治通鉴长编》卷六〇，景德二年五月，第 1347 页。

> 一日于朝堂与故旧言晋、汉间事，时有轻忽〔侯〕章
> 者。章厉声曰："当辽主疾作谋归，有上书请避暑嵩山者，
> 我粗人，以战斗取富贵，若此谀佞，未尝为之。"坐中有
> 惭者。①

对侯章而言，虽然自己是个粗人，但以战功取得财富地位是名正言顺的，不像某些文官只会凭着口舌上的谄媚，取得统治者的欢心。在北宋太祖与太宗时代，即便文臣常批评武人贪功好战，却无法直接挑战军功的价值。② 然而，自真宗朝以降，文人开始质疑军功的意义。一个例子是雷有终。他说道："功名者，贪夫之钓饵。横戈开边，拔剑讨叛，死生食息之不顾，及其死也，一棺戢身，万事都已，悲夫！"③ 热衷于征战的人被雷有终贬斥为"贪夫"，军功也许能为个人带来"功名"，但这都是暂时的，当个人死去时，这些成就都没有意义。由此看来，雷有终将军事成就贬低为仅具个人及暂时性的意义，并抹杀其对社会及国家的重要性。

真宗朝的宰相王旦则做出更为激烈的批评。在向真宗赞扬和议的优点后，王旦接着批评武臣："且武夫悍卒，小有成功，过求爵赏，威望既盛，即须姑息，往往不能自保，凶于国而害于家。"④ 根据王旦的说法，武人立下战功只会导致他们要求过多的赏赐，一旦朝廷同意他们的要求，给予过高权位，便形成武人跋扈的结果；最后导致叛变，既伤害国家，也不利于军人自己。可见，军事成就的影响被全然描述为负面。在贬抑军功之外，雷有

---

① 《宋史》卷二五一《侯章传》，第8859页。
② 有关宋初反战论的讨论，见曾瑞龙《战略脱节：宋太宗第二次经略幽燕》，《中国文化研究所学报》7，1998，第9～12页。
③ 《玉壶清话》卷五，第49页。
④ 《续资治通鉴长编》卷七三，大中祥符三年五月，第1672页。

终与王旦也赋予武人相当负面的形象：道德有亏，且对物质利益极为贪婪。真宗时期之所以出现此类论点，可能同时受到政治与文化因素的影响。一方面，由于弭兵和戎已成为朝廷的主流意见，支持和平政策的文臣得以肆无忌惮地宣泄对武人的敌意。另一方面，多数北宋士兵卑微的出身背景，也让文士倾向以鄙夷或猜忌的态度来看待武人。

自从唐朝中央政府在 8 世纪中叶以募兵取代府兵后，从军就成为一种职业，军人成为社会上的特殊群体。到了 9 世纪，由于无业者往往凭借从军来获取衣食之资，文士倾向把军人与社会上游手好闲者画上等号。[①] 9 世纪晚期的战乱，进一步破坏了军人的形象。由于军纪败坏成为常态，军人与盗匪看来已无区分。当全国在 10 世纪下半叶渐趋统一时，统治者开始要求军人的纪律与效忠，但是后周世宗以罪犯从军的政策，却使军人与犯罪者的结合更为紧密。世宗认为犯罪者多是勇猛强健之徒，适合充当战士。从显德元年（954）开始，"诏诸道募山林亡命之徒有勇力者，送于阙下，仍目之为强人"。[②] 赦免罪犯刑责，将其招募至禁军的政策为宋代皇帝所继承。例如，当太宗在太平兴国四年（979）准备讨伐北汉时，下令地方官免除强盗死刑，将他们送至京都，因为他认为这些人具备战斗力。[③] 出于同样的原因，真宗招募在北部边界出没的盗匪，将其组织成骑兵部队，名唤"骑捷"。[④] 咸平三年（1000），外号叫作"撼动山"的知名盗匪魏捷向政府自首，

---

① 例如，刘禹锡（772～842）在其所作《武夫词》中便将军人形容为不事经济生产且经常触犯法律及礼仪的人。见（唐）刘禹锡撰，卞孝萱校订《刘禹锡集》卷二〇《武夫词》，中华书局，1990，第 261～262 页。

② 《旧五代史》卷一一四《周书五·世宗纪一》，第 1511 页。

③ 《续资治通鉴长编》卷二〇，太平兴国四年七月，第 458 页。

④ 《续资治通鉴长编》卷六八，大中祥符元年二月，第 1525 页；《宋史》卷一八七《兵志一》，第 4593 页。

真宗特别召见他，赐予锦袍、银带，任命他为龙猛军队长。① 这些事实都说明，原为盗匪者乃是北宋士兵的重要来源。尤有甚者，宋代对罪犯者的一项处罚就是在他们脸上刺青，再将他们充军。这些军人被称为"牢城军"。身为罪犯，这些军人通常不会参与军事行动，而是负担各种杂役。不过，其中某些人可能因身强体健而加入禁军。②

由于军人与罪犯在身份上经常互换，文官乃倾向将军队视为违法乱纪者的收容所。吏部郎中田锡在至道三年对太宗建议："与人为害者，募之入军，则乡间静谧。"把招募地方上为非作歹者，当成维系治安的方法。③ 大中祥符二年（1009），真宗调动大批军队至宫城之内修筑昭应宫，王曾便警告道，由于多数士兵的出身是"不逞小民"，让他们在宫城附近从事劳役是很危险的。④ 仁宗时期，王安石（1021～1086）的批评更为尖锐："往往天下奸悍无赖之人，苟其才行足自托于乡里者，亦未有肯去亲戚而从召募者也。"⑤ 宣称唯有在乡间之间难以生存的奸人与无赖才会应募从军。当军人被赋予"奸恶"的形象时，皇帝与文臣自然视武人的行为与言论皆出于贪图利益的考量。

在仁宗时期，认为文官坚守道德原则，武臣仅单纯求利的看法，成为文官拒斥武职的原因。当范仲淹在庆历二年（1042）拒绝改换武资为观察使时，其中一个理由便是强调自己作为一位儒

---

① 《续资治通鉴长编》卷四七，咸平三年八月，第1023页。

② 关于"牢城军"的讨论，见佐伯富《宋代における牢城軍について》，收入《劉子健博士頌寿紀念宋史研究論集》（東京：同朋舍，1989），頁267-292。

③ 《续资治通鉴长编》卷四一，至道三年七月，第871页。

④ 见王曾的上疏，《续资治通鉴长编》卷七一，大中祥符二年六月，第1613页。派遣士兵去兴建昭应宫，见《续资治通鉴长编》卷七一，大中祥符二年四月，第1613页；卷七二，大中祥符二年七月，第1624页。

⑤ 见王安石在嘉祐三年（1058）呈给仁宗的上疏，见《临川先生文集》卷三九《上仁宗皇帝言事书》，第247页。

者，在文化身份上与武人有别。他强调："而况儒臣、武士，所习不同，所志亦异。臣辈不愿去清列而就廉察之厚禄者，如方荣、刘兴辈，必不愿减厚禄以就学士之清列矣。"由于儒者与武人的素养不同，志向有异，文人才会珍惜学士等"清职"，武人则企求能得到较高俸禄的观察使之位。因此，在范仲淹看来，朝廷要他舍弃学士之职，改任观察使，是将自己当成"贪夫"来对待，令他无法接受。①

建基在类似的文武区别论之上，仁宗朝的知名文臣欧阳修更主张，君主在委任朝臣与武官时应采取不同的标准，"军旅之士先材能，朝廷之士先名节"。因为武官的作用是赢得战事，争名逐利对他们而言是相当自然的。但任命朝臣的考虑则正好相反，因为朝臣应为道德表率，因此他们需要坚守道德原则，作为一般人的正面榜样。职是之故，文人应该珍视他们的荣耀心与正直感，皇帝则应该通过提升他们的荣誉心与正直感来培养理想的文臣。② 在欧阳修心中，"朝廷之士"显然是指文臣，由于文武官员拥有不同的治国功能及价值体系，只有文臣才被期待去实践道德伦理。

既然认定武人不熟悉道德与法律，文官倾向将武臣的违礼犯禁视为常态而予以原谅。比方说，天圣三年（1025）宰相王曾因殿前副都指挥使杨崇勋（976～1045）穿着沾满烂泥的靴子进入政事堂议事，而对他提出弹劾。不过，王曾很快又建议刘太后原谅杨崇勋的过失，因为"崇勋武夫，不知朝廷之仪。举劾者，柄臣所以振纪纲；宽释者，人君所以示恩德。如此，则仁爱归于上，而威令肃于下矣！"③ 也就是说，武臣犯下过错虽应加以纠

---

① （宋）范仲淹：《范文正公集》卷一六《让观察使第一表》，第128页。
② （宋）欧阳修：《欧阳修全集·奏议集》卷一五《论包拯除三司使上书》，第878～880页。
③ 《续资治通鉴长编》卷一〇三，天圣三年十二月，第2395页。

举，但考量其身份则不须严加追究。如此一来，当文武官员犯下相同过错时，谏官也会采取不同的弹劾标准。例如，庆历四年（1044），张亢（994~1056）与滕宗谅（991~1047）皆因侵占公款而被弹劾。由于参知政事范仲淹为二人辩解，仁宗仅将他们略降官职以示惩处，但招来权御史中丞王拱辰（1012~1085）的抗议。王拱辰坚持严惩滕宗谅，他认为张亢是武臣，可以因为不知朝廷的规定而得到宽恕，然而身为文官的滕宗谅，却滥用其职权，并意图欺瞒朝廷，理应承受更严重的责罚。仁宗接受了王拱辰的意见，将滕宗谅贬为岳州知州。①

11 世纪的文人除了给予当时武人负面的评价外，也将五代时期的武人描述成如同禽兽一般。欧阳修的名著《五代史记》就是一个很具代表性的例子。欧阳修在书中说："五代之君，皆武人崛起，其所与俱勇夫悍卒，各裂土地封侯王，何异豺狼之牧斯人也！"② 将五代武官形容成凶狠的豺狼，显示欧阳修对武人的强烈敌意。当然，这样夸张的说法不完全符合历史事实，并不是所有五代的武臣都适用这么可怕的描述。欧阳修也曾称赞几位五代武将的高尚道德，只是他的目的是以这些武人的事例来对比五代文人在道德上的集体衰败，欧阳修说：

> 予于五代得全节之士三，死事之臣十有五，而怪士之被服儒者以学古自名，而享人之禄、任人之国者多矣，然使忠义之节，独出于武夫、战卒，岂于儒者果无其人哉？③

在欧阳修看来，儒者理应基于道德原则为国家守节牺牲。因此，

---

① 《续资治通鉴长编》卷一四六，庆历四年正、二月，第 3527~3530、3538、3542 页。
② 《新五代史》卷四九《王进传》，第 558 页。
③ 《新五代史》卷五四《冯道传序》，第 611 页。

当他发现奉行忠义之节者皆为军人时，欧阳修认为这个事实显示儒家理想在五代彻底消失，因而感叹道："五代之乱，三人者，或出于军卒，或出于伪国之臣，可胜叹哉！可胜叹哉！"①

　　欧阳修将五代贬抑成一个混乱的时代，源于他对文治政权的仰慕。事实上，许多 11 世纪的文人拥有相同的看法。自宋初以降，政治精英就将五代的历史当成负面案例，借以宣扬皇宋的成就。例如，太宗经常将五代贬低为一个混乱时代，吹嘘自己成功地扭转了先前的动荡局势，建立了强有力的中央政权。② 如同前文所述，伴随着政治秩序的恢复，宋代皇帝也致力于文化上的发展。到了真宗时代，士人认为宋朝与五代之间的差异，不仅表现在政治方面，更表现为文化的复兴。大中祥符五年（1012），真宗对他的臣僚说：

> 有唐文物最盛，朱梁而下，王风寖微。太祖、太宗丕变弊俗，崇尚斯文。朕获绍先业，谨遵圣训，礼乐交举，儒术化成，实二后垂裕之所致也。③

真宗显然想要宣示，自太祖立国以来，在君主的支持下，儒家文化的复兴已使文治的成就达到近似唐代的水平。

　　颂扬大宋王朝在文化上的成就，亦见于 11 世纪文人的书写中。在他们心中，宋朝拥有的和平状态及文化成就是前所未见的。司马光（1019～1086）在写给仁宗的奏书中所言："至如圣朝芟夷僭乱，一统天下，朝野之人，自祖及孙，耳目相传，不识

---

① 《新五代史》卷三二《死节传》，第 353 页。
② 《续资治通鉴长编》卷二九，端拱元年十二月，第 662 页；卷三二，淳化二年正月，第 710 页。
③ 《续资治通鉴长编》卷七九，大中祥符五年十月，第 1799 页。

战斗。盖自上世以来，未有若今之盛也。"① 另一位仁宗时期的文官石介（1005~1045）则赞扬国家在礼仪、音乐、教育及文治上的发展，宣称宋代皇帝的成就已超越汉唐、三代，得以与理想中的尧、舜比肩。②

北宋政府创建了和平且崇尚文治的大环境，文人无疑成为最主要的受益者。因此，他们自觉能活在这样的时代是非常幸运的。景德二年（1005），国子祭酒邢昺（932~1010）向皇帝报告，国子监所有的雕版数量已由建国初期的四千多块增加到十多万块，以致相较于他的少年时代，学者要想取得书籍已变得相当容易。邢昺总结道："斯乃儒者逢时之幸也。"③ 对于文人而言，政府提供的给文人的优待不仅是学术，更是政治上的权力。除了在购书上享有前所未有的便利，宋代文人还享有前所未有的机会，得以凭借他们的文学才能取得政权。范仲淹因此写道："皇朝以来，士君子，工一词，明一经，无远近，直趋天王之庭，为邦家光。吾搢绅生宜乐斯时、宝斯时。"④ 这些乐观的陈述反映了文人对于当前的秩序甚感满意。相对于五代的文官在政治领域中有限的权力与地位，宋代文人相信政府是由他们主导的，因而有义务保持这个理想状态。基于这个原因，文官希望通过排除武人在朝廷的影响力而完全掌控政治。

11世纪的文人精英倾向将武人视为唯利是图且缺乏忠诚的群体，必须小心地加以控制。因此每当涉及重要议题时，文官对于武臣的可能反应都相当敏感。比如在庆历元年（1041），朝廷将陕西分为四路，分别指派四名文官出任安抚使，主掌一路的军政

---

① 《续资治通鉴长编》卷一八四，嘉祐元年九月，第4445~46页。
② （宋）石介撰，陈植锷点校《徂徕石先生文集》卷一八《三朝圣政录序》，中华书局，1984，第209页。
③ 《续资治通鉴长编》卷六〇，景德二年二月，第1333页。
④ （宋）范仲淹：《范文正公集》卷一四《太府少卿知处州事孙公墓表》，第118页。

大权。范仲淹为此写了一封长信给宰相吕夷简，指出长期的承平以及朝廷对文士的礼遇，让政治精英忽略了兵学及军事技能的重要性，以致党项反叛，朝廷无杰出的将领可用，只能委派文臣作为统帅。但是，过去以文臣统帅的结果是不断战败，范仲淹写道：

> 三委文帅，一无武功，得不为和门之笑且议耶？今归之四路，复皆用儒，彼谓相辅大臣，朋奖文吏。他日四路之中，一不任事，则岂止于笑，当尤而怒之。用儒无功，势必移于武帅，彼或专而失谋，又败国事。况急而用之，必骄且怨，重权厚赏，不足厌其心，外寇未平，而萌内患。

一旦这些儒者出身的安抚使不能立下功劳，武将会因执政者偏袒文臣而感到愤怒，而朝廷也势必转而起用武臣。在此情况下，武臣将会产生骄怨之心，容易萌生内乱。为了防范此种潜在的危险，范仲淹建议朝廷选用两位武臣，将两个路的军政之权交付在他们手里。[1] 范仲淹对武人权力的支持，并非源自对武人的同情或信任。他关心的是避免激起武人的怨恨，因为这可能会严重扰乱当前的秩序。在范仲淹看来，当文官没有办法建立与其支配权力相称的功业时，武臣很可能会因必须服从文官而感到怨恨。

类似的考量也出现在欧阳修写于庆历四年（1044）的奏书中。当时陕西地区的文武官员，因为是否要修筑水洛城，而爆发激烈的冲突。[2] 由于文臣统帅及边将对筑城意见有分歧，欧阳修建议仁宗在做出决定前，必须要考虑武官的感受。欧阳修认为，由于所有高阶朝臣都出自文官，武将自然会觉得朝廷总是支持文

---

① （宋）范仲淹：《范文正公集》卷九《上吕相公书》，第78～79页。

② 关于水洛城争议的细节，见黄燕生《宋仁宗、宋英宗》，第131～135页。

官。即便武官确实有错，他们也会认为任何有利于文官的决定都是基于对武人的歧视。① 范仲淹与欧阳修的论点都反映了文武官员之间的紧张关系，以及文人在管理军队时面临的难题。对于某些文官来说，解决此问题的一个可能办法是：让文人兼具军事才能，以取代武官统兵。因此，在仁宗时代，文人开始普遍出现倡导兵学的声音。

由于文人与武人在文化与仕途上的分隔，10世纪的文人通常对兵学知识及武艺技能缺少兴趣。尽管某些文人因为大环境的充斥暴力而精通箭术，但依旧认为射箭只是雕虫小技，而不愿将他们的军事能力运用在战场上。太宗时代的文官王禹偁（954~1001）曾经写过一首关于射弩与箭技的诗，说道："如何壮夫事，今作儒者欢。"② 可见宋初的文人已将射箭视为一种娱乐活动。前文曾提及真宗时期以神射著名的文臣陈尧咨，他仅在宴会时为娱乐宾客而展现射箭神技。③

然而，当仁宗朝文官拓展其影响力至军事领域时，部分文臣开始重新思考军事才能的重要性。在仁宗初期，穆修曾对当时"文武异道，将相异材"的现象提出批评，指出古代官员无论为将、为相都得才兼文武，一名文官若缺乏战略知识就没办法处理国家事务，而一名没有文学素养的武将也没办法指挥军队。当前国家无法得到才能之士，因为主政者不让儒者掌管军事事务，也不要求军人研读儒学。④ 由此看来，穆修的理想很近于初唐"才兼文武"的传统，显示尽管文武分途自8世纪以来已成为确立的

① 《续资治通鉴长编》卷一四八，庆历四年四月，第3590页。
② （宋）王禹偁：《小畜集》卷五《射弩》，第26页。
③ 陈尧咨展现箭技只是为了娱乐，见《渑水燕谈录》卷九，第113页。
④ 见穆修写给陈尧咨的信，《河南穆公集》卷二《上大名陈观察书》，第11~12页。这封信撰于陈尧咨统领天雄军之时，也就是在天圣五年到九年（1027~1031）之间。关于陈尧咨在天雄军的任期，见李昌宪《宋代安抚使考》，齐鲁书社，1997，第114页。

趋势，但对部分 11 世纪的文人来说，初唐精英的才兼文武仍旧是值得效法的理想。

由于穆修的想法仅出现在私人信件中，大概无法吸引广泛的关注。对于兵学的公开倡导首见于仁宗景祐元年（1034），富弼（1004～1083）建议仁宗创设武学，使官员与文人在其中研读《孙子》等兵书，借以培养优秀的武将。① 富弼的提议没有得到回应，一直要等到对党项作战失败，才激起执政者对兵学的关注。庆历二年（1042），朝廷下令高阶文官推荐武学教授的人选。② 庆历三年（1043）五月，武学在汴京建立，但仅维持了四个月。③ 造成武学短命的原因有二。首先，武学成立之后，并没有学生前往就读。④ 其次，某些文官反对这个政策，他们宣称前代名将并不是单靠研读《孙子》就能培养出来的。由于招募学生研读兵书无助于训练出有才能的将领，反对者建议朝廷即刻废除武学。⑤ 尝试建立武学的失败，显示对军事素养的漠不关心，甚至怀有敌意，仍是文官群体的主流意识。

尽管有这样的反对声浪，兵学的倡导仍然没有就此消失。嘉祐三年（1058），王安石向仁宗呈上长篇奏书，批评当前的各种政治问题。其中，文人仅知文学之事，缺乏处理实际事务的能力，是他的一个主要论点。王安石认为，古代的士学习"文武之道"，因此他们既能在朝为官，也能上阵统兵作战。在古代箭法

---

① （宋）富弼：《上仁宗论武举武学》，收入（宋）赵汝愚编《宋朝诸臣奏议》卷八二，第 890～893 页。

② 《续资治通鉴长编》卷一三八，庆历二年十二月，第 3328 页。

③ 《续资治通鉴长编》卷一四一，庆历三年五月，第 3378 页；卷一四二，庆历三年八月，第 3423 页。

④ 见范仲淹的上奏，《宋朝诸臣奏议》卷八二，第 894 页。《宋朝诸臣奏议》的编纂者赵汝愚（1140～1196）将这份上奏之撰作时间系于庆历四年（1044），应有误，据《续资治通鉴长编》与《宋会要》，武学在庆历三年（1043）即被废除。

⑤ 《续资治通鉴长编》卷一四二，庆历三年八月，第 3424 页。

是每个士人的基本能力，相较之下，当代之士则以手握兵器为耻，对于骑射之术、统兵作战一无所知。王安石总结道，士人在军事上的无能，使朝廷总是为外患而担忧。① 显然，初唐"出将入相"的传统仍是王安石寄望宋代的文人精英实践的理想。出于这个理想，士人教育不应只限于书本知识，战斗技巧的训练也是必要的。王安石的想法显然修正了前辈们的缺点——例如，杜牧与富弼提升军事才能的方法是通过书本学习而不及其他，忽略了军事才能必须包含骑射等战斗技能。尽管如此，王安石提升士人军事技能的诉求，并未产生实质影响力。大体而言，文臣在仁宗时代对于兵学的倡导，未能动摇文武间的区隔。这些论点不仅反映了文人与武人间的巨大鸿沟，也显示了文人在面对军事事务上的焦虑。

面对来自文人的各种歧视，仁宗时代的武官鲜少反击；这与真宗朝的武官诸如高琼、马知节等人不同，高、马二人皆曾在真宗面前直言批评文官的缺失。仁宗宝元二年（1039），枢密副使王德用遭到妒忌其名声的御史中丞孔道辅（986～1039）等人的批评而遭罢职外放，为了避免再受攻击，王德用甚至不敢接见宾客。后来孔道辅去世，有人向王德用报告此事："是尝害公者，今死矣。"王德用却回答，孔道辅是一位忠臣，并非曾陷害自己的仇人。② 庆历二年，仁宗重新起用王德用至河北负责防务，以防备契丹的进犯。在面见仁宗时，王德用并未抱怨他之前受到的不公平待遇，而是表达对于皇帝宽宥的感激之情。③ 另一个类似

---

① （宋）王安石：《临川先生文集》卷三九《上仁宗皇帝言事书》，第 246～247 页；《续资治通鉴长编》卷一八八，嘉祐三年十月，第 4531 页。

② （宋）王安石：《临川先生文集》卷九〇《鲁国公赠太尉中书令王公行状》，第 564 页。《续资治通鉴长编》卷一二三，宝元二年五月，第 2907 页；卷一二九，康定元年十二月，第 3060 页。

③ 《续资治通鉴长编》卷一三五，庆历二年二月，第 3226 页。

的例子是狄青。当他在嘉祐元年（1056）因为言官抨击他是国家安定的威胁而被调离枢密院时，并未提出任何辩解。①武官们的沉默显示他们消极地接受了自己在朝廷中的次等地位。

显然，文官在仁宗朝的支配力量加剧了文武官员的差别。在此情况下，文人精英开始重新考虑他们与军事职务以及军人的关系。尽管部分文人开始主张才兼文武的重要，7世纪"文武合一"的传统却从未恢复。反之，压倒性的文人力量，却使得二元对立式的文武身份被运用在政治制度上。文武官员的分途也因此更加制度化。

## 文官与武官的制度性区分

随着文官逐渐支配北宋政府，他们对于文武区分的理念逐渐落实到官僚体制中。基于文官应坚守道德原则，武官则仅追求物质利益的基本假设，朝廷逐步调整法规，让文官实践儒家的道德规范。相对地，对武臣的道德要求标准则要低得多。官员为双亲服丧的规定，充分说明北宋朝廷以不同的标准对待文武官员。

根据儒家的孝道观，任何人皆应为过世的双亲服三年之丧。对于官员来说，这是要求他们辞去官位，待在家中守丧三年。然而，北宋初年的官员很少遵循这项原则。当官员为双亲服丧而请求辞职后，朝廷通常会在一百日之后委派新的职位。一些渴求权力的官员甚至服丧不及百日，就返回政府任职。太平兴国六年

---

① 由于狄青生前从来没有为自己提出辩解，朝廷始终不承认他曾遭受不当的诬蔑，直到熙宁元年（1068）神宗派遣宦官携带御制祭文，至其墓前祭拜，才正式平反狄青所受的冤屈。见（宋）郑獬《御祭狄青记》，收入胡聘之编《山右石刻丛编》卷一四，收入《续修四库全书》第907、908册，上海古籍出版社，1995，第324～325页；（宋）郑獬：《郧溪集》卷一四《御制狄公祭文序》，收入《宋集珍本丛刊》第15册，线装书局，2004年清乾隆翰林院钞本，第134页。

（981），太宗下令所有官员必须服丧百日期满才能重新任职。① 此后，朝廷倾向尊重文官的意愿，允许越来越多的文官自愿性地离开岗位，完成三年之丧。然而，由于缺乏强制性的规定，绝大多数的官员仍然没能守满三年之丧。到了真宗朝，一些文官开始批评这样的状况。大中祥符九年（1016），朝廷下令，除了武臣与官秩必须起复者之外，官员都要在双亲过世后服丧三年。② 在此情况下，一些文官为了避免在未来双亲过世时需要离任，乃请求转换武职。③

在仁宗朝，由于文臣的力量已凌驾于武人之上，一些文官试图强制武臣也遵循儒家的守丧原则，因为他们相信所有人都应该为其双亲尽守丧的义务。庆历三年（1043），一群文官建议："不以文武品秩高下，并听终丧。"也就是说，不论文武官员的职位高低，都要服满三年之丧。但是，仁宗认为"武臣入流者杂，难尽令解官"。即考量到武官的文化背景，无法强制他们全都遵守儒家的礼法，乃规定："自今三司副使以上，非任边寄而遭父丧，并听解官终制，仍以月俸续之。武臣非在兵而愿解官者，亦听。"④ 也就是说，只有不统兵，也不担任边职的武臣，可以因自愿申请守三年之丧而离任。显然，仁宗在考量了文武官的文化背景后，制定了不同的人事规范。

嘉祐四年（1059），韩缜（1019~1097）再次请求仁宗强制所有武官行三年之丧，让官员守丧成为通则。当皇帝征询其他朝臣的意见时，官员们的意见存在分歧，一些文官认为韩缜的建议难以施行。朝廷最终依武官的品阶、身份与职务做出折中方案。

---

① 《宋会要辑稿》职官七十七之一，太宗太平兴国六年。
② 《宋会要辑稿》职官七十七之三，真宗大中祥符九年；《续资治通鉴长编》卷八七，大中祥符九年五月，第1988页。
③ 《宋会要辑稿》职官六十一之六，仁宗乾兴元年。
④ 《续资治通鉴长编》卷一四二，庆历三年七月，第3398页。

带阁门祗候使臣、内殿崇班以上，太子率府率及正刺史以上，遭父母丧及嫡子孙承重者，并听解官行服；其元系军班出职及见管军若路分部署、钤辖、都监，极边知州军县、城寨主、都监、同巡检，并给假百日，追起之；供奉官以下仍旧制，愿行服者听。宗室解官给全俸。①

在此规定下，供奉官（第八品）以下的低阶武官仍遵循旧规，除非他们自愿离任，否则仍不需强制服丧。统领军队，或出任边职的武臣，则在守丧百日之后重获任命。因此，文武官的守丧规定虽几经更动，仍然有明显的差别。

在仁宗时期，文武官员的退休标准也不一样。根据《仪礼》，官员在七十岁时可以要求退休。因此自太祖时期以降，七十岁是文武官员规定的退休年龄。② 然而，即便朝廷给退休官员提供了优渥的赏赐，绝大多数年迈官员都不会主动呈请退休。③ 尽管朝廷时而命令某些年纪过大的官员离职，却不曾展开全面性的调查，强迫每位官员准时退休。不满于逾龄的官员霸占职阙，却无所表现，一些人持续呼吁朝廷应该采取更强硬的手段。④

皇祐三年（1051），知谏院吴奎（1011～1068）建议，谏官应该弹劾任何超过七十岁还不打算退休的官员，并说道："由文、武二选为士大夫，是皆君子之地也，傥不以礼法待之，则是废名器而轻爵禄也。"⑤ 在仁宗朝，随着文武之分的深化，吴奎认为文

① （宋）范镇：《东斋记事》卷二，中华书局，1980，第19页；《续资治通鉴长编》卷一九〇，嘉祐四年九月，第4592页。
② 《宋会要辑稿》职官七十七之二十八、二十九。
③ 关于退休官员享有的津贴及特权，细节参见朱瑞熙《宋代官员致仕制度概述》，《南开学报》1983年第3期，第34～39页。
④ 有关这些意见的细节，见《宋会要辑稿》职官七十七之三十五、三十六。
⑤ 《续资治通鉴长编》卷一七〇，皇祐三年四月，第4087～4088页。

武官员皆是"君子"，应该遵行同样礼法的想法显然已是不合时宜。无怪乎朝廷拒绝了吴奎的提案，而采纳胡宿（996～1067）为文武官员规划不同标准的意见。胡宿指出：

> 文吏当养其廉耻，武吏当念其功旧，今欲一切以吏议从事，殆非优老劝功之意。当少缓其法，武吏察其任事与否，勿断以年；文吏使得自陈，而全其节。①

也就是说，仅对文官致仕年龄采取严格的规定，武臣则视其工作的状况而不采取一致的年龄标准。当胡宿的建议成为朝廷政策后，② 武官乃继续享有较为宽松的退休标准，甚至有人年过八十还保有官职，并拒绝提请退休。③

另一个发生在仁宗时期的制度性改变与"恩荫"的规定有关。自北宋立国以来，每当新皇帝即位、祭天或寿诞时，官员的亲属都会被赐予官衔。当高阶官员退休或过世时，他们亦可要求将恩荫的资格赠予他们的亲戚甚至是门客。④ 由于恩荫所得的官衔多为武官，较少为文官，以致宰相之子也可能因恩荫入仕而成为武官。⑤ 因此，在恩荫待遇上，原本并无明显的文武之别。例如，大中祥符八年（1015）真宗在祭天之后进行大规模的恩荫授

---

① 《续资治通鉴长编》卷一七〇，皇祐三年四月，第4088页。
② 欧阳修在治平四年（1067）为胡宿撰写墓志铭时，提到胡宿对于官员退休的规划仍是当时朝廷执行的政策。见《欧阳修全集·居士集》卷三四《赠太子太傅胡公墓志铭》，第242～244页。
③ 面对此种行为，朝廷只能以诏令强迫其致仕。例如，英宗在治平四年（1067）下诏要四位年过八十的武官致仕。见《宋会要辑稿》职官七十七之四十一。
④ 关于宋代恩荫制度的概括性讨论，见梅原郁《宋代官僚制度研究》，第423～500页；苗书梅《宋代官员选任和管理制度》，第54～71页。
⑤ 宋太祖朝名相赵普的两个儿子都因恩荫而成为武官，见王称《东都事略》卷二六《赵普传》，第7页。太宗朝宰相薛居正的儿子同样也是因为恩荫而获授武资官，见《宋史》卷二六四《薛居正传》，第9111页。

官，依官员的品秩，授予了不同等级的武官给他们的孩子、兄弟与侄子。① 因此，不论官员的文武身份，品阶相近的官员得到相同的恩荫。

到了仁宗朝，受到文武分途趋势的影响，朝廷开始变更恩荫的规定。如此一来，不愿出任武官的文臣，再也不用担心自己的子孙将因恩荫而成为武官。天圣五年（1027），朝廷下令，今后赐予文官的恩荫只限于文资官。部分官员随即要求将之先前因恩荫获得的武资官改为文资。② 庆历三年（1043），朝廷宣布恩荫授官的新办法，依官员的文武身份进行明确的区分，文官的亲属只恩荫文资官，武官的族人则获得武资官。如此一来，即便文武官员担任同样的职位，他们获得的恩荫也截然不同。比方说，一位担任枢密副使的文臣，他的儿子可恩荫太祝、奉礼郎；同样担任枢密副使的武臣，其子则会恩荫西头供奉官。③ 显然，通过新的恩荫制度，官僚及其亲属被清楚区分为文武两个群体。

由于政策上有意区分文武，即便文武官员出任相同的职位，在待遇上依旧有别。举例而言，文武官员都可能出任某州的知州。然而，当武官担任知州时，管理文事行政的职权会移转到通判或其他文职属官手中。如前文所述，真宗大中祥符五年（1012）之后，武臣知州已不再主持辖区内的科举考试，他们对于财政事务的管理也受到限制。大中祥符六年，朝廷下令每年查核各地的茶盐酒税及诸物场务的收入，若有亏损，则惩处知州、通判及监临官，但"大臣及武臣知州军者，止罚通判以下"。④ 这条命令显示，当武官担任知州时，实际掌管财政工作的是手下的通判，而非知州本人。对武人知州权力的进一步削减，发生于皇

---

① 《续资治通鉴长编》卷八四，大中祥符八年正月，第 1911~1912 页。
② 《宋会要辑稿》职官六十一之八。
③ 《续资治通鉴长编》卷一四五，庆历三年十一月，第 3503~3505 页。
④ 《续资治通鉴长编》卷八一，大中祥符六年七月，第 1842 页。

祐五年（1053）。仁宗宣布："诸路知州军武臣，并须与僚属参议公事，毋得专决，仍令安抚、转运、提点刑狱司常检察之。"① 通过安抚使、转运使、提点刑狱使等路级长官的持续监察，朝廷要求落实武人知州与其文臣僚属分享统治权力的规定。

为了明确区分文武官员，朝廷也在官衔之外利用一些不同的规定来标识官员的文武身份。例如，节度使是少数既可授予高阶文臣，也可赐给高阶武臣的官衔，而每位节度使都拥有旌节，借以象征他们崇高的地位。如果文官出任节度使，他的旗杆会漆成红色，武人节度使的旗杆则是黑色。② 这样的规定代表文武分途的精神，已深深落实在宋代中期的政治规范中。

文武官员区别的强化，使得朝廷开始重新考虑文官与武官之间的转换。理论上，朝廷允许官员在文阶与武阶之间转换，是提供一个机制，让官员不受制度条文的限制，在适当的职位上发挥其才能。然而，在 11 世纪，由于文武官之分已涉及相异的社会地位、道德标准、人事规章与政治权力，文官与武官之间的转换也就成为相当复杂的问题。一方面，掌权的大臣可能会通过政治操作，将政敌从文资转调为武资；被要求换官的文官则会坚拒改换武资的命令，以维持自己的文人身份与政治权力。另一方面，官员要求换官，可能只是为了享受对自己有利的人事规定，例如，文官为了避免守丧去职或届龄致仕而改换武官；相反地，欠缺文学才能的武人官僚可能会要求改换文资，以追求更高的权力与地位。

为了防止官员取得不适合的职位，朝廷持续制定新的法规以限制文武转换的要求。大中祥符三年（1010）下令："京朝官换

---

① 《宋会要辑稿》职官四十七之十；《续资治通鉴长编》卷一七五，皇祐五年闰七月，第 4224 页。

② （宋）叶梦得：《石林燕语》卷六，第 80 页。

武职、诸司使以下换文资者并试时务策三道，不习文辞者许直述其事，其换武职问以边事。"① 也就是开始以考试来筛选申请换官者。大中祥符五年（1012），朝廷进一步规定申请换为武职的文人官僚须考测其武艺。② 大中祥符九年（1016）之后，由于朝廷强迫文官去职为父母守丧，一些拥有年迈双亲的文官乃意图借改换武资，来规避离任守丧三年的规定。因此，朝廷于乾兴元年（1022）下令，唯有双亲皆已亡故的文官才能提出换为武职的要求。③

在仁宗时代，朝廷采取了更多的限制措施以阻止武官转换为文资。天圣七年（1029）规定，官位在殿直（第九品）以上的武官不得换成文资。④ 也就是说，唯有低阶武官才有机会从武资转调为文资。或许，文人精英认为，在军队长时间服务的资深武官并不适合文官文化。对于低阶武官而言，转换文资的条件也变得更为严格。除了以笔试测验文学素养外，朝廷还会调查他们的身家背景。天圣八年（1030）下诏："三班使臣本文吏子孙，年二十五以上，许量试笔札、读律，与换文资。"⑤ 也就是说，来自文臣家庭的三班使臣，在通过文书写作与法律知识的测验后，可以改换为文资。类似的规定也适用于品阶低于三班使臣，却想转调文资的武官。宝元元年（1038），朝廷限制殿侍转换文资的资格，仅限父祖三代之内曾任文官者才可申请。⑥ 庆历三年（1043），对

---

① 《宋会要辑稿》职官六十一之五；《续资治通鉴长编》卷七三，大中祥符三年正月，第 1652 页。
② 《续资治通鉴长编》卷七七，大中祥符五年五月，第 1766 页。
③ 《续资治通鉴长编》卷九九，乾兴元年十二月，第 2305 页。
④ 《续资治通鉴长编》卷一〇八，天圣七年七月，第 2520 页。
⑤ 《宋会要辑稿》职官六十一之八、九；《续资治通鉴长编》卷一〇九，天圣八年五月，第 2539 页。"三班使臣"是低阶武官的总称，其品阶自七品至九品不等。
⑥ 《续资治通鉴长编》卷一二二，宝元元年八月，第 2878 页。"殿侍"是最低阶的武官之一，位在品阶系统之外。

下层武官换文资的限制略有放松，下令："三班奉职以下换文资者，历官无赃罪，虽三代非文资，而有亲叔伯、兄弟见任者亦听。"将三班奉职（从九品）以下的武官转换文资的资格，由直系的祖先三代须曾任文官，扩张到旁系血亲中有现任文官。① 总而言之，武官需要同时拥有文学才能，且与文官家庭有某种血缘联结，才能从武资换为文资。

主政者将家庭背景作为申请转换文官的条件，显示了当时认为担任文官的条件之一，是与文人传统有所联结。出于这样的考量，出身文官或文人背景的武官，在文武转换上的待遇明显与职业军人有所不同。天圣四年（1024），朝廷允许曾经参与科举考试的三班使臣申请转调为文资。② 至于过去从文官转换为武官者，则可以申请改回文资官，而无论其品秩高低。③ 文人背景在武官申请转换文资的过程中极具重要性，反映出文官有意减少不同文化背景者担任文职的机会，以维持其群体之"纯净"。在各种规定的限制之下，文武官之间的转换交流日渐减少。也因为双方在沟通上受到限制，彼此间的紧张关系自然加剧。

仁宗时期，文人与武人拥有不同文化身份的信念，通过政治制度而得到强化。随着政府的法令规章将文武官的差别待遇制度化，双方阵营的歧异变得空前巨大，彼此之间身份的转移则被有意识地加以限制。通过政治制度，文官不仅确立了与武臣的区隔，更将双方的隔阂延续到后代子孙身上。如此一来，通过政治制度区隔文武，成为文人精英强化自身文化认同的手段，全体官僚被区分为两个具有某种敌对意识的阵营，这是分析11世纪中国政治史时不可忽视的议题。

---

① 《续资治通鉴长编》卷一四二，庆历三年七月，第3397页。
② 《宋会要辑稿》职官六十一之七、八。
③ 朝廷允许武官改回其旧有文官的例子，见《宋会要辑稿》职官六十一之十、十一。

# 结　论

　　臣又闻圣人之有天下也，文经之，武纬之，此二道者，
天下之大柄也。①

　　在上述呈给仁宗的奏书中，范仲淹敦请皇帝交互应用文武之
道来治理天下，强调二者具有同等的重要性。但是，范仲淹本人
并未落实平衡文武的原则，他的仕宦生涯，明显偏向文的一方。
范仲淹坚持自己儒者的身份，在文职中谋求升迁；在陕西统兵
时，他向仁宗表达，自己无意长期投身军旅，坚拒改换武职。因
此，范仲淹对于军事事务，展现出一种矛盾的态度，而这正反映
出11世纪文人精英的某种特质。尽管强调军事行动可能带来的负
面影响，但他们从未忽略"武"对于国家统治的重要性，并且意
图有效掌控军队。不过，考量到自己的身份与仕途，文人又对实
际担任军事职位持保留的态度，且对职业武官怀有敌意。为何11
世纪的文人对于军事事务的立场充满矛盾？想回答这个问题，必
须追溯由唐至宋文武关系的演变。
　　以文武关系而言，唐、宋之间主要的变化是：文武官的区别
由模糊转趋明确。"文武合一"的传统在7世纪中叶以降逐渐消

---

　　①　范仲淹：《范文正公集》卷七《奏上时务书》，第58页。

失，官僚体系朝专业化发展，文武职位间的转换减少，绝大多数的官员终其一生都留在文职或武职工作上。文武官双方为了争夺政治权力而强化自身的认同，彼此间的文化区隔逐步加深。相信文学知识的力量，文官有意将文艺学术的重要性抬高到军事技能之上，更加激化了双方的敌意与恶感。以儒学素养自豪的文官，有意强调他们作为"儒"的身份，并将军人贬斥为不懂礼法与缺少道德素养。相对地，武人则对文官贬抑军事的重要性感到愤恨不平，并将儒者视为对军事一无所知的人。

一方面，专注于文学素养及文书工作，绝大多数的文人精英将他们的生涯限缩在文治或行政的职位上，并在唐代后半期把持了中央政府的高阶职位。另一方面，他们对武事的疏离，导致军事权力多半落入职业军人之手。因此，唐代后半叶的文武官员在政治舞台上各据一方，这个趋势也反映在各地节度使的人选上。武官通常掌管北部或西部具有战略价值的区域，维护国防的安全；文官则统辖国家的南部及东部，为朝廷提供主要的财赋收入。双方的权力平衡促使他们必须相互沟通，也防止双方关系进一步恶化。

不过，军事工作的专业化改变了武将与唐中央政府的关系。当职业军人取代文官在边境上统兵时，统帅与士兵的关系也随之改变。由于缺少进入朝廷任职的机会，唐后期的武将只能长时间服务于军旅，促使他们与部属建立紧密的关系。皇帝与文臣因而怀疑武将把手下的士兵当成夺取个人权力的工具。朝廷与武将的相互不信任，成为安史之乱后的一个始终未能解决的问题，最终彻底破坏了唐朝的统治秩序。

黄巢之乱在9世纪末期给予唐室致命的一击。通过蹂躏帝国的南部与东部地区，叛军摧毁了中央政府与文官集团的统治基础，致使政治秩序完全崩溃。由于长期不掌军务，文官无力处理军事危机，叛军得以肆虐于他们管辖的地区，促使朝廷更加倚重武官。而长期存在于朝廷及将领间的不信任感，导致武臣利用此危机扩张他们自己的权力。军队中的道德感普遍不足，以下犯上成为常态，情势很快失控。地方武将运用手中的军队争夺政治权力，赤裸裸的暴力遂成为左右政治发展的主要因素。

为了维持朝廷的权威以及自身的权力，唐末的文官被迫与职业武将争夺军队的控制权。然而，文臣既欠缺军事才能，又与基层士兵的关系疏远，造成他们在竞争中处于极为不利的地位。因此，唐中央政府几度指派文官指挥军队，但只是带来一连串的惨败。在昭宗大顺二年（892）最后一次尝试恢复中央权威失败后，文官完全失去了军队的控制权。他们与皇帝只能眼睁睁地看着武将间的战斗毁灭整个王朝。

在唐朝灭亡后，中原地区接连出现的四个王朝具有相同特征：整体政治结构具有高度的军事色彩，职业武将掌握了绝大多数的重要职位；武将间的冲突是改朝换代的主因，士兵的支持则主导了皇帝人选。在此情况下，文武官员的区别看似变得相对模糊，一些行伍出身的武官也取得像宰相这样的高阶文职。但是，职业武官真正投身文职的案例并不多见，武臣只是乐于同时拥有文官头衔以展现他们的优越地位。在 10 世纪前半期暴力充斥的大环境中，武职显然更有吸引力，唐代以来文武二职的专业化发展也因此没有经历明显的改变。

与此同时，导致唐朝衰亡的地方叛变问题，仍未得到解决。皇帝为了维系政权，必须与跋扈的藩镇及敌对的政权斗争，遂无法将心思放在与文治相关的议题上。中央权威的衰落，导致无法有效维持统治秩序，这使得各地节度使肆无忌惮地滥用权力。更严重的是，由于多数武官欠缺知识素养，也对儒家的伦理所知甚少，以致很难掌握法律规范及统治原则。在此情况下，武臣在各地的统治为百姓带来严重的苦难，进一步损害了武人的道德形象。

当武人在政治舞台上占有优势时，便不再忍受文人精英的傲慢态度。随着唐室的衰亡，文臣的地位、影响力，乃至生命都受到武人的威胁。部分文官选择退出政坛，以求保全自己与家人的性命；依旧企盼仕宦生涯的文士，则调整策略以应对新的形势。一部分的文士选择与藩镇军阀合作，提供各种政治与军事上的服务，以创建及经营新政权。为了满足武人长官的需求，这类服务于藩镇的文士大多兼具文武之才，执行既辛苦又充满危险的任务。不过，一旦他们的长官登上皇位，可观的回报也就随之而来。敬翔、桑维翰分别在后梁与后晋享有极大的影响力，正是此类文士的代表性人物。然而，由于改朝换代的速度较快，敬翔等人的掌权时间实际上相当短暂。

相对地，多数文人官僚选择另一种生存策略。通过对礼仪与文字的掌握，他们提供给武人君主的不是关于军事或财政的建议，而是扮演仪式性和象征性的角色，让新成立的政权具有正统王朝的面貌。协助政权合理化是多数文官的主要功能，尽管他们在决策过程中缺少影响力，却能持续保有官位。在 10 世纪前期政权快速更迭的过程中，多数文官毫无顾忌地改变效忠对象，以换取官职。也因如此，当武将们冒着生命危险进行政治斗争时，文官却可以在不同的政权中保有官位，享受较为闲适的生活与长久的官宦生涯。因此，一些学者将五代定位为"重武轻文"的时代，恐怕是忽略了在这个充满战乱的时期，文职依然对社会精英保持着相当的吸引力。因此，许多文人持续投身科举考试，而举子仍然享有特权与社会地位。

五代时期的文官无视朝代更迭而长期任职，引来了许多质疑与批判。批评者将他们贬抑为胆小无能，只知维持一己私利而毫无廉耻。如此一来，文官群的实质贡献，就被当代人及后世史家严重低估。尽管五代文官通常只起到装饰性的作用，他们的长期任职实有助于维系官僚传统中的重要内涵，例如，科举考试、公众教育；也使得历史记录的撰述和保存，未因战乱而中断。此外，文官们试图恢复李唐政治传统，也使儒家的价值观念得到保存。相较于晚唐的文官，五代的文官采取另一条途径来维持影响力。他们不再与武臣争夺军队指挥权，而是致力于将学术与行政的重要性抬升到作战之上。考虑到战争为武人提供扩展影响力的良机，文臣持续批判穷兵黩武的政策，后晋时期文臣的作为就是一个很好的例子。由于五代文臣的努力，在武人的主政下文职数量虽有减少，但文治传统仍旧勉强存续。通过与将领的合作，文官帮助武人接触文学素养及儒家知识。儒家经典的雕版刊印，更使书籍的取得变得容易，有利于教育的推广。没有五代文臣的努力，儒家文化要想在后周广顺元年（951）以后如此迅速地复兴是绝无可能的。

文官权势自广顺元年开始复兴，主要的推动者是已经文儒化的武人。公元875年至950年，武人对政治权力的掌控，改变了部分高层武官的文化素养。原本缺乏学识的军事强人，在现实的政治考量下转而接受儒家文化。这是因为在争夺权力的过程中，一些怀抱政治野心的武将，意识到赤裸裸的武力并不足以维护稳定的政权，于是寻求将军事力量转化为合法权威的方法。一旦武人渴望正当化新取得的权力，或者更有效地经营其政权时，他们只能接受儒学传统与文学知识。许多文人也乐于接近，进而巴结这批武人权贵，为武人的文儒化提供良好的条件。如此一来，尽管唐末崛起的武将鲜少读书识字，但他们的子嗣往往变得喜好文墨，热衷与文士交游。在五代时期，文儒化的武官虽然未能改变军人整体的负面形象，最终却扭转了唐末以来武人主导政局的趋势。

　　接受儒家文化的武官认为，缺少学术素养的军人不具备统治平民的能力，而应把权力移交至文官之手。在后唐时期，郭崇韬与李从荣都曾试图扩张文官的影响力，不过他们皆命丧政敌之手。但是，这些失败的前例并未阻碍稍后的尝试。后周于公元951年建立后，恢复文治权力的努力进展迅速，主要归功于四位皇帝前后相继的努力——后周的郭威与柴荣，北宋的赵匡胤与赵光义。他们全都出身军旅，却尊崇儒学。

　　历史学家通常将后周与之前的四个朝代视为一体，统称为"五代"，认为这是一个以政治混乱及文化倒退为特征的时期。事实上，后周政权代表一个新政治秩序的开始，而不是统治失序的最后阶段。尽管立国仅有九年，后周统治者却推出了一系列的新措施：以严格的纪律管束军队，任用文官担任重要职位，重新整理法典以管理百姓，尊崇儒家礼乐及统治原则，派遣文官到各地改善地方行政。以上政策全都被宋代皇帝所继承，并用心地持续执行。

　　后周皇帝得以实践改革，是因为中央与各地藩镇间的权力关系早已发生转变。唐代之后四个短命王朝的统治者，一直面临着各地节度使跋扈抗命的问题，但他们仍在削减藩镇势力与增强中央实力上持续取得进展。在后周建立时，中央政府已拥有一支强大禁军，不仅能够镇压地方叛变，更有重新统一全国的潜力。对于后周皇帝来说，这支强大的军队是皇帝权威的基础，然而士兵变换效忠的对象仍是一个严重的问题。出于这层顾虑，后周世宗施行了严格的军纪，并亲自指挥重要的战役，以确保军队的忠诚不渝。后周之前的四个朝代，绝大多数的皇帝都出身军旅，但除了后梁朱温与后唐李存勖外，即位之后的皇帝鲜少亲自统兵作战。为了应付军事危机，皇帝通常会指派一位经验丰富的武将指挥庞大的军队，遂使那名统帅拥有足够的军力夺取皇位。大将杜重威与郭威的叛变，分别导致了后晋与后汉的亡国，便是最好的例子。为了解决朝廷与武将间持续不断的猜疑，后周世宗亲自指挥大规模的作战行动，确保了政治上的稳定，也使得全国性的改革得以进行。世宗的继承者由于年纪太小，无法维持这项政策，遂留给赵匡胤推翻后周的机会。有鉴于后周的灭亡，北宋太祖及其继承人更有动力去执行后周世宗的政策，多次御驾亲征，将军队置于他们个人的严密监控之下。

随着后周、北宋逐步统一全国，文官的政治影响力也随之提升。每当消灭敌对政权或剥夺跋扈节度使的权力时，后周与北宋皇帝便将重要职位从武臣手中移交到文官之手，此一趋势先在朝廷实施，后来逐步向各地推动。由于北宋太祖相信知书的文臣比武将更具治国能力，文官的权力在宋代建国后快速增大。宋太祖既然认为读书能为政治带来实用功能，也深信文官不具有篡夺皇位的野心与能力，乃倾向将权力托付给文臣。太祖曾明白地宣称，将以文职官员取代武臣作为地方长官。然而，由于太祖与高阶武官存在紧密的私人关系，更因为武人在地方的影响力根深蒂固，太祖并没有骤然撤换各地的武人节度使，而是采取渐进的方式，逐步减小他们的影响力。此一渐进的方式造成文人对地方政府的控制晚了约二十年才完全实现。

继承太祖皇位的太宗，明显加快了将政治权力移转至文官的进程。由于自己的即位充满争议，太宗对太祖留下的武臣甚感猜疑，因而通过科举考试，大量延揽与自己有私人联结，且有文学才能的官员，将他们安置于各种职位之上。于是，接受教育并参与科举考试，成为获取政治权力的直接途径。此外，太宗采取较高的道德标准来选拔文官，将品德或素行不良的文官转调武职，更进一步提高了文官的地位与声望。如此一来，文人精英及其所秉持的儒家传统，成为宋政权尊崇的核心价值。不过，在军事议题上，太宗与多数文臣的立场相异。太宗扩张领土的野心受到多数文臣的抵制，这一分歧使文官无法取得君主完全的支持以压过武臣。

职业武将在五代时期掌握军权，只有少数深受皇帝信任的文官才得以在军事政策上发表意见，绝大多数文臣无法涉足军事领域。因此，"出将入相"的文官在五代几乎不存在。尽管身处暴力环伺的大环境中，多数文官仍对兵学和武艺保持距离。在他们心中，作战技能只是"小道"，发动战争则将助长军人权势的扩张，最终破坏政治的稳定和秩序。因此，弭兵反战是多数文官的共识，这也是他们长期被阻绝于军事领域之外所产生的结果。

当后周与北宋皇帝恢复文人的政治权力时，他们也尝试让更多文官担任军事职务，但多数文官对投身军旅仍抱持负面的态度。在统一全国的过程中，即便有一小群文官，诸如王朴和赵普，成为协助皇帝策划军事行动的关键人物，但绝大多数的文官站在对立面，质疑持续军事扩张的必要性，尤其反对与北方的强敌开战。为了推行自己的计划，太宗只能寻求武将的帮助，而将文臣排除于军事决策圈之外。但是，太宗对契丹及党项的军事行动屡遭挫败，文官得以乘机倡议绥靖主和的政策。在太宗朝后期，文官的反战声浪给太宗及其继承人真宗带来莫大的压力。

导致宋军在战场上屡尝败绩的一个重要因素，是皇帝过度干扰前线统帅的指挥权，这在太宗朝尤其明显。太宗即使不亲自统率军队，也通过阵图与监军精密地掌控着军队的行动。太宗对于军事事务的强力介入，虽确保了将士的忠诚，却让武将难以根据战场上的状况临机应变。不过，尽管此种"将从中御"政策的成效不彰，但仍成为真宗所遵循的传统。虽然缺乏其父太宗在作战上的能力与经验，真宗依然耗费许多心神筹划边防策略，要求他的将领奉行他的规划。但是，真宗的努力从来不曾带来重大的胜利。令人失望的战斗结果，加上文臣反战的主张，最终使得真宗放弃以武力解决的想法。景德元年澶渊之盟的缔结，成为宋代历史的分水岭。弭兵和戎从此成为北宋对外政策的基调，而对外战争的减少则为文官取得政治上压倒性支配力提供了条件。

真宗对于契丹与党项的绥靖政策，让宋人在此后的三十余年间避免了外患的威胁，这为政府强化重文的倾向提供了环境。由于军事工作的重要性降低，皇帝进一步减小军人的权力，特别是他们在行政上的影响力。因为参与行政的空间越来越小，武臣日益与文学和儒学疏离。对于武臣来说，这是个恶性循环：出掌文职机会的减少，减弱了武人学习文学知识的动力，而缺乏文艺才能又成为文官认为武官不够资格参与政治决策的重要理由。

缺少施展才能的舞台，武官的势力与名声，都在景德二年（1005）之后迅速地衰退。北宋建立之后，文官即凭借宣扬自身的道德原则，而与其他出身的官员有所区隔。通过指责武人对礼仪、道德的无知，文官巩固了自己作为儒家忠实追随者的文化认同，并说服君主接受他们的价值观。这导致北宋皇帝采取较为严格的标准择选文官，并将不适任的文官转换为武官。景德二年以降，随着文官的权势凌驾于武臣之上，他们更进一步将武人贬抑为只追求一己之利而罔顾道德之辈。文臣主张违反法律及礼仪是武臣的天性，建议皇帝以较低的标准来看待武臣的过失行为。在朝廷的姑息下，武臣的失当行为也变得更加普遍，从而进一步强化了文人精英对他们的歧视。在此情况下，一名官员究竟属于文资还是武资就不仅关系其政治地位，也代表了他的道德声望与文化背景。因此，绝大多数的文人不愿再接受武官头衔。就像范仲淹在庆历二年（1042）拒绝转换武官的事例所显示，转换武资不仅削弱了文官的政治影响力，也有损他的道德声望。也因此，即便承担军事职务，他们也坚持要保有文官头衔。

自豪于身处崇尚文治的大环境中，11世纪的文官觉得他们有责任全盘掌控政府，以维护这一理想的状态。因此，他们有意主导军事政策并管理军队，这与10世纪的文官避免涉足军务形成强烈对比。仁宗时代宋与西夏长达四年的战争，为文官提供了掌控军事机构的机会。通过掌握中央的枢密院及陕西军队的指挥权，文官将武臣的角色限制为唯文人统帅之命是从的执行者。仁宗朝韩琦、范仲淹"出将入相"的事迹，正显示了文官对军事领域的掌控。在仁宗朝晚期，唯一能对文臣的主导权构成威胁的是行伍出身的枢密使狄青。这个事实导致狄青虽立下战功，却招来文官的敌视。通过持续性的批评，文官终于将狄青逐出朝廷，这个结果也宣告文臣的主导权不容挑战。

通过对武人的歧视，文人精英巩固了他们在朝廷中的优势地位。他们更进一步调整政治制度，以加强他们的优越地位，并将文武官员的区别制度化。伴随着文武官政治势力的消长，政治制度自晚唐以降经历许多改变。在中央政府，枢密院角色的变化最为显著。当武人权力在五代大幅扩张之际，枢密院成为朝廷决策的关键机构，侵夺了文人掌管的中书在参与决策上的影响力。然而，当文人权力逐渐在宋代恢复时，中书与枢密院便演化成两个分别掌管文武事务的平行机构。这个制度结构清楚地反映了官僚群体中越加清晰的文武区隔现象。

景德二年以降，随着文官取得军事大权，他们更进一步将文武分途的精神落实到制度层面。认为文官能坚守道德原则，武臣只会追求一己之私，文官为两个群体设计了截然不同的人事规章，而仁宗朝开始实行的恩荫制度新规定尤具深刻的意义。通过明确区别文武官的恩荫权利，文武官之分也由其后代所继承，文官因而保障了其子嗣也能与他们拥有一样的文化认同。这显示了文官意图保障其群体的纯粹性。出于同样的理由，他们制定了更多关于文武转换的限制性规定，以防止不具有文人背景的官员转调为文官。

历经一个半世纪的演进，文人拥有的政治权力与对武人的鄙视都在仁宗朝达到高峰。但是，文官享有的政治、文化优势却建立在不甚稳固的基础上。自后周建国以降，文人权力的扩张实仰赖于皇帝的支持，而非因为文人处理统治事务的能力增强。支持皇帝削弱藩镇武人势力，使文官获得巨大的权力与利益，也导致他们成为强大皇权的忠实拥护者。唐末与五代的历史经验，使北宋文人深信武人构成皇权及政治稳定的潜在威胁。然而，军事工作对于北宋王朝依然重要，而文人精英并没有能力取代职业军人的角色与功能。他们唯一的解决办法是，持续提醒皇帝武人的潜在危险，并将军队置于文官的掌控之下。在文臣心中，将领与士兵应该是唯命是从的战争机器，且应由文臣操控其运转。不过，文官之所以批评武人并非只出于政治目的。贬抑武人及其所代表的文化，有助巩固文官的自我认同，使其成为在朝廷及社会上皆享有优越地位的特殊群体。将武人丑化为罔顾道德与不学无术之辈的同时，文臣将自身形塑为兼有文采与道德的翩翩君子。从某种程度上可以说，文人精英对自身文化的强大自信，是建立在他们对武人文化的轻鄙之上的。出于此种偏见，文武官员形成了两个拥有不同政治权力与文化身份的群体。他们之间的相互不信任，构成了日后宋朝历史中的无解难题，这正是文、武两个领域不均衡发展所产生的结果。

# 参考文献

## 古籍

《左传》，艺文印书馆，1955 重刊宋本十三经注疏。

（唐）司空图：《司空表圣文集》，收入《宋蜀刻本唐人集丛刊》第 24 册，上海古籍出版社，1994。

（唐）吴兢：《贞观政要》，黎明文化，1990。

（唐）杜佑：《通典》，中华书局，1988。

（唐）杜牧：《樊川文集》，上海古籍出版社，1978。

（唐）康骈：《剧谈录》，中华书局编辑部编《丛书集成初编》，中华书局，1991。

（唐）赵璘：《因话录》，上海古籍出版社编《唐五代笔记小说大观》上册，上海古籍出版社，2000。

（唐）薛能：《薛许昌诗集》，《汲古阁唐诗集》第 7 册，全国图书馆文献缩微复制中心，2008 年明毛氏汲古阁本。

（唐）刘禹锡撰，卞孝萱校订《刘禹锡集》，中华书局，1990。

（唐）刘𫗧撰，程毅中点校《隋唐嘉话》，中华书局，1979。

（五代）王定保撰，阳羡生校点《唐摭言》，上海古籍出版社，2012。

（后晋）刘昫等：《旧唐书》，中华书局，1981。

（五代）孙光宪撰，贾二强点校《北梦琐言》，中华书局，2002。

（宋）文莹：《玉壶清话》，中华书局，1984。

（宋）文莹：《续湘山野录》，中华书局，1984。

（宋）王禹偁：《五代史阙文》，傅璇琮主编《五代史书汇编》第4册，杭州出版社，2004。

（宋）王禹偁：《小畜集》，《四部丛刊初编·集部》第175册，台湾商务印书馆，1965年景常熟瞿氏铁琴铜剑楼藏宋刊本。

（宋）王安石：《临川先生文集》，《四部丛刊初编·集部》第199~201册，台湾商务印书馆，1967年景上海涵芬楼藏明刊本。

（宋）范仲淹：《范文正公集》，《四部丛刊初编·集部》第176、177册，台湾商务印书馆，1965年景江南图书馆藏明翻元天历本。

（宋）王珪：《华阳集》，《景印文渊阁四库全书》，台湾商务印书馆，1983。

（宋）余靖：《武溪集》，新文丰，1976年常熟瞿氏藏明成化本。

（宋）王称：《东都事略》，《宋史资料萃编》第一辑，文海出版社，1979。

（宋）王铚撰，朱杰人点校《默记》，中华书局，1991。

（宋）王辟之：《渑水燕谈录》，中华书局，1981。

（宋）司马光：《涑水记闻》，中华书局，1989。

（宋）司马光等：《资治通鉴》，中华书局，1956。

（宋）田况撰，张其凡点校《儒林公议》，中华书局，2017。

（宋）石介撰，陈植锷点校《徂徕石先生文集》，中华书局，1984。

（宋）吴处厚：《青箱杂记》，中华书局，1985。

（宋）宋敏求：《春明退朝录》，中华书局，1997。

（宋）李攸：《宋朝事实》，中华书局，1985。

（宋）李埴：《皇宋十朝纲要》，《宋史资料萃编》第一辑，文海出版社，1980。

（宋）李焘：《续资治通鉴长编》，中华书局，2004。

（宋）柳开：《河东先生集》，《四部丛刊初编·集部》，第174册，台湾商务印书馆，1965年景上海涵芬楼藏校钞本。

（宋）范镇：《东斋记事》，中华书局，1980。

（宋）陈长方：《步里客谈》，《丛书集成》初编，中华书局，1991。

（宋）杨亿：《武夷新集》，《景印摛藻堂四库全书荟要》第368册，世界书局，1986。

（宋）叶梦得撰，宇文绍奕考异，侯忠义点校《石林燕语》，中华书局，1984。

（宋）赵汝愚：《宋朝诸臣奏议》，上海古籍出版社，1999。

（宋）欧阳修：《归田录》，中华书局，1997。

（宋）欧阳修：《欧阳修全集》，世界书局，1963。

（宋）欧阳修等：《新五代史》，中华书局，1975。

（宋）欧阳修等：《新唐书》，中华书局，1975。

（宋）蔡襄：《蔡襄集》，上海古籍出版社，1996。

（宋）郑獬：《郧溪集》，《宋集珍本丛刊》第15册，线装书局，2004年清乾隆翰林院钞本。

（宋）穆修：《河南穆公集》，《四部丛刊初编·集部》第176册，台湾商务印书馆，1967年杭州叶氏藏述古堂影宋本。

（宋）薛居正等：《旧五代史》，中华书局，1976。

（宋）苏辙：《龙川别志》，中华书局，1982。

（宋）王钦若等编纂，周勋初等校订《册府元龟》，凤凰出版社，2006。

（宋）王溥：《五代会要》，上海古籍出版社，2006。

（宋）王溥：《唐会要》，上海古籍出版社，2006。

（宋）李昉等：《太平广记》，中华书局，1961。

（宋）李昉等：《文苑英华》，中华书局，1966。

（宋）李昉编纂，夏剑钦等校点《太平御览》，河北教育出版社，1994。

（宋）张齐贤撰，俞钢整理《洛阳搢绅旧闻记》，《全宋笔记》第一编第二册，大象出版社，2003。

（宋）陈振孙：《直斋书录解题》，上海古籍出版社，1987。

（宋）陶岳撰，顾薇薇校点《五代史补》，傅璇琮主编《五代史书汇编》第5册，杭州出版社，2004。

（宋）杨亿：《杨文公谈苑》，上海古籍出版社，1993。

（元）脱脱等：《宋史》，鼎文书局，1978

（元）脱脱等：《辽史》，鼎文书局，1980。

（清）王士禛原编，郑方坤删补《五代诗话》，中华书局，1985。

（清）赵翼著，王树民校证《廿二史札记校证》（订补本），中华书局，1984。

（清）徐松辑，陈援庵等编《宋会要辑稿》，中华书局，1957。

（清）胡聘之编《山右石刻丛编》，《续修四库全书》，第907、908册，上海古籍出版社，1995。

## 中文论著

毛汉光：《中国中古政治史论》，联经出版社，1990。

王明荪：《宋初的反战论》，淡江大学中文系主编《战争与中国社会之变动》，台湾学生书局，1991。

王寿南：《唐玄宗时代的政风》，收入氏著《唐代政治史论集》（增订本），台湾商务印书馆，2004。

王寿南：《唐代藩镇与中央关系之研究》，台北大化，1978。

史念海：《唐代前期关东地区尚武风气的溯源》，中国唐史研究会编《唐史研究会论文集》，陕西人民出版社，1983。

白钢主编《中国政治制度通史》卷六，人民出版社，1996。

朱瑞熙：《宋代官员致仕制度概述》，《南开学报》1983 年第 3 期。

何冠环：《败军之将刘平（973—1040 后）——兼论宋代的儒将》，《中国文化研究所学报》8，1999。

吴宗国：《唐代科举制度研究》，辽宁大学出版社，1992。

吴晗：《阵图和宋辽战争》，收入氏著《灯下集》，三联书店，1961。

吕士朋：《宋代之中越关系》，《宋史研究集》16，"国立"编译馆，1986。

岑仲勉：《府兵制度研究》，上海人民出版社，1957。

岑仲勉：《隋唐史》，中华书局，1982。

李昌宪：《宋代安抚使考》，齐鲁书社，1997。

李华瑞：《宋夏关系史》，河北人民出版社，1998。

杜建录：《西夏与周边民族关系史》，甘肃文化出版社，1995。

谷霁光：《府兵制度考释》，上海人民出版社，1962。

林瑞翰：《五代豪侈暴虐义养之风气》，《大陆杂志》30：3 - 4，1965。

林瑞翰：《宋代政治史》，正中书局，1989。

柳立言：《宋辽澶渊之盟新探》，《宋史研究集》23，"国立"编译馆，1995。

柳立言：《杯酒释兵权新说质疑》，《大陆杂志》80：6，1990。

柳立言：《从御驾亲征看宋太祖的创业与转型》，《庆祝邓广铭教授九十华诞论文集》，河北教育出版社，1999。

苗书梅:《宋代官员选任和管理制度》,河南大学出版社,1996。

孙国栋:《唐宋之际社会门第之消融》,《新亚学报》4:1,1959。

徐规:《再论"杯酒释兵权"——兼答柳立言先生》,《第二届宋史学术研讨会论文集》,中国文化大学,1996。

徐规、方建新:《杯酒释兵权说献疑》,《文史》第14辑,1982。

高明士:《五代的教育》,《大陆杂志》43:6,1971。

高明士:《唐代的武举与武庙》,第一届国际唐代学术会议论文集编辑委员会编《第一届国际唐代学术会议论文集》,台湾学生书局,1989。

高明士:《唐朝的文和武》,《台湾大学文史哲学报》1998第1期(总第48期)。

高明士:《唐代东亚教育圈的形成——东亚世界形成史的一侧面》,"国立"编译馆中华丛书编审委员会,1984。

张其凡:《宋真宗"天书奉祀"闹剧之剖析——真宗朝政治研究之二》,收于氏著《宋初政治探研》,暨南大学出版社,1995。

张其凡:《宋太宗》,吉林文史出版社,1997。

张其凡:《赵普评传》,北京出版社,1991。

张国刚:《唐代藩镇研究》,湖南教育出版社,1987。

梁天锡:《宋枢密院制度》,黎明文化事业,1981。

梁伟基:《先南征后北征:宋初统一全国的唯一战略(960—976)?》,《中国文化研究所学报》新刊号第8期,1999。

章群:《唐代蕃将研究》,联经出版社,1986。

陈芳明:《宋初弭兵论的检讨(960—1004)》,《宋史研究集》9,"国立"编译馆,1977。

陈峰:《武士的悲哀——北宋崇文抑武现象透析》,陕西人民教育出版社,2000。

陈寅恪：《唐代政治史述论稿》，里仁书局，1981。

陶懋炳：《五代史略》，人民出版社，1985。

傅乐成：《沙陀之汉化》，收于氏著《汉唐史论集》，联经出版社，1984。

傅乐成：《唐代宦官与藩镇的关系》，收于氏著《汉唐史论集》，联经出版社，1984。

傅乐成：《陈寅恪岑仲勉对唐代政治史不同见解之比较研究》，收于氏著《中国史论集》，台湾学生书局，1985。

曾瑞龙：《战略脱节：宋太宗第二次经略幽燕》，《中国文化研究所学报》7，1998。

曾瑞龙：《经略幽燕（979—987）——宋辽战争军事灾难的战略分析》，中文大学出版社，2003。

程光裕：《宋太宗对辽战争考》，台湾商务印书馆，1972。

黄清连：《宋威与王黄之乱——唐代藩镇对黄巢叛乱的态度研究之二》，中研院历史语言研究所主编《中国近世社会文化史论文集》，中研院历史语言研究所，1992。

黄清连：《唐代散官试论》，《中央研究院历史语言研究所集刊》58本1分，1987。

黄清连：《高骈纵巢渡淮——唐代藩镇对黄巢叛乱的态度研究之一》，《大陆杂志》80卷1期，1990。

黄燕生：《宋仁宗、宋英宗》，吉林文史出版社，1997。

贾玉英：《宋代监察制度》，河南大学出版社，1996。

廖隆盛：《北宋对吐蕃的政策》，《台湾师大历史学报》4，1976。

廖隆盛：《宋太宗的联夷攻辽外交及其二次北伐》，《台湾师大历史学报》10，1982。

赵雨乐：《唐宋变革期之军政制度——官僚机构与等级之编成》，文史哲出版社，1994。

刘静贞:《北宋前期皇帝和他们的权力》,稻乡出版社,1996。

蒋复璁:《宋太宗晋邸幕府考》,《大陆杂志》30:3,1965。

蒋复璁:《宋太祖时太宗与赵普之政争》,《史学汇刊》5,1973。

蒋复璁:《宋代一个国策的检讨》,收入氏著《宋史新探》,正中书局,1966。

郑学檬:《五代十国史研究》,上海人民出版社,1991。

聂崇岐:《论宋太祖收兵权》,收入氏著《宋史丛考》,中华书局,1979。

苏基朗:《五代的枢密院》,《食货(复刊)》10:1-2,1980。

仁井田陞著,栗劲等译《唐令拾遗》,长春出版社,1989。

## 日文论著

日野開三郎:《五代史の基調》,東京:三一書局,1980。

西川正夫:《華北五代王朝の文臣と武臣》,収入《仁井田陞博士追悼論文集》第一卷,東京:勁草,1967。

西川正夫:《華北五代王朝の文臣官僚》,《東洋文化研究所紀要》27,1962,東京。

堀敏一:《朱全忠政權の性格》,《駿台史學》11,東京,1960。

梅原郁:《宋代官僚制度研究》,京都:同朋舍,1985。

鈴木隆行:《五代の文官人事政策に関する一考察》,《北大史學》24,札幌,1984。

宮崎市定:《宋代の士風》,《史學雜誌》62:2,東京,1953。

佐伯富:《宋代における牢城軍について》,収入《劉子健博士頌寿紀念宋史研究論集》,东京:同朋舍,1989。

## 英文论著

Bol, Peter, *This Culture of Ours: Intellectual Transitions in T'ang and Sung China.* Stanford: Stanford University Press, 1992.

Franke, Herbert and Dennis Twitchett ed. , *The Cambridge History of China*, vol. 6. , Cambridge: Cambridge University Press, 1994.

Graff, David, "The Sword and the Brush: Military Specialisation and Career Patterns in Tang China, 618 – 907," in *War & Society* 18:2, 2000, Australia, pp. 9 – 21.

Labadie, John, "Rules and Soldiers: Perception and Management of the Military in Northern Sung China (960 – CA. l060)," Ph. D dissertation, University of Washington, 1981.

Liu, James, *Ou-Yang Hsiu: An Eleventh-Century Neo-Confucianist.* Stanford: Stanford University Press, 1967.

Lo, Winston W. , *An Introduction to the Civil Service of Sung China: With Emphasis on Its Personnel Administration.* Honolulu: University of Hawaii Press, 1987.

Lorge, Peter, "The Entrance and Exit of the Song Founders," *Journal of Sung-Yuan Studies 29*, 1999, Albany, pp. 43 – 62.

McMullen, David, "The Cult of Ch'i Tai-Kung and T'ang Attitudes to the Military," *Tang Studies 7*, 1989, Madison, Wis. , pp. 59 – 103.

McMullen, David, *State and Scholars in T'ang China.* Cambridge: Cambridge University Press, 1988.

O'Byrne, Terrence, "Civil-Military Relations During the Middle T'ang: The Career of Kuo Tzu-I. " Ph. D. dissertation, Urbana-Champaign: University of Illinois, 1982.

Olsson, Karl, "The Structure of Power under the Third Emperor of Sung China: the Shifting Balance after the Peace of Shan-Yuan," Ph. D. dissertation, the University of Chicago, 1974.

Petech, Luciano, "Tibetan Relations with Sung China and with the Mongols," in Morris Rossabi ed. , *China among Equals*. Berkeley: University of California Press, 1983.

Peterson, Charles, "The Restoration Completed: Emperor Hsientsung and the Provinces," in Arthur Wright and Denis Twitchett ed. , *Perspectives on the T'ang*. New Haven: Yale University Press, 1973.

Pulleyblank, Edwin, "An Lu-Shan Rebellion and the Origins of Chronic Militarism in Late T'ang China," in in John Curtis Perry and Bardwell L. Smith ed. , *Essays on T'ang Society*. Leiden: Brill, 1976.

Tao, Jing-shen, *Two Sons of Heaven: Studies in Sung-Liao Relations*, Tucson, The University of Arizona Press, 1988.

Twitchett, Denis C. , "The Composition of the Tang Ruling class," in Arthur Wright and Denis C. Twitchett ed. , *Perspectives on the T'ang*. New Haven: Yale University Press, 1973.

Twitchett, Denis C. , "Varied Patterns of Provincial Autonomy in the T'ang Dynasty," in John Curtis Perry and Bardwell L. Smith ed. , *Essays on T'ang Society*. Leiden: Brill, 1976.

Twitchett, Denis ed. , *The Cambridge History of China*, vol. 3. Cambridge: Cambridge University Press, 1979.

Wang, Gungwu, *The Structure of Power in North China during the Five Dynasties*. Stanford: Stanford University Press, 1967.

Worthy, Edmund H. , "The Founding of Sung China, 950 – 1000: Integrative Changes in Military and Political Institutions," Ph. D. dissertation, Princeton University, 1976.

# 附 录

# 才兼文武的追求

## ——唐代后期士人的军事参与

## 前 言

研习儒学的士人在步入仕途后，转而成为统兵作战的将帅，是中国历史上常见的现象，因而产生"儒将"的概念，反复出现于古今文献中。不过，对于"儒将"一词的内涵及其所代表的历史意义，现代学者鲜少进行系统的讨论。[①] 通过电子数据库的协助，我们可以发现，"儒将"或"儒帅"约在唐代晚期出现于文献之中，至北宋时期已成为常见的词语。[②] 宋代君臣讨论将帅的选任，往往引前朝历史为据，强调以儒者担任统兵之职的必要

---

① 刘子健：《从儒将的概念说到历史上对南宋初张浚的评论》是讨论儒将概念的开创之作，但此后通论性之作并不多见，只有少数个案研究。该文收入杨联陞主编《国史释论：陶希圣先生九秩荣庆祝寿论文集》，食货出版社，1988，第481～482页。

② "儒将"一词首见于薛能的《清河泛舟》诗中，现存唐代文献中只有这一条；依据"中国基本古籍库"的检索结果，宋代文献中共有57条相关文句。"儒帅"一词则首先出现于五代时期据唐代文献编成的《旧唐书》中，共有2条；据"中国基本古籍库"，宋代文献中计有36条。

性。例如，北宋真宗时期，孙何（961～1004）上书建议重用儒将时说："历代将帅多出儒者……至于唐室，儒将尤多。"① 可见宋人认为"儒将"在唐代已大量出现，并以之为典范，建请统治者任命儒臣统兵。因此，唐代文献中虽很少出现"儒将"和"儒帅"等词语，儒者、士人积极参与军事的事实却受到后人的重视。讨论"儒将"概念的渊源，我们必须重视唐代读书人在军事领域的活动。

　　有唐一代，士人任官较少担任武职事官或幕府武职，这并不表示他们不会参与军事工作，尤其是在出任朝廷高官或地方长官时，士人指挥军队参与战斗的事例十分常见。② 晚唐时期，杜牧（803～852）为了反驳"科第浮华、轻薄，不可任用"的论点，列举唐代十九位科举出身名臣的生平，从初唐的房玄龄（579～648）至晚唐的裴度（765～839），其中多数在军事上有所成就。③ 由此可见，唐代科举之士以军功知名并非罕见，与宋代以后科举出身的文官形象有明显差异。不过，唐代前、后期的政治和军事情势有很大的变化，文武官的权力地位也随之改变。唐代初期官员才兼文武、出将入相的现象，学界已有所讨论，④ 但安史之乱

---

① （宋）孙何：《上真宗乞参用儒将》，收入（宋）赵汝愚编《宋朝诸臣奏议》，上海古籍出版社，1999，卷六三，第710页。

② 赖瑞和：《唐代中层文官》，联经出版公司，2008，第4～7页。

③ （唐）杜牧：《樊川文集》，汉京文化，1983，卷一二《上宣州高大夫书》，第180～182页。

④ 陈寅恪最早对此课题进行讨论，见氏著《唐代政治史述论稿》，三联书店，2001，第234～235页。后续的讨论包括高明士《唐朝的文和武》，《台大文史哲学报》第48期，1998，第147～166页；Denis C. Twitchett ed., *The Cambridge History of China*（Cambridge：Cambridge University Press，1979），Vol. 3，Ch. 4，pp. 200－205；David Graff，"The Sword and the Brush：Military Specialisation and Career Patterns in Tang China，"*War & Society* 18：2（2000，Canberra），pp. 9－21；Cheng-Hua Fang，*Power Structures and Cultural Identities in Imperial China：Civil and Military Power from Late Tang to Early Song Dynasties*（A. D. 875－1063）（Saarbrücken：VDM Verlag Dr. Müller，2009），pp. 7－16。

以后文官对军事的参与，则鲜少受到重视。玄宗朝以降，职业武官权力扩张已是众所周知的史实，在此环境下，文臣在军事领域的参与空间必然受到压缩。但对部分读书人而言，他们仍力图扭转这一趋势，不仅争取统兵的机会，也通过著书立说来表达对军事的意见，展示兵学素养。为何士人积极争取与闻军务呢？相对于武人，文臣统兵究竟有什么政治或文化上的意义？都值得深入探究。有鉴于此，本文希望通过研究安史之乱以后唐代士人在军事参与上的变化，能对中国历史上的文武关系有进一步的了解。

## 出将入相的理想

从唐高祖至玄宗时期（618～756），军功是唐代文武官员追求升迁的重要途径，这不仅是由于唐初统治阶层承继了北朝以来的尚武传统，也与当时的国家情势与政治体制有着密切的关系。[①] 这个时期的统治者多半热衷于开边拓土，经常发动对外战争，对于建立军功的官员极为重视。不论官员的出身背景或职务，只要能立下战功，官位快速升迁是常见的酬赏；就如侯君集（？～643）这种"出身行伍，素无学术"的武人，亦能凭借着军功"入朝参政"，担任高阶文职。[②] 这是吸引士人和文官参与军事的重要因素。由于士人不论是通过恩荫还是通过科考入仕，在仕宦的初期，常被派任地方基层职务，若任职地点为边区，即有参与战争、一展军事长才的可能；若能立下战功，往往受到倚重而长

---

① 陈寅恪与史念海都强调北朝的传统对于唐初统治阶层的影响，参见陈寅恪《唐代政治史述论稿》，第234～235页；史念海《唐代前期关东地区尚武风气的溯源》，收入中国唐史研究会编《唐史研究会论文集》，陕西人民出版社，1983，第141～169页。

② 侯君集曾任吏部尚书，见《旧唐书》卷六九《侯君集传》，中华书局，1975，第2510页。

期统兵，如武则天时代的名将唐休璟（627～712）。休璟于明经中第后起家吴王府典签，后调为营府户曹。高宗调露元年（679），突厥、奚和契丹连兵入侵河北道，休璟统兵抵抗，一战成名，开始了长期的戎马生涯。后于武后长安三年（703），因"谙练边事"而拜相，入朝参政。①

此外，在朝廷任职的资深文官，也可能因得罪主政者而被贬官边区，因此参与军事工作。对于某些官员而言，此种挫折却成为他们仕宦生涯的一个转机。以高宗朝的裴行俭（619～682）为例，他本由明经入仕，任职长安令期间，因参加反对高宗（628～683，649～683年在位）策立武后（624～705，690～705年在位）的行动，左迁西州都督府长史，后来升任安西都护。这一段经历，奠定了他日后处理西部边防的基础。上元三年（676），行俭由吏部侍郎转任洮州道左二军总管，从此成为高宗朝对抗吐蕃和突厥的名将。② 玄宗初年的宰相张说（667～730）也有类似的经历。开元元年（713），张说因姚崇（650～721）的排挤，失去相位且遭外贬，一度转任武职，担任右羽林将军兼检校幽州都督。但他在开元八年、九年（720～721）连续平定胡人的叛乱后，凭此战功得以再度入朝为相。③ 由此可见军功对于官员升迁的重要性，也使"出将入相"成为部分高阶官员的仕途写照。

相对于武将，拥有学术知识的文士若能在军事领域中崭露头角，将比同侪更容易得到皇帝的青睐，高宗朝的刘仁轨（602～685）即为一例。刘仁轨与刘仁愿于龙朔三年（663）同时领军镇压百济的叛乱，事定之后，仁轨奉命留守，仁愿带兵返回京城。

---

① 《旧唐书》卷九三《唐休璟传》，第2978～2980页；《资治通鉴》卷二〇七，长安三年七月，中华书局，1956，第6562页。
② 《旧唐书》卷八四《裴行俭传》，第2801～2806页。
③ 《旧唐书》卷九七《张说传》，第3052～3503页；卷八《玄宗本纪上》，第172、182页。

仁愿既至京师，上谓曰："卿在海东，前后奏请，皆合事宜，而雅有文理。卿本武将，何得然也？"对曰："刘仁轨之词，非臣所及也。"上深叹赏之，因超加仁轨六阶，正授带方州刺史，并赐京城宅一区，厚赍其妻子，遣使降玺书劳勉之。①

由于仁轨才兼文武，他的仕途就比同时立功的刘仁愿顺遂。麟德二年（665），也就是平定百济后的第二年，刘仁轨率领新罗等四国的酋长参与泰山的封禅大典，展现其经营域外的成绩，高宗即授予大司宪之职，一年后，升任右相。仁轨在四年内，由刺史而拜相，其升迁之速，充分显示了具有文武两方面能力的官员，在仕进上占有的优势。②

军功成为官员争取升迁的重要方式，即使是进士出身的文官，仍会争取统兵的机会。高宗朝的娄师德（？~699）是一个例子。

娄师德，郑州原武人也。弱冠，进士擢第，授江都尉……上元初，累补监察御史。属吐蕃犯塞，募猛士以讨之，师德抗表请为猛士。高宗大悦，特假朝散大夫，从军西讨，频有战功，迁殿中侍御史，兼河源军司马，并知营田事。

师德虽为文臣，仍自许为"猛士"，由京官转而任职军旅，前后长达三十多年，并因此两度拜相，入朝参政。③ 另外，朝廷中高

---

① 《旧唐书》卷八四《刘仁轨传》，第2792页；《资治通鉴》卷二〇一，龙朔三年九月，第6338页。
② 《旧唐书》卷八四《刘仁轨传》，第2795页。
③ 《旧唐书》卷九三《娄师德传》，第2975~2976页。

阶官员是君主选派将帅时首先考量的人选，宰相或诸部尚书往往被任命为行军总管，指挥大军出征，形成"卿相统兵"的现象。武德二年（619），以尚书右仆射裴寂（573～632）为晋州道行军总管，统兵征讨宋金刚（？～620）是最早的例子。① 到了高宗、武后时期更为常见，并一直持续至玄宗（685～762，712～756年在位）时代。②

在玄宗朝后期，新的发展趋势开始成形。一方面，是国家内部的长期安定，促使学术持续发展，文学之士的自我优越感日益增强，开始拦阻建立军功官员的升迁。开元初年，宰相宋璟（663～737）压制边将郝灵佺诛杀突厥默啜可汗（？～716）的战功，致使灵佺愤而自杀，已开其端。③ 开元二十三年（735），玄宗因幽州节度使张守珪（？～739）立下战功，欲以之为相，张九龄（678～740）以"宰相者，代天理物，非赏功之官也"为理由，成功地加以阻止。④ 至天宝年间，玄宗重用缺乏学术知识的蕃将为节度使，边将入相的可能性大为降低。例如，天宝十三载（754），玄宗欲授予平卢节度使安禄山（703～757）同平章事之职，宰相杨国忠（？～756）谏以"禄山虽有军功，目不知书，岂可为宰相！制书若下，恐四夷轻唐"，打消了玄宗的念头。⑤ 一旦徒有军功不足以担任宰相的观念得到普遍的认同，"将"与"相"就不易成为高阶官员交互出任的职位。另一方面，玄宗不断发动对外战争，受倚重的边将往往长期统兵，也减少了朝中文官与闻军事的机会。部分文官即使担任节度使，也因缺乏军事能

---

① 《旧唐书》卷五七《裴寂传》，第2287页。
② 岑仲勉：《隋唐史》卷下，第五节"宰相制度之屡变"，中华书局，1982，第118页。
③ 《新唐书》卷一二四《宋璟传》，中华书局，1975，第4394页；《旧唐书》卷一四七《杜佑传》，第3980页。
④ 《资治通鉴》卷二一四，开元二十三年正月，第6811页。
⑤ 《资治通鉴》卷二一七，天宝十三年正月，第6923页。

力，致使兵权旁落。例如，担任剑南节度使的张宥因"文吏不习军旅"，所有军政都委由团练副使章仇兼琼掌管，玄宗乃于开元二十七年（739）将张宥调回朝廷，由章仇兼琼接任节度使。① 开元末期，宰相李林甫（683~753）以"文士为将，怯当矢石"为理由，建议玄宗重用蕃将，进一步削减了文士出身官员的统兵机会。② 后来安史乱起，朝廷为了作战任务的需要，也改派有军事经验的武将取代某些由儒者担任的地方官职。例如，河东太守李麟（694~759），在任时甚有政声，但因安禄山的军队逼近，"朝廷以麟儒者，恐非御侮之用，乃以将军吕崇贲代还"。③ 儒者、文士不能处理军事的印象，似乎在玄宗朝晚期已然形成，上位者将统兵之任交付武臣成为趋势。

然而，"卿相统兵"毕竟是唐代长期的传统，肃宗（711~762，752~762年在位）即位后，仍任命有"文武才"的文臣统兵。至德年间（756~758），房琯（696~763）和张镐（？~764）先后以宰相的身份统兵作战，但两人皆未能立功。④ 尤其是房琯亲自领军反攻长安，却大败于陈涛斜。当时人将此一挫败归咎于房琯所倚重的僚属李揖、刘秩等人是"儒家子，未尝习军旅之事"，⑤ 似乎更加深了读书人无法处理军务的印象。在这样的情况下，武官更有理由独揽军事议题的发言权，压制文臣对于边防的建言。大历八年（773），宰相元载（？~777）建议重修原州的城池，以据陇山之险，防制吐蕃。老将田神功反对此议，向代宗（726~779，762~779年在位）进言："夫兴师料敌，老将所

① 《资治通鉴》卷二一四，开元二十七年十一月，第6840页。
② 《旧唐书》卷一〇六《李林甫传》，第3240页；参见《资治通鉴》卷二一六，天宝六载十二月，第6889页。
③ 《旧唐书》卷一一二《李麟传》，第3339页。
④ 《旧唐书》卷一一一《房琯传》，第3321~3323页；卷一一一《张镐传》，第3327页。
⑤ 《旧唐书》卷一一一《房琯传》，第3321~3322页。

难；陛下信一书生言，举国从之，听误矣。"以元载是不具军事经验的书生为由，成功地阻止这个计划的执行。① 与此同时，部分文官也因自身的背景而在军事领域中退出，这也许是受到当时中央权力衰落、军队难以统御的影响。例如，建中元年（780），泾原节度留后孟皞"自以文吏进身，不乐军旅"，请求调职入朝，而推荐行伍出身的武官姚令言（？～784）继任。② 两相作用之下，文士对军事的参与持续减少。

事实上，儒者、文士不能统兵只是一种刻板印象，并不表示在当时全无例外。武人轻视文人的军事能力是唐代后期出现的普遍现象，但这种态度有时反而成为招致失败的原因。科举出身、并以礼学知名的文官辛秘（757～820），就曾在宪宗朝指挥军队痛击来犯的武人。

> 元和初，拜湖州刺史。未几，属李锜阻命，将收支郡，遂令大将监守五郡。苏、常、杭、睦四州刺史，或以战败，或被拘执；贼党以［辛］秘儒者，甚易之。秘密遣衙门将丘知二勒兵数百人，候贼将动，逆战大破之。知二中流矢坠马，起而复战，斩其将，焚其营，一州遂安。贼平，以功赐金紫，由是金以秘材堪将帅。③

李锜（741～807）的部将因对手为儒者而轻敌，辛秘把握反击机会，得以一战成名。不过，时论虽然认为辛秘"材堪将帅"，他日后的仕宦生涯却未得到太多统兵的机会；与唐代前期文官一旦

---

① 《旧唐书》卷一一八《元载传》，第 3411～3412 页。
② 《旧唐书》卷一二七《姚令言传》，第 3571 页。
③ 《旧唐书》卷一五七《辛秘传》，第 4150～4151 页。

获取军功，即久掌军务的状况颇不相同。①

　　另一位在德宗朝被誉为"有将帅材"的文臣樊泽（742~798）也有类似的状况。樊泽于建中元年（780）试中"贤良方正能直言极谏科"而入仕。② 他生长于河朔，既有武艺，又好读兵书，因此"朝廷以其有将帅材，寻兼御史中丞，充通和蕃使"。也就是说，朝中的执政者虽看重其军事能力，却未派任军职，而是命他出使吐蕃，处理两国会盟的相关事宜。③ 因此，樊泽虽具有统兵的能力，终其一生，参与军事任务的机会仍然有限，仅在山东南道节度使时，领军参与讨平淮西节度使李希烈（？~786）之乱，并立军功。④ 由此可见，个别的文官虽具有处理军务的能力，仍无助于改变武官对兵权的专擅。

　　自安禄山叛乱以来，武将的擅权削弱了朝廷对地方军、政事务的控制。朝廷威信的减弱，成为严重的政治问题。一个关于郭子仪（697~781）的故事，正反映这一状况。

　　　　郭汾阳在汾州，尝奏一州县官而敕不下。判官张昙言于
　　　　同列，以令公勋德，而请一吏致阻，是宰相之不知体甚也。
　　　　汾阳王闻之，谓僚属曰："自艰难以来，朝廷姑息方镇武臣，
　　　　求无不得，以是方镇跋扈，使朝廷疑之，以致如此。今子仪
　　　　奏一属官不下，不过是所请不当圣意，上恩亲厚，不以武臣

----

① 辛秘于元和二年立下军功，直到元和十二年担任昭义军节度使时，才真正与闻军务，三年后即辞世。参见（唐）牛僧孺《昭义军节度使辛公神道碑》，收入《文苑英华》卷九一五，中华书局，1966，第4819~4821页；《旧唐书》卷一五七《辛秘传》，第4150~4151页。

② 《唐会要》卷七六《贡举中》，上海古籍出版社，2006，第1644页。

③ 《旧唐书》卷一二二《樊泽传》，第3505页；卷一九六下《吐蕃传下》，第5246~5247页。

④ 《旧唐书》卷一二二《樊泽传》，第3505~3506页；卷一四五《李希烈传》，第3945页。

待子仪，诸公可以见贺矣。"①

在郭子仪看来，"方镇武臣"已成为"跋扈"的代名词。朝廷对出任节度使的武官表面上是言听计从，其实存有极深的猜忌。因此，尽管自己是手握重兵的大将，忠于朝廷的子仪却不愿君主视自己为"武臣"。

朝中的主政者对武将有所猜忌，任命朝中高阶文官执掌军务，就成为维系朝廷统兵之权的象征。杜佑（735～812）就特别强调"出将入相"传统对于国家安定的必要性，并引初唐的史事为证。

国朝李靖平突厥，李勣灭高丽，侯君集覆高昌，苏定方夷百济，李敬玄、王孝傑、娄师德、刘审礼皆是卿相，率兵御戎，戎平师还，并无久镇。其在边境，唯明烽燧，审斥候，立障塞，备不虞而已。实安边之良算，为国家之永图。玄宗御极，承平岁久，天下乂安，财殷力盛。开元二十年以后，邀功之将，务恢封略，以甘上心，将欲荡灭奚、契丹，翦除蛮、吐蕃，丧师者失万而言一，胜敌者获一而言万，宠锡云极，骄矜遂增。哥舒翰统西方二师，安禄山统东北三师。践更之卒，俱授官名；郡县之积，罄为禄秩。于是骁将锐士、善马精金，空于京师，萃于二统。边陲势强既如此，朝庭势弱又如彼，奸人乘便，乐祸觊欲，胁之以害，诱之以利。禄山称兵内侮，未必素蓄凶谋，是故地逼则势疑，力侔则乱起，事理不得不然也。②

① （唐）赵璘：《因话录》卷二《商部上》，中华书局，1985 年据稗海本排印，第 7 页。
② 《通典》卷一四八《兵一》，中华书局，1988，第 3780 页。

　　杜佑把唐朝前期的长期承平，归功于以朝中的卿相统兵。朝中的高阶官员统兵出征，等到军事任务结束，即返朝任职，并不久任于一地、一职，故边将的权势不致坐大。后来玄宗改变这个体制，导致兵权失控，安禄山之乱即是边将久任体制下必然产生的结果。因此，提倡恢复"出将入相"的传统，最重要意义在于中央政府能有效控制军队，维持政治的秩序。至于在战场上，这些统兵的卿相是否能获取战争的胜利，并不是杜佑关注的重心。在上述的几位统兵卿相中，李敬玄（615~682）与刘审礼（? ~678）于高宗仪凤三年（678）统兵十八万，与吐蕃战于青海。因李敬玄不习兵事，临阵退却，致使刘审礼被俘，唐兵大败，实为相当失败的事例。[①] 但杜佑不避讳提及此二人，仍说卿相统兵是"安边之良算"，可见其论说的重点不在于战场的胜负，而在于军队的控制。

　　正因如此，在唐代后期由武官掌控军队虽为常态，朝廷仍然会为了军事控制的需要，任命文官担任节度使等具有兵权的职务，即使他们未必真有统兵作战的能力。杜佑自己所经历的战争，就反映了此一事实。德宗贞元十六年（800），徐州爆发兵变，乱兵推举张愔（? ~806）为节度使。德宗特别授予淮南节度使杜佑"检校左仆射、同平章事"的官衔，命其统兵平乱，显然是仿效宰相统兵的前例，以杜佑代表朝廷讨伐叛逆。杜佑受命后即积极备战，大造舟舰，遣牙将孟准领兵渡淮北进，结果一战大败，只能保境自守，不敢再有攻势。由于进讨失利，朝廷只能屈服，接受张愔统治徐州的事实。[②]

---

① 《旧唐书》卷八一《李敬玄传》，第 2755~2756 页。
② 《旧唐书》卷一四七《杜佑传》，第 3978~3979 页；卷一四〇《张愔传》，第 3832~3833 页。

　　由于任命文官为节度使，是朝廷权威的体现，当唐代后期的官员在对比文官与武将时，所指涉的重点可能是两者对朝廷不同的态度。例如，权德舆（759～818）在元和年上奏请求宪宗（778～820，805～820年在位）允许专擅自立的淮西节度使吴少阳（？～814）"起复"（免除服丧）时说：

　　　　少阳丁忧，已近五十日，未有恩命起复除官。比来诸道节将，每有起复，皆不如此淹久。亦闻少阳疾病颇甚，如少阳不起，即朝廷因此便可处置，况蔡州四面悬绝，与山东不同，伏计圣谟，已有前定。至如今日起复，即恐不可过迟。况顷来朝中儒臣、文吏如杜佑、樊泽、路寰，皆不免有此。今若议除替，即须准拟兴师，师徒一举，劳费则甚，京邑旱俭，恐且须安静，养威蓄力，以俟其时。①

权德舆认为吴少阳身染重病，来日无多，朝廷与其以丁忧为由命少阳去职，不如等到其身故，再动手铲除此一跋扈的势力。何况在法理上，当时地方长官多半得到"起复"的特权，他特别举杜佑等三位文官为例，皆是朝廷任命的节度使或刺史。② 显然，权德舆试图强调，朝廷既然不会让自己派任的文官因丁忧而去职，似乎没什么理由一定要吴少阳这样专擅自立的武将离职守丧。因此，权德舆对比"诸道节将"与"朝中儒臣、文吏"，不仅是因为两者官职、身份的不同，更是指是否对朝廷忠顺。正因如此，当时使用"儒臣"一词时，有时是代表为朝廷所统御或任命的官

---

① （唐）权德舆：《权载之文集》卷四六《论吴少阳起复状》，台湾商务印书馆，1965年四部丛刊正编本，第274页。
② 杜佑与樊泽皆在德宗朝担任节度使时起复，见《旧唐书》卷一四七《杜佑传》，第3978页；卷一二二《樊泽传》，第3506页。路寰于德宗朝任职刺史时起复，见《册府元龟》卷八六二《总录部·起复》，中华书局，1989，第3336页。

员，未必是指习儒出身的文官。这可由武宗会昌三年（843），宰相李德裕（787～849）的上奏看出。当时泽潞节度使刘从谏（？～843）病故，军中推举其侄刘稹（？～844）继任，李德裕建议武宗拒绝任命刘稹为节度使，理由是："泽潞国家内地，不同河朔，前后命帅，皆用儒臣。"① 德裕之意并非指过去出任泽潞节度使的官员都是儒学之士，因为早期担任这个职位的李抱玉（？～777）、李抱真（733～794）等人都是武将，直到宪宗任命郗士美（？～819），才改为文臣。宪宗死后，朝廷任命的刘悟（？～825）、刘从谏父子又是武臣。② 他所要强调的是，泽潞节度使的人选长期由朝廷决定，不同于河朔地区放任武人自相承袭。由此可见，提倡"出将入相"的传统，实与中央权威的强化有密切的关系。

## 理想与现实之间

文官统兵既与朝廷对兵权的掌控息息相关，当国君致力于恢复中央权威时，往往派文官担任节度使或观察使，文官在军事上的参与度也就随之提升。元和一朝是唐代后期最致力于削平跋扈藩镇的时代，一些文官积极参与其间，既为唐室的权威奋斗，也有意打破"儒生不知兵"的印象。元和九年（814），鄂岳观察使柳公绰（？～832）参与讨伐淮西之役可为一例。

> 〔宪宗元和〕九年，吴元济据蔡州叛，王师讨伐，诏公绰以鄂岳兵五千隶安州刺史李听，率赴行营。公绰曰："朝

---

① 《旧唐书》卷一七四《李德裕传》，第4525页。
② 相关人物的事迹，参见《旧唐书》卷一三二《李抱玉传》、《李抱真传》，第3645～3650页；卷一六一《刘悟传》，第4230～4231页；《新唐书》卷一四三《郗士美传》，第4696页。

廷以吾儒生不知兵耶？"即日上奏，愿自征行，许之。公绰
自鄂济浈江，直抵安州，李听以廉使之礼事之。公绰谓之
曰："公所以属鞬负弩者，岂非为兵事耶？若去戎容，被公
服，两郡守耳，何所统摄乎？以公名家晓兵，若吾不足以指
麾，则当赴阙。不然，吾且署职名，以兵法从事矣。"听曰：
"唯公所命。"即署听为鄂岳都知兵马使、中军先锋、行营兵
马都虞候，三牒授之。乃选卒六千属听，戒其部校曰："行
营之事，一决都将。"听感恩畏威，如出麾下。其知权制变，
甚为当时所称。鄂军既在行营，公绰时令左右省问其家。如
疾病、养生、送死，必厚廪给之。军士之妻冶容不谨者，沉
之于江。行卒相感曰："中丞为我辈知家事，何以报效？"故
鄂人战每克捷。①

柳公绰先上书朝廷要求统兵出征，再亲自带兵至安州；李听
（？～839）身为刺史，依惯例着戎装向观察使柳公绰致礼。② 公
绰乃乘机授予他"鄂岳都知兵马使"等官衔，确认自己的长官地
位，但实际上仍由出身将门的李听指挥鄂岳部队参战。因此，公
绰大费周章，最终结果一如朝廷最初的指示，由李听统兵。当时
人称赞他"知权制变"，其实只是争取到形式上的统帅权，避免
被归类为不知兵的儒者而已。当时宪宗调集十余镇之兵围攻蔡
州，只有李光颜（？～826）所部敢战有功，李听并无具体成就，
所谓"鄂人战每克捷"，看来只是作传者为夸耀柳公绰成就的虚
饰之词。③

---

① 《旧唐书》卷一六五《柳公绰传》，第 4302 页。
② "故事，刺史始见观察使，皆戎服趋庭致礼。"见《旧唐书》卷一四九《令狐峘
　传》，第 4014 页。
③ 《资治通鉴》卷二三九，元和十年正月，第 7712 页；元和十年九月，第 7718 页。
　《旧唐书》卷一六一《李光颜传》，第 4219～4221 页。

柳公绰虽无统兵之能，却有自知之明，并不亲自指挥作战。其他缺乏将才却勇于带兵进击的文臣，带来的结果更为负面，郗士美就是其中一个例子。士美出身儒学世家，少年时即以学术知名。元和十年（815），宪宗发诸镇部队讨伐抗命的成德节度使王承宗（？~820），多数将领皆观望不敢进兵，只有担任泽潞节度使的郗士美领兵进击，围攻柏乡。但于十二年（817）三月为王承宗所败，士兵死伤甚重，只能拔营退回，宪宗因而下令停止对王承宗用兵。① 类似的状况也发生在另一位文臣节度使严绶（？~822）的身上。严绶是世家子弟，在代宗朝中进士科而得以入仕。宪宗因为严绶在担任河东节度使时，派遣部将李光颜等人协助讨伐叛乱藩镇多立战功，认为他有统兵之才，于元和九年（814）任命他担任山南东道节度使兼淮西招讨使，总督各路兵马进攻吴元济（？~817）。② 严绶到任后即亲自统兵进击，但结果是：

> 绶自帅师压贼境，无威略以制寇。到军日，遽发公藏以赏士卒，累年蓄积，一旦而尽；又厚赂中贵人以招声援。师徒万余，闭壁而已，经年无尺寸功。③

严绶实无统兵作战的能力，各种举措只是徒然浪费资源，并无成效，宪宗乃于元和十年任命武将出身的宣武节度使韩弘（？~822）取代严绶之职。④ 至十一年（816）年底，宪宗又以名将李晟（727~793）之子李愬（773~821）取代无意进兵的唐邓节度

---

① 《资治通鉴》卷二三九，元和十一年七月，第7724页；卷二四〇，元和十二年三月，第7732页。《旧唐书》卷一五《宪宗本纪下》，第459页。
② 《资治通鉴》卷二三九，元和十年九月，第7717页；《旧唐书》卷一四六《严绶传》，第3961页。
③ 《旧唐书》卷一四六《严绶传》，第3961页。
④ 《资治通鉴》卷二三九，元和十年九月，第7717页；《旧唐书》卷一五六《韩弘传》，第4134页。

使袁滋（749～818）。袁滋曾居相位，是当时知名的文臣。元和十一年七月，宪宗以袁滋为唐邓节度使，又因袁滋为"儒者"，而派唐州刺史杨旻担任行营都知兵马使，负责作战。但袁滋随即上疏请求罢兵，宪宗大怒而将其撤职。① 因此，在讨伐藩镇的过程中，朝廷派任的文臣表现不佳，其权位逐渐为武将所取代，直到宰相裴度至前线督师，情势才得以扭转。

裴度于元和十二年八月赴淮西，两个月之后即成功攻下蔡州，一举结束长达四年的战事。此一成就在当时受到极高的赞扬，裴度被誉为"有将相全才"，俨然成为士人实践"出将入相"传统的典范。② 不过，仔细观察裴度出督的过程及实际扮演的角色，与唐代前期"出将入相"的事例相比，时空的差异十分明显。首先，裴度向宪宗要求亲自督战的理由是：

> 臣昨见吴元济乞降表，料此逆贼，势实窘蹙。但诸将不一，未能迫之，故未降耳。若臣自赴行营，则诸将各欲立功以固恩宠，破贼必矣！③

由此看来，裴度并未强调自身的军事才能将对战局产生实质的助益，亲临前线的目的只是以朝中大臣的身份对参战的将领制造压力，而非主导唐军的行动。由事后的发展来看，裴度扮演的角色也确实如此。他到前线后所做的重大决定，是奏罢各路军队的监军宦官，让武将取得更大的自主权。④ 对于最具决定性的突袭蔡

---

① 《旧唐书》卷一五《宪宗本纪下》，第 456、458 页；卷一八五下《良吏下·袁滋传》，第 4831 页；卷一三三《李愬传》，第 3678 页。
② 《旧唐书》卷一七〇《裴度传》，第 4423 页。
③ 《旧唐书》卷一七〇《裴度传》，第 4416 页。
④ 《旧唐书》卷一七〇《裴度传》，第 4418 页；《资治通鉴》卷二四〇，元和十二年八月，第 7738 页。

州行动，裴度只是被动批准而非亲自规划。① 正因实际的作战几乎全要依赖武将，裴度始终谨慎行事，避免招致武人的反弹。出督之初，即因韩弘受命为淮西行营都统，不愿身居"招讨"之名，将自己的头衔改为"宣慰处置使"。② 等到李愬攻入蔡州城擒获吴元济，于城外以军礼迎接裴度入城时，裴度竟欲回避；李愬坚持说："此方不识上下等威之分久矣，请公因以示之。"裴度才以长官的身份接受迎谒。③ 可见，裴度以宰臣之尊，在武臣权势高涨的时代，仍不敢以督战长官自居，与前述柳公绰的"知权制变"实有相似之处。

裴度即使在行事上如此谦虚谨慎，平蔡之后，仍因担任行军司马的韩愈（768～824）在撰写《平淮西碑》时，将功劳归给裴度，引发一场政治风波。

> 元和十二年八月，宰臣裴度为淮西宣慰处置使，兼彰义军节度使，请〔韩〕愈为行军司马，仍赐金紫。淮、蔡平，十二月随度还朝，以功授刑部侍郎，仍诏愈撰平淮西碑，其辞多叙裴度事。时先入蔡州擒吴元济，李愬功第一，愬不平之。愬妻出入禁中，因诉碑辞不实。诏令磨愈文，宪宗命翰林学士段文昌重撰文勒石。④

平蔡之事应归功于谁的争议，反映出在武将的心目中，裴度督军只有形式意义而无具体成果，不应居于首功。武官将韩愈所撰的碑文视为文士刻意贬抑他们的成就，直接向皇帝抗议。由宪宗命

---

① 《资治通鉴》卷二四〇，元和十二年十月，第7739～7740页；《旧唐书》卷一三三《李愬传》，第3680页。
② 《旧唐书》卷一七〇《裴度传》，第4417页。
③ 《旧唐书》卷一三三《李愬传》，第3681页。
④ 《旧唐书》卷一六〇《韩愈传》，第4198页。

段文昌（773～835）改写的决定看来，君主显然接受了武官的意见，再次反映出文官在军事领域影响力的式微。

对文官而言，宰相统兵代表的不仅是一种理想，也与他们的政治影响力有关，韩愈强调裴度在淮西之役扮演关键的角色，实有高度的象征意义。李商隐曾撰《韩碑》诗，为韩愈所写碑文被毁之事抱屈，诗中盛赞韩文"若元气"，其内容已深入人心；又将韩文比拟为汤盘、孔鼎，必能传之久远。① 一篇碑文被赋予如此崇高的意义，只有放在当时文武官对立争权的情境中才能理解。士人虽能利用文字颂扬裴度等文臣的成就，终究无补于战场上文官逐渐失去影响力的事实。② 元和时期是朝廷权威的高点，文官在军事的参与上仍多属形式意义，等到穆宗长庆年间（821～824）河朔三镇复叛，裴度再度督军讨伐，终因诸将不能配合而没有任何成果，中央的权威也再度趋于低落。③ 淮西之役所象征的文官军事成就，有如昙花一现。

## 士人习兵的提倡

当文官统兵的机会减少，他们对于军事的兴趣与意见只能改以纸笔抒发，而保存于私人的论著之中。德宗时期，杜佑撰写《通典》，其中《兵》的部分长达十五卷，主要的内容是广泛搜集前代的兵书论述与战争史实，加以分门别类，借此来验证和阐述

---

① （唐）李商隐著，（清）冯浩笺注，蒋凡标点《玉谿生诗集笺注》卷一《韩碑》，上海古籍出版社，1998，第1～2页。

② 胡三省曾比较《资治通鉴》对于唐代后期浙东两次变乱的记录，指出王式平定裘甫之乱的记述远较张伯仪讨平袁晁之乱详尽，并非因为裘甫之乱的影响较大，而在于："王式，儒家子也，功成之后，纪事者不无张大。《通鉴》因其文而序之，弗觉其烦耳。"由此可知，唐代读书人倾向记述文臣立下的军功，使后世容易掌握相关的信息。参见《资治通鉴》卷二五〇，咸通元年七月胡三省注，第8089页。

③ 《旧唐书》卷一七〇《裴度传》，第4421页。

《孙子》所提示的军事原则。可见，杜佑所做的是一种统兵之学
的讨论，与《通典》其他部分研究制度的沿革颇不相同。① 杜佑
的孙子杜牧更致力于批判文武分途的现状，提倡士人习兵，留有
丰富的军事论著。

杜牧在步入仕途之初，对于军事事务即有很高的兴趣，曾与
宿将讨论元和时代对藩镇用兵的成败。② 不过，他始终未曾担任
军事相关的职位，只能以笔墨文字表达自己的主张。③ 杜牧认为
"兵"是国家施政中最重要的项目，但只有"贤卿大夫"才可以
担负统帅重任，而"壮健、轻死、善击刺者"仅为承命执行战斗
的工作。④ 也就是说，杜牧认为军事的决策和指挥之权必须由读
书习文的士大夫所掌握，以勇健、武技见长的武人只是奉命执行
战斗，而国家发展的成败，就在于士大夫是否有能力与才识来处
理军旅之事。唯其身处的时代却与所抱持的理想情境完全相反。
当时的状况是，统兵大权落入武人之手，多数的士人、文官却对
这个严重的问题视若无睹，任凭武人为所欲为。因此，杜牧对于
当时的武将有相当激烈的批评。

> 近代以来，于其将也，弊复为甚。人嚣曰廷诏命将矣，
> 名出视之，率市儿辈。盖多赂金玉，负倚幽阴，折券交货所
> 能也；绝不识父兄礼义之教，复无慷慨感概之气。百城千
> 里，一朝得之，其强杰憿勃者，则挠削法制，不使缚己；斩
> 族忠良，不使违己；力壹势便，冈不为寇。其阴泥巧狡者，

---

① 《通典》卷一四八《兵一》，第 3779~3784 页。
② 参见黄清连《杜牧论藩镇与军事》，收入氏编《结网编》，东大图书公司，1998，
第 363~364 页。
③ 杜牧自己在《罪言》中说："国家大事，牧不当官，言之实有罪，故作罪言。"
见《樊川文集》卷五《罪言》，第 86 页。
④ 《樊川文集》卷一〇《注孙子序》，第 150~151 页。

亦能家算口敛，委于邪幸……是以天下每每兵乱涌溢，齐人干耗，乡党风俗，淫窳衰薄，教化恩泽，雍抑不下，召来灾沴，被及牛马。①

由于武人既无学识也不知礼义，全凭贿赂权贵取得权势，一旦大权在握，则破坏法纪、擅权跋扈。在杜牧看来，当时风俗的败坏、天灾的产生皆可归因于此。

为求扭转武官擅权的乱局，杜牧一方面呼吁改变军队的组织方式，恢复府兵；② 一方面希望改变文人不知兵的现况，倡议士大夫习兵。杜牧曾遍读古兵书十余家，认为《孙子》一书最值得效法，乃为此书作注，并在序言中说明兵学之功用：

> 后之人有读武书、予解者，因而学之，犹盘中走丸。丸之走盘，横斜圆直，计于临时，不可尽知；其必可知者，是知丸不能出于盘也。议于廊庙之上，兵形已成，然后付之于将；汉祖言"指踪者人也，获兔者犬也"，此其是也。③

杜牧引用汉高祖关于打猎的比喻，认为士大夫扮演的角色是发号施令的猎人，军人则有如奉命擒捕猎物的猎犬。娴熟兵学的士大夫可以在庙堂之上拟订军事策略，交付武将执行；临阵时的行动虽难以预知，但只要掌控了原则性的决策，就足以使战事照计划顺利进行。这就如同在盘中滚动弹丸，弹丸移动的方向要视当时情况，不能预先控制，但是弹丸不论如何移动，也不致超出盘子的范围。在杜牧看来，研读兵书即足以掌握军事运作的原则，这也是士大夫习

---

① 《樊川文集》卷五《原十六卫》，第 90～91 页。
② 《樊川文集》卷五《原十六卫》，第 89～91 页。
③ 《樊川文集》卷一〇《注孙子序》，第 152 页。

兵的主要目的，至于实际作战时的细节和做法尽可交由武将决定。

也就是说，杜牧虽然重视军事，批判文武分途的现况，但他对于军事的兴趣实局限于书本知识，轻视与战斗相关的技能。由此看来，在他的心中，"兵学"与"武艺"已成为对立的概念，并构成了士大夫与武人之间的基本差异。熟悉兵学知识的士大夫有效掌握指挥之权，驱使只拥有武技的军人作战，才是杜牧所期待的理想军事分工状态。此种对于武艺与勇气的忽视，所代表的是文武分途趋势下士人文化的新倾向。文官自负于所学，贬视武人之技艺，在唐代后期不乏其例。穆宗即位之初，因卢龙节度使刘总（？~821）自动去职，重新取得幽州地区的控制权。继任者为曾居相位的文官张弘靖（760~824），却得不到民心，而弘靖属官自视才学，轻蔑当地军人的言论"今天下无事，汝辈挽得两石力弓，不如识一丁字"，被认为是引发士卒的不满，进而导致兵乱的重要原因。① 唐中央政府也因此失去对河北三镇的控制权，始终无法恢复。

由于不重视武技，唐代后期文士也排斥与武艺相关的活动。骑与射是古代武技的基础，马上击球是唐代军中常见的活动，应是武人平日练习骑术的方式之一。② 唐代后期文士反对击球，可以韩愈为代表。韩愈于德宗时期担任徐州节度使张建封（735~800）的推官，建封好击球，在当时颇受批评，韩愈以马上打球必将伤人、害马为由，劝谏张建封勿再打球。③ 建封写了一首诗

---

① 《旧唐书》卷一二九《张弘靖传》，第3611页。
② （唐）封演撰，赵贞信校注《封氏闻见记校注》卷六《打球》，中华书局，2005，第54页。
③ （唐）韩愈撰，马其昶校注《韩昌黎文集校注》卷一七《上张仆射第二书》，世界书局，2002，第204~205页。韩愈在信中一开始就说："愈再拜，以击球事谏执事者多矣，谏者不休，执事不止。"可见并非只有韩愈批评此事。德宗时代的另一位节度使薛嵩也因好打球被文人批评，见封演《封氏闻见记校注》卷六《打球》，第53~54页；《新唐书》卷一一一《薛嵩传》，第4145页。

予以回应，说明击球的意义与目的。

> 仆本修文持笔者，今来帅领红旌下。不能无事习蛇矛，闲就平场学使马。军中伎痹骁智材，竞驰骏逸随我来。护军对引相向去，风呼月旋朋先开。俯身仰击复傍击，难于古人左右射，齐观百步透短门，谁美养由遥破的。儒生疑我新发狂，武夫爱我生雄光，杖移鬃底拂尾后，星从月下流中场。人人不约心自一，马马不鞭蹄自疾。凡情莫辨捷中能，拙目翻惊巧时失。韩生讶我为斯艺，劝我徐驱作安计，不知戎事竟何成？且媿吾人言一惠。①

张建封在诗中一开始就说自己本为文士，似乎是想强调自己在身份与价值认同上与韩愈并无二致。其后述及他身为统兵的将帅，在打球一事上，必须有不同的看法。在建封看来，在闲暇无事之时打球，是为了练习武艺，以各种姿势击球入门，有如在马上左、右驰射中的，同时可以训练骑术。儒生视此种行径为疯狂，武人却认为是英雄气概的展现。作为军事统帅，借由打球在将士心中建立英雄的形象实有其必要。更重要的是，通过此种活动，可以凝聚将士的向心力，而产生"人人不约心自一"的效果，如果像韩愈那样只注意自身的安危，如何能在"戎事"上取得成果？张建封的传记虽说他"少颇属文，好谈论，慷慨负气，以功名为己任"，但并非借由科举入仕，且长期任职于藩镇和军队，其对军人与军中文化的理解，自然较韩愈来得深入。② 张、韩二人对击球一事的争执，显示文士对军队文化的疏离，仅从自身的价值观念来批判军中常见的活动，而无法理解其在军事层面上的

---

① 张建封：《酬韩校书愈打球歌》，《文苑英华》卷三四八，第1792页。
② 《旧唐书》卷一四〇《张建封传》，第3828页。

意义。

因此，即使杜牧重视军事，提倡兵学，他的理念已和初唐才兼文武的传统有明显的差距。部分唐初士人多才多艺，在统兵时并非只是担任指挥或参谋的工作，亦有亲临战阵，展现勇力、武艺而为敌人所畏服者。例如，前述以明经入仕的唐休璟，在担任凉州都督时，曾亲自上阵攻击吐蕃军队：

> 久视元年秋，吐蕃大将麹莽布支率骑数万寇凉州，入自洪源谷，将围昌松县。（唐）休璟以数千人往击之，临阵登高，望见贼衣甲鲜盛，谓麾下曰："自钦陵死，赞婆降，麹莽布支新知贼兵，欲曜威武，故其国中贵臣酋豪子弟皆从之。人马虽精，不习军事，吾为诸君取之。"乃被甲先登，与贼六战六克，大破之，斩其副将二人，获首二千五百级，筑京观而还。是后休璟入朝，吐蕃亦遣使来请和，因宴屡觇休璟。〔武〕则天问其故，对曰："往岁洪源战时，此将军雄猛无比，杀臣将士甚众，故欲识之。"①

休璟出身科举之士，而能身先士卒，以雄猛善斗的表现为外敌所畏服，由此可见，他在读书之外亦精于武艺，方能由文官转任武职。唐代后期文士既疏离武技，只自豪于所拥有的学术知识，不免限制在战场上的表现空间。文臣疏于武艺，也不了解军队文化，因而无法与属下的军人建立密切关系。即如杜牧这样热衷于兵学的士人，仍不免流于"纸上谈兵"，对于解决实际的军事问题或事务，效果终究有限。

---

① 《旧唐书》卷九三《唐休璟传》，第 2979 页。

# 晚唐文官的军事挑战

　　杜牧对于国家的军事情势十分忧心，同时代的多数士大夫却未持有相同的态度。杜牧曾批评说：即使在山东之地沦为战场的时期，"卿大夫行列进退，一如常时，笑歌嬉游，辄不为辱。非当辱不辱，以为山东乱事非我辈所宜当知。"① 这种事不关己的态度其实不难理解，由于战乱局限于帝国的东北部地区，即使兵马倥偬，尚不致影响多数文官、士人的日常生活。然而，自懿宗朝（859～873）开始，唐帝国的统治趋向瓦解，动乱逐渐蔓延全国各地。尤其是僖宗时期（873～888），王仙芝（？～878）与黄巢（？～884）先后领导叛军四处流窜，文官很难再回避战争。特别是在长江流域，由于过去鲜少发生战事，政府长期派任文官治理，现在骤然遭遇兵祸，不免窘态毕露，例如，乾符四年（877）底发生于江陵城的战事。

　　　　王仙芝寇荆南。节度使杨知温，知至之兄也，以文学进，不知兵，或告贼至，知温以为妄，不设备……春，正月，丁酉朔，大雪，知温方受贺，贼已至城下，遂陷罗城。将佐共治子城而守之，及暮，知温犹不出。将佐请知温出抚士卒，知温纱帽皁裘而行，将佐请知温擐甲以备流矢。知温见士卒拒战，犹赋诗示幕僚，遣使告急于山南东道节度使李福，福悉其众自将救之……仙芝闻之，焚掠江陵而去。江陵城下旧三十万户，至是死者什三四。②

---

① 《樊川文集》卷一〇《注孙子序》，第 151 页。
② 《资治通鉴》卷二五三，乾符四年十二月、乾符五年正月，第 8194～8195 页。

杨知温身为节度使，对于战斗之事毫无概念，原想回避不出，后来迫于幕僚的请求，亲自登城督战，但除了赋诗求外援，一无作为，江陵城虽未全部失陷，仍造成极大的伤亡。像杨知温这样无力应付军事危机的文臣，在唐末十分常见，五代时期孙光宪（？～968）曾罗列僖宗（862～888，873～888年在位）、昭宗（867～904，888～904年在位）两朝统兵失利的文臣。

> 王铎初镇荆南，黄巢入寇，望风而遁。他日将兵捍潼关，黄巢令人传语云："相公儒生，且非我敌，无污我锋刃，自取败亡也。"……郑文公畋首倡中兴，传檄讨贼，杀戮黄寇，镇静关畿，一旦部校李昌言胁而逐之，尚不能固位。至如越州崔璆，湖南崔瑾，福建韦岫，郓州蔡崇，徐方支详，许昌薛能，河中李都、窦澣，凤翔徐彦若，狼狈恐惧，求免不暇。[1]

上文列举的十一位文官中，"郓州蔡崇"应为"郓州薛崇"之误。这些手握兵权的文臣，一部分因作战失利而被杀或逃亡，包括：乾符四年（877），天平军节度使薛崇于郓州为黄巢军队所杀；乾符五年（878），福建观察使韦岫为黄巢所败，弃福州城而走；广明元年（880），浙东观察使崔璆（？～883）被黄巢部队俘虏，都统王铎（？～888）为黄巢所败，弃江陵而走；景福二年（893），昭宗派禁军护送宰相徐彦若取代跋扈的凤翔节度使李茂贞（？～924），为茂贞所击败。[2] 另一类则因属下军人作乱而遭杀戮或驱

---

[1] 《北梦琐言》卷一四"儒将成败"，源流出版社，1983，第106页。
[2] 相关史料分见：《新唐书》卷九《僖宗本纪》，第266页；《旧唐书》卷一九下，《僖宗本纪》第706页；《新唐书》卷二二五下《逆臣下·黄巢》，第6454页；《资治通鉴》卷二五三，乾符五年十二月，第8209页；《旧唐书》卷二〇上《昭宗本纪》，第750页。

逐，包括：湖南观察使崔瑾于乾符五年为部将高傑所逐；广明元年，感化军节度使支详与忠武节度使薛能皆因属下兵变被杀；河中节度使李都为部将王重荣（？～887）所逐，朝廷再派窦澣，仍为军人驱逐；凤翔节度使郑畋（825～883）于中和元年（881）为部将李昌言（？～884）所逐。① 诸多的事例显示，文臣普遍无法应付军事危机，兵权因而大幅缩减。

文臣出任节度使，在面对战事时多半缺乏指挥的能力，武将又为了自身的权益不愿尽力歼敌，遂成为唐政权的致命伤。为了讨平叛军，朝廷先后以武将宋威（？～878）、高骈（？～887）为招讨使，指挥诸军进剿。高骈尤受倚重，这应与他出身禁军世家，又自幼好文，多与士大夫交游有关。② 不过，高骈随后因卷入复杂的权力斗争之中，转而对朝廷心生不满。广明元年以后，高骈开始对进剿黄巢部队持消极的态度，最终按兵不动，放任叛军北上，直扑洛阳与长安。③ 朝廷因而下诏夺其兵权，改以宰相王铎为都统，崔安潜副之。高骈乃公开与朝廷决裂，上书僖宗力陈以文臣取代自己都统之职的不当。

　　陛下今用王铎，尽主兵权，诚知狂寇必歼，枭巢即覆。臣读礼至宣尼射于矍相之圃，盖观者如堵墙，使子路出延射曰：溃军之将，亡国之大夫，与为人后者，不入于射也。严诫如斯，图功也岂宜容易？陛下安忍委败军之将，陷一儒臣？崔安潜到处贪残，只如西川，可为验矣，委之副贰，讵

① 《资治通鉴》卷二五四，中和元年十月，第8260页；卷二五三，乾符五年三月，第8202页。《旧唐书》卷一九下《僖宗本纪》，第708页。《北梦琐言》卷一三"王重荣逐两帅"，第100～101页。
② 《旧唐书》卷一八二《高骈传》，第4703页。
③ 黄清连：《高骈纵巢渡淮——唐代藩镇对黄巢叛乱的态度研究之一》，《大陆杂志》第80卷第1期（1990，台北），第3～22页。

> 可平戎？况天下兵骄，在处僭越，岂二儒士，能戢骄兵，万
> 一乖张，将何救助？①

高骈强调各地的士卒已骄纵不受节制，儒者为帅无法控制军队，朝廷如此安排根本不能解决乱局。这充分反映在政治秩序趋于解体之时，职业武官自恃能掌握对其效忠的士兵，十分轻视文臣。朝中的文官对此自不甘示弱，郑畋代僖宗执笔，下诏"切责"高骈时，即以"裴度平元济于淮西，未必儒臣不如武将"，驳斥儒臣无法统兵的论点。②

对唐末的文臣而言，要在文字上与武人争胜绝非难事，但在现实中有效统御军队，却有极大的限制。高骈之言固然是出于失势后的激愤，但"天下兵骄，在处僭越"一语却是当时情势的写照。军事任务并非将帅个人所能执行，须依赖整个军队体系的协助。统兵文臣个人的能力再强，仍难以弥补整体性的问题。王铎受命为都统之时，谏议大夫郑宝曾警告他：

> 未知令公以何人为牙爪，何士参帷幄？当今大盗移国，群雄奋戈，幕下非旧族子弟、白面郎君雍容谈笑之秋也。③

文臣骤当军旅重任，平时所建立的僚属群既无军事背景，拙于应付新的需求，可以想见。在国家走向分裂的过程中，军政权力的私人化与地方化无可避免，不论文臣的个人能力如何，必须在军中建立人际网络与影响力，才有可能控制辖下的军人。文臣由于职位经常调动，无法久任一职，在军中培养自己的班底，很难于

---

① 《旧唐书》卷一八二《高骈传》，第 4706 页。
② 《资治通鉴》卷二五五，中和二年五月，第 8270 页；《旧唐书》卷一八二《高骈传》，第 4708 页。
③ 《北梦琐言》卷一四"儒将成败"，第 106 页。

此环境中一展所长，崔安潜的军旅经历足以说明这种困境。安潜进士出身，是僖宗时代少数有能力应付军事危机的文臣。他担任忠武节度使时，治军严明，王仙芝等流寇不敢犯其境。① 宰相郑畋曾主张以他取代宋威任招讨使，未被采纳。② 后来安潜转任西川节度使，致力强化蜀军的战力：

> 安潜以蜀兵怯弱，奏遣大将赍牒诣陈、许募壮士，与蜀人相杂，训练用之，得三千人，分为三军，亦戴黄帽，号黄头军。又奏乞洪州弩手，教蜀人用弩，走丸而射之，选得千人，号神机弩营。蜀兵由是浸强。③

安潜借用陈、许军人之力建立"黄头军"和"神机弩营"，改善四川的军力，足见在治理军队上有相当能力。但由于掌权的宦官田令孜（？～893）希望以亲信治理四川，于广明元年将安潜调回朝廷，使他从此失去军事上的影响力。④ 昭宗继位后，曾于龙纪元年（889）任命崔安潜为平卢节度使，因当地军队抗拒朝命，无法赴任，自然谈不上有所表现。⑤

因此，随着唐政权的崩溃，拥兵自重的军阀成为政局发展的主导者，文士无法控制军队，也很难影响时局的走向。为了避免卷入政争之中，文官连讨论军事议题都尽量避免。后晋宰相冯道（882～954）在面对高祖（892～942，936～942年在位）询问用

---

① 《新唐书》卷一一四《崔安潜传》，第4199页；《旧唐书》卷一七七《崔安潜传》，第4580页。

② 参见黄清连《高骈纵巢渡淮——唐代藩镇对黄巢叛乱的态度研究之一》，《大陆杂志》第80卷第1期，第10页。

③ 《资治通鉴》卷二五三，乾符六年四月，第8213页。

④ 《资治通鉴》卷二五三，广明元年三月，第8222页。

⑤ 《资治通鉴》卷二五八，龙纪元年十月，第8389页；大顺二年二月，第8413页。《旧唐书》卷一七七《崔安潜传》，第4580～4581页。

兵事宜时的回答是：

> 陛下历试诸艰，创成大业，神武睿略，为天下所知，讨
> 伐不庭，须从独断。臣本自书生，为陛下在中书，守历代成
> 规，不敢有一毫之失也。臣在明宗朝，曾以戎事问臣，臣亦
> 以斯言答之。①

冯道身为宰相却不愿与闻军事，以出身"书生"为借口，将自己
的角色限缩于维系旧有的政治体制与传统，士人对军事的参与至
此到达空前的低点。

## 结　论

军功本为唐代官员追求升迁和发展的重要途径，借由科举入
仕的读书人投身军事工作并非罕见。然而，安史之乱后中央权威
衰落，职业武官在政治与军事上的权力扩大，压缩文士参与军政
的空间。文臣即使立下战功，也少有久任军职的机会。在此情况
下，部分文士并未放弃军事的参与，他们倡议"卿相统兵"，并
积极投入军务，来抗拒武官在兵权上的专擅。这种努力不仅为了
延续"才兼文武"的传统理念，避免文儒之士被视为"不知兵"；
更是维持朝廷对军队的控制，以稳定政治秩序，同时扩大文官群
的影响力。

值得注意的是，即使朝中文臣继续以宰相或节度使的身份执
掌军务，他们在军中的影响力终究难以恢复至唐初的状况。由于
普遍缺乏武艺及实战经验，唐代后期的文官对于军事的理解多由

---

① 《旧五代史》卷一二六《冯道传》，中华书局，1976，第1659页。

书中学习，主要扮演的角色在于指挥统御，鲜少成功地参与战斗之事。既然在实际的战斗中要仰赖武人的效力，不免对其有所让步，结果是文臣的统兵之权多半流于形式。士人尽管能够利用书写的能力，颂扬甚至夸大统兵文臣的事功，终究无法掩盖文官实质影响力下降的现实。

现实层面的挫折，使得部分文士改以言辞与文字来抒发对军事的意见。当杜牧强调"壮健轻死"的武夫不足以承担将帅之任时，正反映了对于文士丧失军队控制权的不满，也说明了当时以学识自负的文士与军人之间存有严重的隔阂。文臣执掌军务，却与属下的武人存有对立意识，往往只能仰仗朝廷赋予的官职权威来统御军队。正因如此，统兵文臣的成败往往与唐中央权威的盛衰有密切关联。等到黄巢乱起，朝廷的威信一落千丈，造成军队的控制必须依赖将帅与士卒间私人的感情或利益的联结，无法久任军职的文臣，就难以继续在军事领域有所参与和表现。

图书在版编目（CIP）数据

权力结构与文化认同：唐宋之际的文武关系：875－
1063／方震华著. -- 北京：社会科学文献出版社，
2019.4（2023.2 重印）
（九色鹿. 唐宋）
ISBN 978－7－5201－3256－5

Ⅰ.①权…　Ⅱ.①方…　Ⅲ.①政治制度－研究－中国
－唐宋时期　Ⅳ.①D691

中国版本图书馆 CIP 数据核字（2018）第 185698 号

九色鹿·唐宋
## 权力结构与文化认同
### ——唐宋之际的文武关系（875～1063）

著　　者／方震华

出 版 人／王利民
责任编辑／郑庆寰
文稿编辑／闫富斌
责任印制／王京美

出　　版／社会科学文献出版社·历史学分社（010）59367256
　　　　　　地址：北京市北三环中路甲 29 号院华龙大厦　邮编：100029
　　　　　　网址：www. ssap. com. cn
发　　行／社会科学文献出版社（010）59367028
印　　装／三河市东方印刷有限公司

规　　格／开本：787mm × 1092mm　1/16
　　　　　　印 张：16.75　字 数：210 千字
版　　次／2019 年 4 月第 1 版　2023 年 2 月第 3 次印刷
书　　号／ISBN 978－7－5201－3256－5
定　　价／68.80 元

读者服务电话：4008918866